新时代跨境电子商务创新与实践系列教材

进出口通关实务

总主编　贾如春

主　编　莫恬静　封永梅　邓海涛

副主编　何智娟　黄莹莹　廖　婕

清华大学出版社

北　京

内 容 简 介

本书紧密围绕进出口通关流程的工作,系统地讲解了海关与对外贸易管制、我国海关主要业务制度、海关检验检疫制度实施、进出口商品归类、进出口税费计算、进出口通关流程及报关单填制等内容,并采用文字叙述和流程图相结合的方式,详细地解读了不同监管方式下进出口货物通关业务的具体操作流程。

本书旨在培养外贸从业人员在报关业务流程办理、进出口商品归类、进出口税费计算、进出境货物报关单填制方面的核心技能,充分体现了职业性、实践性,将教、学、做相结合,实现了以学习者为主体、以能力为本位的教学模式,有利于学习者在有限的学习时间内学习更多、更实用的专业技能。本书结构清晰、布局合理,内容通俗易懂,可供外贸公司和报关企业中的报关从业人员,高校国际经济与贸易、国际商务、物流管理专业及涉外专业方向的高校师生,从事中国进出口贸易的读者阅读参考。

图书在版编目(CIP)数据

进出口通关实务/贾如春总主编;莫恬静,封永梅,邓海涛主编. --北京:清华大学出版社,2024.6.
(新时代跨境电子商务创新与实践系列教材). --ISBN 978-7-302-66452-9

Ⅰ. F752.5

中国国家版本馆 CIP 数据核字第 2024YC0239 号

责任编辑:郭　赛
封面设计:杨玉兰
责任校对:韩天竹
责任印制:沈　露

出版发行:清华大学出版社
   网   址:https://www.tup.com.cn,https://www.wqxuetang.com
   地   址:北京清华大学学研大厦 A 座   邮   编:100084
   社 总 机:010-83470000   邮   购:010-62786544
   投稿与读者服务:010-62776969,c-service@tup.tsinghua.edu.cn
   质量反馈:010-62772015,zhiliang@tup.tsinghua.edu.cn
   课件下载:https://www.tup.com.cn,010-83470236
印 装 者:三河市铭诚印务有限公司
经 销:全国新华书店
开 本:185mm×260mm   印 张:15   字 数:359 千字
版 次:2024 年 6 月第 1 版   印 次:2024 年 6 月第 1 次印刷
定 价:58.00 元

产品编号:094281-01

新时代跨境电子商务创新与实践系列教材

编写委员会

主　任：贾如春

委　员：（按姓氏笔画排序）

王　冲	王　吉	王敏珊	王贵超	韦施羽	邓　茜	邓海涛	申　帅
付咸瑜	向晓岚	向琼英	庄爱玲	刘　轩	刘　潼	刘治国	刘盼盼
江　兵	孙志伟	杜雪平	李　岚	李成刚	李柳君	李晓林	李惠芬
杨　勤	吴岚萍	肖淑芬	肖　璟	潘金聪	何　婧	何智娟	宋　璐
张正杰	陈　方	陈佳莹	陈春梅	陈帅嘉	易　鑫	易建安	罗倩文
周　露	郑苏娟	郑应松	封永梅	柯　繁	钟　欣	钟雪美	段桂敏
祖　旭	胥蓓蕾	莫恬静	党　利	徐娟娟	高　伟	高　雪	郭　燕
诸葛榕荷	黄莹莹	黄善明	董俊麟	雷　瑞	廖　婕	廖品磊	
薛坤庆	贾泽旭						

专家委员会

主　任：帅青红

委　员：（按姓氏笔画排序）

王　杨	王詩博	包攀峰	刘　忠	刘丁铭	刘立俪	刘永举	李　晖
李　成	李源彬	杨小平	吴庆波	陈梓宇	姚　松	徐　炜	徐　震
曾德贵	蒲竞超	管永林	谭中林	马啸天	朗宏芳	秦秀华	

前　言

随着全球经济贸易往来的高速发展,报关成为外贸业务中越来越重要的组成部分。外贸从业人员能够运用报关的相关知识来完成通关业务已经成为不可或缺的一项技能。只有夯实报关的基础知识,掌握报关的操作流程和实务工作,才能提升从业技能,获得长远的发展。对于企业而言,企业提高报关业务的质量,实行严格的通关措施,可以降低企业通关的时间成本和经济成本,从而提高企业的竞争力。

进出口通关业务是一项政策性、专业性和实践性非常强的工作,涉及国家政策法律法规及对外贸易经济政策等方面,并且处于不断变化和发展之中。随着对外贸易行业的不断发展,进出口通关的管理制度和操作规范也会随之得以完善。基于进出口通关业务的这一特点,本书结合我国最新发布的进出口通关业务法律法规和操作规范,系统地讲解了海关与对外贸易管制、我国海关主要业务制度、海关检验检疫制度实施、进出口商品归类、进出口税费计算、进出口通关流程及报关单填制等知识体系,为读者提供了一本快速且由浅入深地掌握进出口通关技巧的参考书籍。

本书特点

(1) 图文并茂、循序渐进。

本书内容翔实、语言流畅、图文并茂、突出实用性,并提供了大量的业务流程图,较好地将学习与应用结合在一起。本书内容由浅及深、循序渐进,适合各个层次的读者学习。

(2) 内容实用、轻松易学。

本书基于进出口通关的工作流程,全面系统地介绍进出口通关业务中所涉及的相关操作技能,结构清晰、内容易懂,使读者更加轻松地学习,从而提高学习效率。

(3) 理论＋实践、提高兴趣。

书中大部分章节提供了实践操作,读者能够通过练习回顾所学的知识,达到熟悉内容并举一反三的目的,同时也为进一步学习做好准备。

(4) 本书的教学内容从易到难、由简单到复杂,内容循序渐进。读者能够通过项目的学习,完成相关知识的学习和技能的训练。本书基于企业工作过程,具有典型性和实用性。

(5) 紧跟行业发展。

本书根据我国对外经济贸易的最新变化和对外贸易行业的发展趋势编写,引入通关的最新政策内容及跨境电子商务货物通关流程等新内容。

本书符合高校学生认知规律，有助于实现有效教学，提高教学的效率、效益、效果。本书基于我国对外贸易和进出口通关业务的现实发展需要而进行编写，以工作过程和职业活动为导向，突出了现代职业教育工学结合的特征。

本书由从事进出口通关业务研究经验丰富的行业专家与任课老师共同编著，由贾如春负责本系列丛书的设计与规划，由对外经济贸易大学、四川农业大学、成都外国语学院、洛阳师范学院、广西国际商务职业技术学院等学校、企业共同参与，由莫恬静、封永梅、邓海涛、何智娟、黄莹莹、廖婕、靳鑫、农色兵等老师共同编写而成。本书所有知识点结合具体实例和程序讲解，便于读者理解和掌握，适合作为国际经济与贸易、国际商务、物流管理及相关专业的教材，也适合作为外贸公司和报关企业报关从业人员的培训资料，以及从事中国进出口贸易的读者自学用书。

编　者

2024 年 4 月

目　录

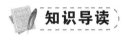

第 *1* 章

海关与对外贸易管制

知识导读

随着国际经济形势不断变化,对外贸易面临的国际风险日益增多,各国政府为了保护本国民族工业,防止外国产品冲击本国市场而对外国商品实施各项措施以进行进口管制,或是出于外交政策和国家安全等方面的目的对本国产品实施出口管制。对外贸易管制涉及诸多领域,已成为各国不可或缺的一项重要政府职能,也是一个国家对外经济和外交政策的具体体现。

学习目标

- 了解海关的基本任务、管理制度与职责
- 了解海关改革与发展、关检融合的基本内容
- 了解我国外贸管制的含义及主要管理措施

能力目标

- 熟悉对外贸易管制的特点、目标、手段和条件
- 掌握禁止、限制、自由进出口货物和技术管理的基本内容
- 掌握进出口货物许可证管理制度、进口关税配额管理、自动进出口许可证管理制度的基本内容

素质目标

- 树立和践行社会主义核心价值观,弘扬爱国、敬业、诚信的价值观
- 培养关务人员在进出口报关中的法治意识和职业道德

1.1 海 关 概 述

1.1.1 海关的含义

在全球范围内,一国(地区)为了在国际经济交往中保护本国(地区)企业和公民的利

益,同时维护良好、公平的进出境秩序,必然要对进出境活动进行管理。在世界贸易组织(World Trade Organization,WTO)的框架下,除"一般例外规定"①之外,关税是保护国内经济的唯一合法手段,且各国(地区)均由海关行使这一主权。无论设在何地,凡是对进出境货物、物品、运输工具和人员执行监督检查及征收关税等职能的行政机构统称为海关。

从上述基本认识出发,国际上对海关的核心职能,即征收关税和对进出境贸易及相关活动实施管理,具有高度一致的认识。该认识也体现在多数国家(地区)普遍接受的《京都公约》中关于海关的解释。根据《京都公约》总附约第二章 E6 条的解释,海关指负责海关法的实施、税费的征收并负责执行与物的进口、出口、移动或储存有关的其他法律、法规和规章的政府机构。海关地依据本国(地区)的海关法律、法规和本国(地区)所承担的国际义务代表国家(地区)统一行使关税征收和进出关境监督管理职权的行政机关。

海关的基本职责是保证国家涉外经济管理措施的有效实施。为此,国家需要设立一系列特定的海关制度将进出境活动置于海关的有效控制之下。例如,要求一切进出境的人员、运输工具、货物和个人行李及邮递物品除另有规定外,都必须从设立海关的地点进出境,同时向海关进行申报并接受监管。再如,大多数国家(地区)要求向海关申报的人员无论是自理还是代理都必须满足特定的要求。

当今世界各国海关的职能与隶属关系征收关税一致之外,其余各不相同。例如,日本将海关称为"税关"并设在大藏省(财政部)之下;美国在"9·11"恐怖袭击后,改组涉及国土安全和反恐的各个联邦政府部门成立国土安全部,海关隶属于国土安全部,但是分为两个职能部门,即海关与边境保护局(U. S. Customs and Border Protection,CBP)、移民与海关执法局(U. S. Immigration and Customs Enforcement,ICE),分别负责边境执法与案件调查。

应注意的是,就实施进出境监督管理职权而言,各国海关并不完全等同于国家的出入境管理部门。例如,我国的国家移民局(中华人民共和国出入境管理局)亦属于出入境管理部门,负责对出入境个人的管理,行使检查旅客旅行相关文件、逮捕国际通缉在逃犯,以及阻止被视为危险人物的个人进入国境等职权。

1.1.2　中国海关

中华人民共和国海关总署(以下简称"海关总署")于 1949 年 10 月 25 日正式成立。1951 年 3 月 23 日,中央人民政府政务院第 77 次会议讨论通过《中华人民共和国暂行海关法》,并于 5 月 1 日起正式施行。这是中华人民共和国成立后最早颁布的正式海关法律。

中华人民共和国成立后,随着国内外政治经济形势的发展变化,中国海关经历了曲折的发展过程,尤其是职能的调整和变化。改革开放后,中国海关的发展步入了正轨并开启了新的篇章。

---

① 根据《1994 年关税与贸易总协定》(GATT 1994)第 20 条的一般例外规定,对诸如维护公共道德,保障人类、动植物的生命或健康,保护本国文物,以及保护可能用竭的天然资源等目的,可以作为例外采取禁止或者限制出口的措施。

1987 年 7 月 1 日开始实施的《中华人民共和国海关法》第二条规定："中华人民共和国海关是国家的进出关境(以下简称"进出境")监督管理机关。海关依照本法和其他有关法律、法规,监管进出境的运输工具、货物、行李物品、邮递物品和其他物品(以下简称"进出境运输工具、货物、物品"),征收关税和其他税、费,查缉走私,并编制海关统计和办理其他海关业务。"该法律条文首次对海关的性质、执法依据和职能任务进行了明确的表述。

1998 年 7 月,中央决定开始实行"联合缉私、统一处理、综合治理"的缉私新体制,组建海关缉私警察,专门负责缉私业务。1999 年 1 月,我国海关缉私警察队伍成立。

2001 年起,全国海关按照当时"依法行政、为国把关、服务经济、促进发展"的海关工作方针,以建立现代海关制度为目标,逐步建立和完善了监管制度、税收制度、保税监管制度、统计制度、稽查制度、缉私制度和风险管理制度。

2006 年 5 月,国务院同意将海关总署口岸规划办公室更名为国家口岸管理办公室,明确海关总署是国家口岸管理职能部门,赋予了口岸开放规划管理、口岸工作组织协调、指导和协调地方政府口岸等职责。海关对口岸的管理职能得到加强。

2009—2010 年,海关总署决定在全国海关推行大监管体系建设。该体系对海关总署和各海关进行职能调整,构建综合协调、业务职能管理、业务执行管理、监督内控和综合保障等五大功能模块,进一步提升海关监管的整体效能。

尤为重要的是,党的十八大之后,在十八届三中全会通过的《中共中央关于全面深化改革若干重大问题的决定》为海关全面深化改革指明了方向。特别是在转变政府职能、构建开放型经济新体制等方面,对改革海关监管管理体制,加快海关特殊监管区域整合优化,推动内陆同沿海沿边通关协作,实现口岸管理相关部门信息互换、监管互认、执法互助等部署了具体任务。

2018 年 4 月,国家出入境检验检疫管理职责和队伍被划入海关总署。新海关坚持以政治建关、改革强关、依法把关、科技兴关、从严治关,流程整合优化为主线,以风险集中统一防控为重点,以信息系统一体化为支撑,理顺职责关系、优化职能配置,将检验检疫作业全面融入全国通关一体化整体框架和流程中,实现"统一申报单证、统一作业系统、统一风险研判、统一指令下达、统一现场执法",建设中国特色社会主义新海关。

1.1.3　世界海关组织

世界海关组织(World Customs Organization,WCO)是其成员方在国际海关事务方面进行沟通和协作的政府间国际组织。该组织成立于 1952 年 1 月 26 日,总部位于比利时布鲁塞尔,建立之初称"海关合作理事会"(Customs Cooperation Council,CCC)。1994 年 10 月后,正式改名为"世界海关组织",而海关合作理事会仍作为官方名称保留。中国政府于 1983 年 7 月 18 日加入《关于成立海关合作理事会公约》,成为海关合作理事会的成员方。

世界海关组织不负责处理关税及贸易争端,这些事务都由世界贸易组织管辖。但世界海关组织为国际贸易和各国海关的发展做出了极其重要的贡献。例如,世界海关组织建立了一套国际标准的商品分类原则,称为《商品名称及编码协调制度》(以下简称《协调制度》),各成员方进出口税则的制定都以该制度为基础,保证了国际范围内货物贸易统计的一致和规范。

世界海关组织还将每年的 1 月 26 日定为国际海关日,推广海关合作,促进国际贸易,以及建立各国海关组织间的紧密联系。

世界海关组织的战略目标有 7 项,如表 1-1 所示。

表 1-1　世界海关组织的 7 项战略目标

序号	世界海关组织的战略目标
1	促进安全和国际贸易的便利化,包括简化和统一海关手续
2	促进公平有效率和有效益的税收收入
3	保护社会公众的健康和安全
4	加强各国海关能力建设
5	促进包括成员方海关管理机构、其他政府机构、国际组织、私营部门和其他利益相关者之间的信息交流
6	提高海关的表现和形象
7	进行研究和分析

1.2　我国海关改革与发展

1.2.1　全国通关一体化改革

1. 全国海关通关一体化的主体架构

全国海关通关一体化不是以往区域通关一体化的简单拼合,而是通过机构重组、制度重构、流程再造,以"两中心、三制度"为结构支撑,实现海关监管管理体制改革,确保海关全面深化改革的系统性、整体性、协同性。

全国海关通关一体化的主体架构是"两中心、三制度"。"两中心"是指海关风险防控中心(又称"一级风险防控中心")、税收征管中心;"三制度"是指"一次申报、分步处置"、海关税收征管方式改革及全国隶属海关功能化建设。

"两中心"是要通过建设实体中心,实现全国海关关键业务统一执法、集中指挥,把安全准入、税收征管等方面的风险防控要求以具体指令形式直接下达现场线来执行。"三制度"是要通过打造制度灵魂,为"两中心"协同运作提供保障,确保"两中心"职责分工相对分离,监管时空得以延伸;归类、价格、原产地等税收要素审核集中在通关。"两中心、三制度"紧密联系、相互联动,共同提升全国海关整体监管效能。在推进全国海关通关一体化的同时,积极推进"三互"大通关建设,加快口岸管理相关部门之间互联互通、协同治理。

2. 全国海关通关一体化业务运行机制

全国海关通关一体化业务的运行是围绕着"两中心"来运转的,换言之,"两中心"是全国海关通关一体化主体架构中和三级海关机构设置共同形成运行机制的重要架构设计。

3. 全国海关通关一体化业务运行模式

1）一次申报、分步处置

"一次申报、分步处置"是指基于舱单提前传输，通过风险防控中心、税收征管中心对舱单和报关单风险甄别和业务现场处置作业环节的前推后移，在企业完成报关和税款自报自缴手续后，安全准入风险主要在口岸通关现场处置，税收风险主要在货物放行后处置。

① 货物申报前海关作业流程。货物申报前海关通关一体化的作业流程，如表 1-2 所示。

表 1-2　货物申报前通关一体化作业内容

时　　间		海 关 职 责	收发货人或其代理人职责
货物申报前	舱单传输前	加工提炼准入风险参数和指令	
		加工提炼税收风险参数和指令	
		统一加载风险参数、下达布控指令	
	舱单传输后至报关单申报前	报关单数据逻辑检控和审核	舱单传输（传输义务人）
		物流风险甄别与处置	
	税款担保备案	采用税款担保放行的，办理备案	自主选择缴税放行或税款担保放行

② 货物现场通关时海关作业流程。货物现场通关时海关通关一体化的作业流程，如表 1-3 所示。

表 1-3　货物现场通关时海关通关一体化作业内容

时　　间	海 关 职 责	收发货人或其代理人职责
货物现场通关时	海关通关作业管理系统进行规范性、逻辑性检查，对舱单、许可证件、电子备案信息等进行核注	企业向海关申报报关单及随附单证电子数据和自行核算的应缴税款
		企业收到接受申报回执的，如选择税款缴纳则可自行向银行缴纳税款，如选择担保则海关办理担保核扣手续；收到退单回执的，企业需要重新办理有关申报手续
	海关报关单风险甄别与处置	
	货物放行	对符合放行条件的，海关放行信息自动发送至卡口，企业根据海关的放行信息，办理实货提离手续
		对不符合放行条件的，企业根据海关要求办理相关手续

③ 货物放行后海关作业流程。货物放行后海关通关一体化的作业流程，如表 1-4 所示。

表 1-4 货物放行后海关通关一体化作业内容

时　间	海　关　职　责	收发货人或其代理人职责
货物放行后	运用风险模型对放行后的所有报关单数据进行智能筛选,按商品分类由系统分派至税收征管中心专家岗实施研判	
	税收征管中心专家岗根据系统风险提示和甄别结果,结合企业信用情况,对系统分派的报关单数据实施放行后批量审核 现场海关业务岗、验估岗、稽查部门、缉私部门根据税收征管中心指令和线索完成作业及处置后,向税收征管中心反馈处置结果	
	放行后综合风险评估与处置	

2）税收征管方式

以企业自报、自缴税款为切入点,建立与"一次申报,分步处置"相适应的征管体制和作业流程。通过建立多维度、立体式的税收风险防控体系,创新税收担保形式,逐步实现征管作业无纸化。

① 企业自报、自缴税款。

进出口企业办理海关预录入时,自行填报报关单各项目,利用预录入系统的海关计税（费）服务工具计算应缴纳的相关税费,并对系统显示的税费计算结果进行确认,连同报关单预录入内容一并提交海关。进出口企业、单位在收到海关受理回执后,自行办理相关税费缴纳手续。同时,海关受理企业申报后不再开具税单进行缴款告知,由企业缴税后自行选择在海关现场打印税单或由商业银行打印完税凭证。

在强化企业如实申报、依法纳税责任的前提下,海关向企业提供智能化辅助计税服务平台：提供价格、归类、原产地等涉税要素申报内容的系统辅助提示和税款计算工具,打消企业对税款征纳方式改革的顾虑,进一步扩大企业适用范围；提供移动终端自助缴税功能,实现全程电子缴税。

② 属地纳税人管理。

首先,作为海关企业信用管理制度的一个组成部分,将涉及税收征管的指标、要素统一纳入海关企业信用管理办法和相关企业认证标准,并按照"诚信守法便利"和"失信违法惩戒"原则,在税收征管中实施统一的差别化信用管理措施。

其次,建立以税源企业为基础的税收预测机制。全国通关一体化改革后,企业可选择在全国任何地方海关申报、纳税,以口岸税收流量为基础的税收预测准确性将会发生变化。

最后,将税源企业作为纳税大户,提供其所需的与征税相关的归类、价格、原产地、减免税等专业技术服务,引导企业如实申报、依法纳税,帮助企业用足用好政策、解决疑难问题。同时结合海关企业协调员制度,为高信用企业提供更多的个性化服务。

③ 完善汇总征税制度。

适应现代金融与担保体制机制改革趋势,研究创新多元化的海关税收担保方式。由以货物为单元的逐票担保方式,向以企业为单元的税收总担保转变。配合经认证的经营者(Authorized Economic Operator,AEO)制度,允许诚信、合规纳税企业设立总担保账户,全国海关共享通用,额度根据企业缴纳入库情况循环使用。同时以企业需求为向导,研究金融创新产品和非金融机构参与海关税款担保的可行性,进一步降低企业融资成本和通关纳税成本。

在企业自报、自缴税款模式下增加在企业依法提供税收担保的前提下,海关先放行货物后汇总缴税措施。将汇总征税适用范围扩大到除失信企业外所有企业;简化合并企业资格和银行保函双备案操作,改为凭银行保函一次性完成备案;将担保缴税方式扩大到所有支付方式。

④ 推广预裁定。根据世界贸易组织《贸易便利化协定》要求,扩大预裁定等优质公共服务,发挥预裁定对便利企业通关的促进作用。

⑤ 实施归类尊重先例制度。实施归类尊重先例,配套建立归类先例免责制度;优先将进出口频次高、贸易量大的商品纳入归类先例数据库;企业在通关中对同一商品可引用经海关认定的归类先例,海关原则上应予认可,确有异议的,事后按规定启动归类一致性协调解决机制。

3) 海关税收征管作业流程

根据"一次申报、分步处置"流程,税收征管作业主要在货物放行后实施。

① 货物申报前:收集、处理数据、信息,进行税收风险分析。

② 货物现场通关时:对报关单数据进行风险甄别和分流,对被税收风险参数和实货验估指令捕中的,实施放行前税收风险排查与处置。

③ 货物放行后:批量开展综合比对分析,进行税收征管要素风险排查或进行税收征管要素风险专项排查或延伸排查。

1.2.2 关检融合新海关

关检融合是指将出入境检验检疫管理职责和队伍划入海关总署,是新时代新海关建设的重大举措。新海关推动"大通关"建设,促进贸易便利化,整合海关作业内容,推进"查检合一",拓展"多查合一";优化通关流程,压缩通关时间;加快推进国际贸易单一窗口(简称"单一窗口"),实现企业"一次登录、全网通办";加快"互联网+海关"建设,通关证件一地备案、全国通用、一次提交、共享复用;对报关企业通过 AEO 信用认证进行分类管理。

1. 关检融合的目标和总体思路

关检融合以实现统一申报单证、统一作业系统、统一风险研判、统一指令下达、统一现场执法的"五个统一"为目标。在通关作业流程上进行整合优化,将检验检疫作业全面融入全国通关一体化整体框架和流程中;在风险防控上进行集中统一管理,在信息系统上进行一体化整合;在关检职责和职能方面进行梳理和优化配置。

关检融合的总体思路包括 4 个方面。

① 拓宽执法内容,将检验检疫作业融入全国通关一体化整体框架和流程中,在风险

防控局和税收征管局与现场作业各岗位、各环节中整合检验检疫工作职责与内容。

② 延伸管理手段，将管理进一步延伸至进出境商品的境外和境内生产、加工、存放、使用单位管理等环节。

③ 保持业务架构不变，保持全国通关一体化"中心—现场式"基本架构。

④ 保持作业流程不变，保持"一次申报、分步处置"的基本流程。

2. 关检融合的主要任务

① 将涉及口岸公共卫生、生物、进出口商品和食品安全等领域的风险纳入海关安全准入准出风险，实施集中统一研判、处置和整体防控。

② 将检验检疫作业融入风险防控中心和现场海关作业。在审单布控、现场检务和现场施检三方面融入，并推进检验检疫单证电子化。

③ 优化作业流程。拓宽申报前的监管服务、整合申报项目并扩展"分步处置"内容。

④ 调整隶属海关功能化建设有关内容。

⑤ 合并企业资质注册登记或备案管理、统一企业信用管理以达到整合企业管理的目的。

3. 关检风险业务融合

关检风险业务融合主要体现在海关总署风险防控中心职责的调整上，包括推进口岸风险布控中心建设，在总署建设口岸风险布控中心，海关总署风险防控局（北京）承办口岸风险布控中心具体事务；在承担原有职责基础上，海关总署风险防控局（上海）承接口岸公共卫生、进境口岸生物及进口食品安全领域安控标准、动态风险布控规则加工加载等工作，海关总署风险防控局（青岛）承接出境口岸生物安全及出口食品安全领域安控标准、动态风险布控规则加工加载等工作，海关总署风险防控局（黄埔）承接进出口商品安全领域安控标准、动态风险布控规则加工加载等工作。同时，调整直属海关风险防控局职责并完善海关风险作业流程和模式。

4. 通关现场关检综合业务融合

按照全国通关一体化改革，"一次申报、分步处置"通关流程的要求，将原检验检疫现场检务部门并入现场海关综合业务部门，实现统一现场执法、优化通关流程、提高通关效率的目标。关检融合后新增业务包括检验检疫单证的复审、缮制、审校和签发；空白单证使用；对已审核通过的原产地证书制证、签字、盖章、发放并归档；签证印章使用；实施单证审核和开展未抽中货物的合格评定等。

5. 关检融合整合申报

关检融合整合申报项目主要是对海关原报关单申报项目和检验检疫原报检单申报项目进行梳理，报关报检面向企业端整合形成"四个一"，即"一张报关单、一套随附单证、一组参数代码、一个申报系统"。按照"依法依规、去繁就简"原则，将原报关、报检单共计229个货物申报数据项精简合并到105个，实现了整合申报数据项、整合形成新报关单、整合随附单据、整合通关参数和整合申报系统。

6. 关检业务"多查合一",全面融合

"多查合一"是指整合关检后续监管职责,统筹外勤后续执法,调整机构设置,优化资源配置,稽(核)查任务归口实施,构建集约化、专业化的后续管理模式,建立与全国海关通关一体化相适应的高效运作机制,为提高通关效率和海关整体监管效能提供保障。将海关后续监管职责统一归口,原检验检疫后续监管职责统一归口,整合优化运行机制,统一指令接收、统一组织实施 、统一处置反馈和统一作业标准。

1.2.3 全面深化新海关改革

2019 年 6 月 10 日,国务院常务会议提出:"要按照推动更高水平对外开放的要求,继续简化一体化通关流程,实施进口概要申报＋完整申报的'两步申报'通关模式改革,大幅压缩通关时间。""两步申报"是新海关 2020 年改革的核心,是具有牵引性的改革项目。

1. 两步申报

在"两步申报"通关模式下,企业不需要一次性提交全部申报信息及单证,整个申报过程可以分两步进行。

1) 两步申报的含义

第一步概要申报(也称提货申报):企业凭提单(舱单)信息,提交口岸安全准入需要的相关信息进行概要申报。此时企业须向海关申报进口货物依法是否需要监管证件、是否需要检验检疫、是否需要缴纳税款,并按照规定填制相应项目[申报项目可概括为"9＋2＋N"(申报 9 个基础项目、确认 2 个物流项目,如果涉证、涉检分别补充相应申报项目)]。概要申报环节企业无须上传随附单据。对于概要申报的以报关单满足海关风险排查处置要求,无须人工审核处置及货物已实际运抵的,系统自动允许货物提离海关监管作业场所(场地)。概要申报阶段,海关主要针对货物安全准入事项进行风险排查处置,一般不对税收风险进行审查确认。特殊情况下,如海关认为在货物放行后无法进行稽核查或追补税等情况的,在概要申报阶段也可对税收要素进行风险排查处置。

第二步完整申报:企业在概要申报货物提离后,运输工具申报进境之日起 14 日内在概要申报信息的基础上补充完成完整申报信息,补充提交满足税收征管、海关统计等所需要的相关信息和单证,并按规定完成税款缴纳等流程。完整申报阶段,海关主要解决税收征管、统计等事宜。

实施"两步申报"模式的同时,继续保留"一次申报、分步处置"模式,企业可根据自身情况及需要自主选择申报模式。"两步申报"与"一次申报、分步处置"申报模式的主要区别有:一是"时点申报"变为"过程申报",企业不必一次性填报完整,而是根据掌握的信息分步填报,概要申报环节仅申报"9＋2＋N",其他项目在完整申报补充;二是货物提离加快,第一步概要申报后,如果货物不需要查验,即可将货物提离海关监管场所;三是税收担保创新,依托社会信用体系,建立概要申报的担保制度,高级认证企业可向海关申请免除担保;四是监管理念转变,秉承"告知承诺制",企业在概要申报阶段自行确认是否涉证涉

检涉税，这确认行为视同企业向海关做出守法承诺。

"两步申报"是落实国务院"放管服"改革的重要内容、是持续优化营商环境的重要举措。企业利用"两步申报"通关模式可进一步降低通关成本，提高货物通关效率。

2）两步申报要求

① 时限要求。概要申报与完整申报均需在自运输工具申报进境之日起 14 日内完成。概要申报可以实施"提前申报"。

概要申报阶段已发生滞报的，以及概要申报提离货物后未在运输工具申报进境之日起 14 日内完成完整申报的、未使用新舱单系统及新查验管理系统的、未使用金关二期备案加工贸易手册的情况均不适用两步申报模式。

② 资质要求。境内收货人信用等级为一般信用及以上的，其货物实际进境的可采用"两步申报"。

③ 进出境要求。目前"两步申报"只限进口货物。

④ 监管证件要求。所涉及的监管证件已实现联网核查的货物才能使用"两步申报"。

2. 两段准入

为适应国际贸易供应链物流特点，以口岸放行为界厘清"两段"的分界点，综合考量风险类型、等级及紧急状况，通过区分不同监管作业环节、不同作业要求，实施"两段准入"。第一段，货物准予提离类风险须在口岸放行前处置；第二段，货物准予销售或使用类风险在口岸放行后处置，既保证安全准入风险有效防控，又促进口岸快速通关。

通过实施"两段准入"，可以有效解决改革前海关监管力量过于集中在口岸放行前处置，不利于口岸快速通关和监管资源合理配置等问题。"两段准入"非必须在"两步申报"模式下实现，"一次申报、分步处置"申报模式报关单也可施行"两段准入"。

1）货物准予提离（第一段）

进口货物属于下列情形之一的，凭海关通知准予提离进境地口岸海关监管区：

① 无海关检查（指对进口货物依法实施的检疫、查验或商品检验作业）要求的。

② 仅有海关口岸检查要求且已完成口岸检查的。其中，进境地口岸海关监管区内不具备检查条件的，收货人可向海关申请在监管区外具备检查条件的特定场所或场地实施转场检查。

③ 仅有海关目的地检查要求的。

④ 既有海关口岸检查要求又有目的地检查要求，已完成口岸检查，或经进口货物收货人或其代理人申请在进境地口岸合并实施且已完成相关检查的。

对上述①②情形：属于"一次申报、分步处置"模式申报的，监管区卡口提离（报关单放行）或转场检查无误完毕即可销售或使用。属于"两步申报"模式申报的，提离（海关监管卡口放行，非报关单放行）后可销售或使用（涉证或未完成合格评定的除外），并于规定日期之前完成完整申报。其中，对需在口岸实施检查但口岸监管区内不具备检查条件的，如隔离检疫、冷链仓储监管、粮谷加工监管、危险货物及其包装检验等，由企业提出申请，口岸海关审核同意后准予将货物提离至卡口外场地实施检查。对卡口外场地不属于本口岸海关主管的，需向卡口外场地主管海关转发检查指令。

对属于③④情形的,仅可提离海关监管卡口,完成目的地检查等手续后可予销售或使用。对既有海关口岸检查要求又有目的地检查要求的,经进口货物收货人或其代理人申请可在进境地口岸合并实施相关检查。

海关对部分货物建立可实施附条件提离监管清单,对已完成口岸监管区内检查且检查结果正常、已取样送检尚未反馈实验室结果但准入风险可控的,准予企业先行提离,但在海关实验室反馈检验检测结果合格前不得销售或使用。

对有口岸禁限规定,不满足进境要求的货物,海关将禁止卸货或禁止入境。

2) 货物准予销售或使用(第二段)

企业提离货物运至目的地海关接受检查,目的地海关监管查验岗根据指令实施检查,对检查无异常且无须取样或取样送检经实验室检验检测合格,海关已完成合格评定程序及海关已核销相关监管证件("两步申报"模式完整申报报关单)的,海关系统对舱单、监管证件、税费、保税账册等数据进行核注核销,对报关单置"放行"标志,对此前要求企业货物不得销售或使用的,通知企业取消限制。

在上述各环节监管中发现存在违反海关监管规定或走私嫌疑、卫生检疫异常、动植物检疫异常、食品安全不合格或商品检验不合格(包含假冒伪劣)等异常情况的,移交异常处置岗办理,进入异常处置程序。异常处置程序的相关措施包括但不限于检疫处理、技术整改、停止装卸、停止进口、扣留、退运、销毁、拍卖、没收违法所得、罚款、移交缉私等。经过异常处置后,仍需继续通关的,则返回原通关监管流程;无须继续通关的,终止通关流程。

1.3 我国对外贸易管理与制度

1.3.1 主要制度

1. 国际贸易经营资格管理制度

国际贸易经营者是指依法办理工商登记或者其他执业手续,依照《对外贸易法》和其他有关法律、行政法规的规定从事国际贸易经营活动的法人、其他组织或者个人。成为国际贸易经营者后,方可在国家允许的范围内从事国际贸易经营活动。国际贸易经营者可以接受他人的委托,在经营范围内代为办理国际贸易业务。

为了鼓励对外经济贸易的发展,发挥各方面的积极性,保障国际贸易经营者的经营自主权,国务院商务主管部门和相关部门制定了一系列法律、行政法规,对国际贸易经营活动中涉及的相应问题作出了规范。国际贸易经营者在进出口经营活动中必须遵守相应的法律、行政法规。

2023 年 3 月 6 日,十三届全国人大常委会第三十八次会议经表决通过了关于修改对外贸易法的决定,删去《中华人民共和国对外贸易法》第九条关于对外贸易经营者备案登记的规定。根据决定,自 2022 年 12 月 30 日起,各地商务主管部门停止办理对外贸易经营者备案登记。对于申请进出口环节许可证、技术进出口合同登记证书、配额、国营贸易资格等相关证件和资格的市场主体,有关部门不再要求其提供对外贸易经营者备案登记材料。

为对关系国计民生的重要进出口商品实行有效的宏观管理,国家可以对部分货物的进出口实行国营贸易管理。实行国营贸易管理货物的进出口业务只能由经授权的企业经营,但是国家允许部分数量的国营贸易管理货物的进出口业务由非授权企业经营的除外。实行国营贸易管理的货物和经授权经营企业的目录,由国务院商务主管部门会同国务院其他有关部门确定、调整并公布。对未经批准擅自进出口实行国营贸易管理的货物的,海关不予放行。

根据《进口国营贸易管理货物目录》《出口国营贸易管理货物目录》规定,国营贸易管理货物有 13 种。其中,进口国营贸易管理货物为小麦、玉米、大米、食糖、烟草及其制品、原油、成品油、化肥、棉花;出口国营贸易管理货物为玉米、大米、烟草及其制品、钨及钨制品、锑及锑制品、煤炭、原油、成品油、棉花、白银。

未列入国营贸易企业目录或者未获得非国营贸易允许量的对外贸易经营者,不得从事上述货物的进出口活动。

2. 货物与技术进出口许可管理制度

进出口许可是国家对进出口的一种行政管理制度,既包括准许进出口的有关证件的审批和管理制度本身的程序,也包括以国家各类许可为条件的其他行政管理手续,这种行政管理制度称为进出口许可管理制度。进出口许可管理制度作为一项非关税措施,是各国管理进出口贸易的常见手段,在国际贸易中长期存在,并广泛运用。

货物、技术进出口许可管理制度是我国进出口管理制度的主体,是国家国际贸易管制中极其重要的管理制度。其管理范围包括禁止进出口的货物和技术、限制进出口的货物和技术、自由进出口的技术及自由进出口中部分实行自动许可管理的货物。

国家对部分进出口货物、技术实行限制或者禁止管理的目的,一般来说主要有以下几种情况。

① 为维护国家安全、社会公共利益或者公共道德,为保护人民的健康或者安全,为保护动物、植物的生命或者健康,为保护环境,需要限制或者禁止进口或者出口的。

② 为实施与黄金或者白银进出口有关的措施;国内供应短缺或者为有效保护可能用竭的自然资源,需要限制或者禁止进口或者出口的。

③ 依照法律、行政法规的规定,以及根据我国缔结或者参加的国际条约、协定的规定,其他需要限制或者禁止进口或者出口的。

④ 输往国家或者地区市场容量有限,出口经营秩序出现严重混乱,为建立或者加快建立国内特定产业,为保障国家金融地位和国家收支平衡,需要限制出口的;对任何形式的农业、牧业、渔业产品有必要限制进口的。

1) 禁止进出口货物、技术管理

为维护国家安全和社会公共利益,保护人民的生命安全健康,履行中华人民共和国所缔结或者参加的国际条约和协定,国务院国际贸易主管部门会同国务院有关部门,依照《中华人民共和国对外贸易法》(简称《对外贸易法》)的有关规定,制定、调整并公布禁止进出口货物、技术目录。海关依据国家相关法律、法规对禁止进出口目录商品实施监督管理。

① 禁止进口货物、技术管理。对列入国家公布禁止进口目录及其他法律、法规明令禁止或停止进口的货物、技术,任何国际贸易经营者不得经营进口。

② 禁止出口货物、技术管理。对列入国家公布禁止出口目录的,以及其他法律、法规明令禁止或停止出口的货物、技术,任何国际贸易经营者不得经营出口。

2) 限制进出口货物、技术管理

为维护我国安全和社会公共利益,保护人民的生命健康,履行我国所缔结或者参加的国际条约和协定,国务院商务主管部门会同国务院有关部门,依照《对外贸易法》的规定,制定、调整并公布各类限制进出口货物、技术目录。海关依据国家相关法律、法规对限制进出口目录货物、技术实施监督管理。

① 限制进口管理制度。

国家实行限制进口管理的货物、技术,必须依照国家有关部门规定取得国务院商务主管部门或者国务院其他相关部门的许可,方可进口。

目前,我国限制进口货物管理按照其限制方式,可划分为进口许可证配额管理、许可证件管理和关税配额管理。

② 限制出口管理制度。

国家实行限制出口管理的货物、技术,必须依照国家有关部门规定取得国务院商务部主管部门或者国务院其他相关部门的许可,方可出口。

目前,我国对于限制出口货物管理,按《货物进出口管理条例》规定:国家规定有数量限制的出口货物,实行配额管理;其他限制出口货物,实行许可证件管理。实行配额管理的限制出口货物,由国务院商务主管部门和国务院有关经济管理部门按照国务院规定的职责划分进行管理。

3) 自由进出口货物、技术管理

除上述国家禁止、限制进出口货物和技术外的其他货物和技术,均属于自由进出口范围。自由进出口货物和技术的进出口不受限制,但基于监测进出口情况的需要,国家对部分属于自由进口的货物实行自动进口许可管理,对自由进出口的技术实行技术进出口合同登记管理。

① 货物自动进口许可管理。

自动进口许可管理是在任何情况下对进口申请一律予以批准的进口许可制度。这种进口许可实际上是一种在进口前的自动登记性质的许可制度,通常用于国家对这类货物的统计和监测,是我国进出口许可管理制度中的重要组成部分,也是目前被各国普遍使用的一种进口管理制度。

目前,我国自动进口许可管理包括自动进口许可证管理和非限制进口类固体废物管理两大类。属于自动进口许可管理的货物,进口经营者应当在办理海关报关手续前,向国务院商务主管部门或者国务院有关经济管理部门提交自动进口许可申请;然后凭相关部门发放的自动进口许可的批准文件,向海关办理报关手续。

② 技术进出口合同登记管理。

进出口属于自由进出口的技术,应当向国务院国际贸易主管部门或者其委托的机构办理合同备案登记。国务院国际贸易主管部门应当自收到规定的文件之日起三个工作日内,对技术进出口合同进行登记,颁发技术进出口合同登记证,申请人凭技术进出口合同登记证,办理外汇、银行、税务、海关等相关手续。

3. 出入境检验检疫制度

请参考本书第3章有关内容。

4. 外汇管理制度

国际贸易经营者在国际贸易交易活动中,应当依照国家有关规定结汇、用汇。国家外汇管理局依据国务院《外汇管理条例》及其他有关规定,对包括经常项目外汇业务、资本项目外汇业务、金融机构外汇业务、人民币汇率生成机制和外汇市场等领域实施监督管理。

为完善货物贸易外汇管理,大力推进贸易便利化,进一步改进货物贸易外汇服务和管理,我国自2012年8月1日起在全国实施货物贸易外汇管理制度改革,国家外汇管理局对企业的贸易外汇管理方式由现场逐笔核销改变为非现场总量核查。国家外汇管理局通过货物贸易外汇检测系统,全面采集企业货物进出口和外汇收支逐笔数据,定期比对、评估企业货物流与资金流总体匹配情况。一方面便利合规企业贸易外汇收支;另一方面对存在异常的企业进行重点监测,必要时实施现场核查。

国际贸易项下国际收支不予限制,出口收入可按规定调回境内或存放境外。从事国际贸易机构的外汇收支应当具有真实、合法的交易背景,与货物进出口应当一致。国际贸易机构应当根据贸易方式、结算方式及资金来源或流向,凭进出口报关单外汇核销专用联等相关单证在金融机构办理贸易外汇收支。海关进出口报关单外汇核销专用联可在进出口货物海关放行后向海关申请取得。金融机构应当对国际贸易机构提交的交易单证的真实性及外汇收支的一致性进行合理审查。国家外汇管理局及其各级分支机构,依法对国际贸易机构及经营结汇、售汇业务的金融机构进行监督检查,形成了国际贸易机构自律、金融机构专业审查、国家外汇管理局监管的运行机制,落实了我国货物贸易外汇管理制度。

5. 出口退税管理制度

出口退税是在货物出口以后,把货物在国内生产、流通环节产生的流转税(主要指增值税,部分货物会涉及消费税)全部或部分退还给企业,使货物以不含税价格参与国际市场竞争,是世界上鼓励出口的常见做法。出口退税在国家出口政策中发挥着重要作用,是我国宏观经济调控的重要工具,对于企业而言发挥着更为重要的作用,能否及时、足额取得退税款,将直接影响企业的出口成本和生产经营。退税和纳税是分不开的,退税的前提一定是前端生产、流通环节已经足额纳税,而且退税额不会超过前端纳税额。另外,出口退税还有一个重要的税收杠杆调节作用。例如,"两高一资"(高耗能、高污染和资源性)类国家不鼓励出口的货物,其退税率一般较低甚至为0。

出口退税必须具备以下4个条件:

① 必须是增值税、消费税征收范围内的货物;

② 必须是出口报关离境的货物；

③ 必须是财务上做销售处理的货物(例如,赠送样品,财务上不做销售,因此不符合退税条件);

④ 必须是已收汇的货物。

6. 国际贸易救济措施

世界贸易组织允许成员方在进口产品倾销、补贴和过激增长等给其国内产业造成损害的情况下,可以使用反倾销、反补贴和保障措施手段以保护国内产业不受损害。

反补贴、反倾销和保障措施都属于贸易救济措施。反补贴和反倾销措施针对的是价格歧视这种不公平贸易行为,保障措施针对的则是进口产品激增的情况。

为了充分利用世界贸易组织规则,维护国内市场上的国内外商品的自由贸易和公平竞争秩序,我国依据世界贸易组织《反倾销协议》《补贴与反补贴措施协议》《保障措施协议》及我国《对外贸易法》的有关规定,制定颁布了《反补贴条例》《反倾销条例》《保障措施条例》。

1) 反倾销措施

反倾销措施包括临时反倾销措施和最终反倾销措施。

① 临时反倾销措施是指进口方主管机构经过调查,初步认定被指控产品存在倾销,并对国内同类产业造成损害,据此可以依据世界贸易组织所规定的程序进行调查,在全部调查结束之前,采取临时性的反倾销措施,以防止在调查期间国内产业继续受到损害。临时反倾销措施有两种形式:一是征收临时反倾销税,二是要求提供现金保证金、保函或者其他形式的担保。

征收临时反倾销税,由商务部提出建议,国务院关税税则委员会根据其建议作出决定,商务部予以公告;要求提供现金保证金、保函或者其他形式的担保由商务部作出决定并予以公告。海关自公告规定实施之日起执行。

临时反倾销措施实施的期限,自临时反倾销措施决定公告规定实施之日起,不超过 4 个月;在特殊情形下,可以延长至 9 个月。

② 最终反倾销措施。对终裁决定确定倾销成立并由此对国内产业造成损害的,可以在正常海关税费之外,征收反倾销税。征收反倾销税应当符合公共利益。

征收反倾销税,由商务部提出建议,国务院关税税则委员会根据其建议作出决定,由商务部予以公告。海关自公告规定实施之日起执行。

2) 反补贴措施

反补贴与反倾销的措施相同,也分为临时反补贴措施和最终反补贴措施。

① 临时反补贴措施。初裁决定确定补贴成立并由此对国内产业造成损害的,可以采取临时反补贴措施。临时反补贴措施采取以现金保证金或保函作为担保的征收临时反补贴税的形式。

采取临时反补贴措施,由商务部提出建议,国务院关税税则委员会根据其建议作出决定,由商务部予以公告。海关自公告规定实施之日起执行。

临时反补贴措施实施的期限,自临时反补贴措施决定公告规定实施之日起,不超过 4

个月。

② 最终反补贴措施。在为完成磋商的努力没有取得效果的情况下,终裁决定确定补贴成立,并由此对国内产业造成损害的,征收反补贴税。

征收反补贴税,由商务部提出建议,国务院关税税则委员会根据其建议作出决定,由商务部予以公告。海关自公告规定实施之日起执行。

3) 保障措施

保障措施分为临时保障措施和最终保障措施。

① 临时保障措施。临时保障措施是指在有明确证据表明进口产品数量增加,将对国内产业造成难以补救的损害的紧急情况下,进口国与成员国之间可不经磋商而作出初裁决定,并采取临时性保障措施。临时保障措施的实施期限,自临时保障措施决定公告规定实施之日起,不得超过 200 天,并且此期限计入保障措施总期限。

临时保障措施采取提高关税的形式,如果事后调查不能证实进口激增对国内有关产业已经造成损害或损害威胁的,则征收的临时关税应予以退还。

② 最终保障措施。最终保障措施可以采取提高关税、数量限制等形式,但保障措施应限于防止、补救严重损害并便利调整国内产业所必要的范围内。

保障措施的实施期限一般不超过 4 年,在此基础上,如果继续采取保障措施则必须满足 4 个条件:对于防止或者补救严重损害仍有必要;有证据表明相关国内产业正在进行调整;已经履行有关对外通知、磋商的义务;延长后的措施不严于延长前的措施。保障措施全部实施期限(包括临时保障措施期限)不得超过 10 年。

1.3.2　主要措施

国际贸易管制作为一项综合制度,所涉及的管理规定繁多。了解我国贸易管制各项措施所涉及的具体规定,是报关从业人员应当具备的专业知识。

1. 进出口许可证管理

进出口许可证管理属于国家限制进出口管理范畴,分为进口许可证管理和出口许可证管理。商务部是全国进出口许可证的归口管理部门,负责制定进出口许可证管理办法及规章制度,监督、检查进出口许可证管理办法的执行情况,处罚违规行为。商务部会同海关总署制定、调整和发布年度《进口许可证管理货物目录》及《出口许可证管理货物目录》。商务部负责制定、调整和发布《进口许可证管理货物分级发证目录》《出口许可证管理货物分级发证目录》。商务部授权配额许可证事务局(以下简称"许可证局")统一管理、指导全国各发证机构的进口许可证签发工作。

进出口许可证是我国进出口许可证管理制度中具有法律效力,用来证明国际贸易经营者经营列入国家进出口许可证管理目录商品合法进口的证明文件,是海关验放该类货物的重要依据。国家根据管理的实际情况,每年调整适用范围。

1) 2023 年实行进口许可证管理的商品

我国 2023 年实行进口许可证管理的商品有重点旧机电产品和消耗臭氧层物质两类。

① 重点旧机电产品:包括化工设备、金属冶炼设备、工程机械、起重运输设备、造纸设

备、电力电气设备、食品加工及包装设备、农业机械、印刷机械、纺织机械、船舶、硝鼓、X射线管13大类,69个商品编号的旧产品。

国家对进口以上所列各类重点旧机电产品实行许可证管理,商务部许可证局负责签发进口许可证。

② 消耗臭氧层物质:包括三氯氟甲烷(CFC-11)、二氯二氟甲烷(CFC-12)、二氯四氟乙烷(CFC-114)或它们的混合物等76个商品编号的商品。

为履行《关于消耗臭氧层物质的蒙特利尔议定书》及其修正案,加强对消耗臭氧层物质的进出口管理,根据《消耗臭氧层物质管理条例》,原环境保护部、商务部、海关总署于2014年1月制定、发布了《消耗臭氧层物质进出口管理办法》,并于当年3月1日起实施。

办法中明确规定:对列入《中国进出口受控消耗臭氧层物质名录》的消耗臭氧层物质实行进出口配额许可证管理,《中国进出口受控消耗臭氧层物质名录》由国务院商务主管部门、海关总署制定、调整和公布;国务院环境保护主管部门根据消耗臭氧层物质淘汰进展情况,国务院商务主管部门确定国家消耗臭氧层物质年度进出口配额总量,并在每年12月20日前公布下一年度进出口配额总量;国务院环境保护主管部门、国务院商务主管部门和海关总署联合设立国家消耗臭氧层物质进出口管理机构,对消耗臭氧层物质的进出口实行统一监督管理。

从事消耗臭氧层物质的进出口单位应当在每年10月31日前,向国家消耗臭氧层物质进出口管理机构申请下一年度进出口配额。在年度进出口配额指标内,进出口单位需要进出口消耗臭氧层物质的,应当向国家消耗臭氧层物质进出口管理机构申请领取进出口受控消耗臭氧层物质审批单。申请材料包括:进出口受控消耗臭氧层物质申请书;申请进出口属危险化学品的消耗臭氧层物质的单位,需提交危险化学品生产、使用或经营许可证;对外贸易合同及国内购货合同;特殊用途的消耗臭氧层物质的出口,进出口单位应提交进口国政府部门出具的进口许可证或其他官方批准文件等材料。

消耗臭氧层物质进出口审批单实行一单一批制。审批单有效期为90日,不得超期或者跨年度使用。进出口单位持进出口审批单,向所在地省级商务主管部门所属的发证机构申请领取消耗臭氧层物质进出口许可证。

进口许可证的有效期为1年,当年有效;特殊情况需要跨年度使用时,有效期最长不得超过次年3月31日,逾期自行失效。海关特殊监管区域、保税监管场所与境外之间进出消耗臭氧层物质的,进出口单位应当按规定申请领取进出口审批单、进出口许可证;在海关特殊监管区域、保税监管场所与境内其他区域之间进出的,或者在海关特殊监管区域、保税监管场所之间进出的,不需要申请领取进出口审批单、进出口许可证。通过捐赠、货样、广告物品、退运等方式将列入《中国进出口受控消耗臭氧层物质名录》的消耗臭氧层物质运入、运出中华人民共和国关境,其他法律法规另有规定的,从其规定。进出口单位无进出口许可证或者超出进出口许可证的规定进出口消耗臭氧层物质的,或者违反海关有关规定进出口消耗臭氧层物质的,或者走私消耗臭氧层物质的,由海关依法处罚;构成犯罪的,依法移送司法机关追究刑事责任。国家消耗臭氧层物质进出口管理机构可以根据进出口单位违法行为情节的轻重,禁止其再次申请消耗臭氧层物质进出口配额。

2）2023年实行出口许可证管理的货物

我国2023年实行出口许可证管理的货物有43种,分别实行出口配额和出口许可证管理。

① 实行出口配额管理的货物。

出口活牛、活猪、活鸡;出口小麦、玉米、大米、小麦粉、玉米粉、大米粉;出口药料用麻黄草(人工种植);出口煤炭、原油、成品油(不含润滑油、润滑脂、润滑油基础油);出口锯材、棉花等货物的;以上凭配额文件申领出口许可证。

出口甘草及甘草制品、蓯草及蓯草制品的,凭配额招标中标文件申领出口许可证。

以加工贸易方式出口所列货物的,凭配额证明文件、货物出口合同申领出口许可证。其中,出口甘草及甘草制品、蓯草及蓯草制品的,凭配额招标中标证明文件、海关加工贸易进口报关单申领出口许可证。

② 实行出口许可证管理的货物。

Ⅰ.出口活牛、活猪、活鸡;出口牛肉、猪肉、鸡肉;出口天然砂(含标准砂)、巩土、磷矿石、镁砂、滑石块(粉)、萤石(氟石)、稀土、锡及锡制品、钨及钨制品、钼及钼制品、锑及锑制品、焦炭、成品油(润滑油、润滑脂、润滑油基础油)、石蜡、部分金属及制品、硫酸二钠、碳化硅、消耗臭氧层物质、柠檬酸;出口白银、铂金(以加工贸易方式出口)、铟及铟制品;出口摩托车(含全地形车)及其发动机和车架、汽车(包括成套散件)及其底盘等货物的;以上需按规定申请取得出口许可证。出口许可证的有效期最长不得超过6个月,且有效期截止时间不得超过当年12月31日;商务部可视具体情况,调整某些货物出口许可证的有效期。出口许可证应当在有效期内使用,逾期自行失效。

Ⅱ.消耗臭氧层物质的货样广告品需凭出口许可证出口;以一般贸易、加工贸易、边境贸易和捐赠贸易方式出口汽车、摩托车产品的,凭对外承包工程项目备案回执或特定项目立项函、中标文件等材料申领出口许可证出口许可证;以工程承包方式出口汽车、摩托车产品的,凭中标文件等材料申领出口许可证;以上述贸易方式出口非原产于我国的汽车、摩托车产品的,凭进口海关单据和货物出口合同申领出口许可证。

以加工贸易方式出口Ⅰ和Ⅱ所列货物的,除另有规定以外,凭有关批准文件、海关加工贸易进口报关单和货物出口合同申领出口许可证。其中,出口润滑油、润滑脂、润滑油基础油等成品油的,需提交省级商务主管部门的转报函件;出口润滑油、润滑脂、润滑油基础油以外的成品油的,免于申领出口许可证。

Ⅲ.出口铈及铈合金(颗粒＜500微米)、钨及钨合金(颗粒＜500微米)、锆、铍的可免于申领出口许可证,但需按规定申领《中华人民共和国两用物项和技术出口许可证》。

Ⅳ.我国政府对外援助项下提供的货物免于申领出口许可证。

Ⅴ.继续暂停对一般贸易项下润滑油(HS：27101991)、润滑脂(HS：27101992)、润滑油基础油(HS：27101993)出口的国营贸易管理。以一般贸易方式出口上述货物的,凭有效的货物出口合同申领出口许可证。以其他贸易方式出口上述货物的,按照商务部、发展改革委、海关总署公告2008年第30号的规定执行。

【发布单位】商务部、国家发展改革委、海关总署
【发布文号】公告2008年第30号
【发布日期】2008-06-10

经国务院批准,自2008年7月1日起,取消润滑油(27101991)、润滑脂(27101992)、润滑油基础油(27101993)出口配额管理,改为实行出口许可证管理,同时对其一般贸易出口仍实行国营贸易管理,海关凭出口许可证验放。现就有关事项公告如下:

一、润滑油(脂)、润滑油基础油国营贸易企业为中国中化集团公司、中国国际石油化工联合公司、中国联合石油化工有限责任公司。

二、境外承包工程和境外投资项下润滑油(脂)、润滑油基础油出口,企业可凭省级商务主管部门申请函和《对外承包工程经营资格证书》、《对外承包工程投议标许可证》、《中国企业境外投资批准证书》,到商务部配额许可证事务局办理出口许可证。

三、加工贸易项下润滑油(脂)、润滑油基础油出口,企业凭商务主管部门《加工贸易业务批准证》、《海关进口报关单》和省级商务主管部门申请函到商务部配额许可证事务局办理出口许可证。

四、外商投资企业润滑油(脂)、润滑油基础油出口,凭省级商务主管部门申请函,按照外商投资企业批准证书中规定的相应经营范围,到商务部配额许可证事务局办理出口许可证。

如有涉及本公告第二、三条规定之情形,按二、三条规定的程序办理。

五、边境贸易企业润滑油(脂)、润滑油基础油出口,凭省级商务主管部门申请函和所签订出口合同,到商务部配额许可证事务局办理出口许可证。

如有涉及本公告第二、三、四条规定之情形,按二、三、四条规定的程序办理。

进出口许可证因故在有效期内未使用的,经营者应当在进出口许可证有效期内向原发证机构提出延期申请。发证机构应当将原证收回,在进出口许可证的计算机管理系统中注销原证后,重新签发进出口许可证,并在备注栏中注明延期使用和原许可证号。进口许可证只能延期一次,延期最长不超过 3 个月。使用当年出口配额领取的出口许可证办理延期,其延期最长不得超过当年 12 月 31 日。商务部各进出口许可证签证机构与海关对进出口许可证实施联网核查,许可证电子数据与许可证纸面证书同时作为海关验放许可证商品的依据。

进出口许可证管理实行"一证一关""一批一证""非一批一证"制。实行出口"非一批一证"管理的为加工贸易方式出口的货物、补偿贸易项下出口的货物、小麦、玉米、大米、小麦粉、玉米粉、大米粉、活牛、活猪、活鸡、牛肉、猪肉、鸡肉、原油、成品油、煤炭、摩托车(含全地形车)及其发动机和车架、汽车(包括成套散件)及其底盘。消耗臭氧层物质的出口许可证管理实行"一批一证"制,出口许可证在有效期内一次报关使用。实行"一批一证"进出口许可证管理的大宗、散装货物,出口其溢装数量在货物总量 3% 以内的原油、成品油予以免证,其他货物溢装数量在货物总量 5% 以内的予以免证。实行"非一批一证"制的大宗、散货物,在每批货物出口时,按其实际出口数量进行许可证证面数量核扣,在最后一批货物出口时,应按该许可证剩余数量溢装上限,即 5%(原油、成品油溢装上限 3%)以内计算免证数额。

边境小额贸易方式出口配额管理的货物,由省级地方商务主管部门根据商务部下达

的边境小额贸易配额和要求签发出口许可证。以边境小额贸易方式出口甘草及甘草制品、蔴草及蔴草制品、消耗臭氧层物质、摩托车(含全地形车)及其发动机和车架、汽车(包括成套散件)及其底盘等货物的,需按规定申领出口许可证。以边境小额贸易方式出口上述情形以外的《出口许可证管理货物目录》所列货物的,免于申领出口许可证。

铈及铈合金(颗粒＜500微米)、锆、铍的出口免于申领出口许可证,但须按规定申领《中华人民共和国两用物项和技术出口许可证》。

我国政府对外援助项下提供的目录内货物不纳入出口配额和出口许可证管理。

2021年继续暂停对润滑油(商品编码2710.1991)、润滑脂(商品编码2710.1992)、润滑油基础油(商品编码2710.1993)一般贸易出口的国营贸易管理。对外贸易经营者以一般贸易方式出口上述货物的,凭货物出口合同申领出口许可证。以其他贸易方式出口上述货物的,按商务部、国家发展改革委、海关总署公告2008年第30号的规定执行。

加工贸易项下出口《出口许可证管理货物目录》内货物的,按以下规定执行。

以加工贸易方式出口属于配额管理的货物,凭配额文件、货物出口合同申领出口许可证。其中,出口甘草及甘草制品、蔴草及蔴草制品的,凭配额招标中标文件、海关加工贸易进口报关单申领出口许可证。

以加工贸易方式出口属于出口许可证管理的货物,除另有规定以外,凭有关批准文件、海关加工贸易进口报关单和货物出口合同申领出口许可证。其中,申领润滑油、润滑脂、润滑油基础油等成品油出口许可证,需提交省级商务主管部门申请函;出口除润滑油、润滑脂、润滑油基础油以外的成品油的,免于申领出口许可证。

为维护国际贸易秩序,国家对列入出口许可证管理目录内的部分货物实行指定出口报关口岸管理。企业出口该部分货物的,均须到指定的口岸报关出口:甘草出口的报关口岸指定为天津海关、上海海关、大连海关;甘草制品出口的报关口岸指定为天津海关、上海海关;天然砂出口(对台港澳地区)的报关口岸限定于企业所在省(自治区、直辖市)的海关;对镁砂、稀土、锑及锑制品等货物暂停实行指定口岸报关出口。

2. 进口关税配额管理

关税配额管理属于限制进口,对实行关税配额管理的进口货物,关税配额内的,适用关税配额税率;关税配额外的,按不同情况分别适用于最惠国税率、协定税率、特惠税率或普通税率。主管部门为商务部和国家发展改革委。所有贸易方式进口关税配额范围的商品均列入关税配额管理范围。

2023年我国实施关税配额管理的农产品有小麦、玉米、大米、棉花、食糖、羊毛及毛条;工业产品为化肥(尿素、磷酸二铵、复合肥)。

农产品进口关税配额为全球配额,其主管部门为商务部及国家发展改革委。商务部、国家发展改革委分别于申请期前一个月在《国际商报》《中国经济导报》及商务部网站、国家发展改革委网站上公布每种农产品下一年度的进口关税配额总量、关税配额申请条件及国务院关税税则委员会确定的关税配额农产品税则号列和适用税率。

其中,食糖、羊毛、毛条进口关税配额由商务部公布并由商务部授权机构负责办理本地区内申请,小麦、玉米、大米、棉花进口关税配额由国家发展改革委公布并由国家发展改革委授权机构负责受理本地区的申请。海关凭商务部及国家发展改革委各自授权机构向最终用户发放的加盖"商务部进口农产品关税配额证专用章"或"国家发展和改革委员会农产品进口关税配额专用章"的农产品进口关税配额证,办理验放手续。

以加工贸易方式进口关税配额管理的农产品,海关凭企业提交的农产品进口关税配额证办理通关验放手续。由境外进入保税仓库、保税区、出口加工区的上述农产品,无须提交农产品进口关税配额证,海关按现行规定验放并实施监管。从保税仓库、保税区、出口加工区出库或出区进口的关税配额农产品,企业持进口关税配额证向海关办理进口手续。

农产品进口关税配额分为国营贸易配额和非国营贸易配额。国营贸易配额须通过国营贸易企业进口;非国营贸易配额通过有贸易权的企业进口,有贸易权的最终用户也可以自行进口。

申办进口关税配额证需要以下材料:

① 货物进口合同;

② 进口关税配额申请表;

③ 企业法人营业执照。

农产品进口关税配额证实行"一证多批"制,即最终用户须分多批进口的,凭农产品进口关税配额证可多次办理通关手续。农产品进口关税配额证自每年 1 月 1 日起至当年 12 月 31 日有效。实行凭合同先来先领分配方式的农产品进口关税配额证有效期,按公布的实施细则执行。当年 12 月 31 日前从始发港出运,需在下一年到货的进口关税配额农产品,最终用户需持农产品进口关税配额证及有关证明单证到原发证机构申请延期。原发证机构审核情况属实后可予以办理延期,但延期最迟不得超过下一年 2 月底。

化肥进口关税配额为全球配额,商务部负责全国化肥关税配额管理工作,商务部委托的化肥进口关税配额管理机构负责管辖范围内化肥进口关税配额的发证、统计、咨询和其他授权工作。关税配额内化肥进口时,海关凭进口单位提交的化肥进口关税配额证明,按配额内税率征税,并验放货物。

国家对化肥进口实行国营贸易管理。按照规定的资格和条件,有关企业可以向商务部申请成为非国营贸易企业。国家可以安排一定数量的关税配额,由非国营贸易企业进口经营。

化肥进口关税配额在公历年度内有效,化肥进口关税配额证明在公历年度内的有效期不超过 180 天。延期或者变更的,需重新办理,旧证撤销的同时换发新证,并在备注栏中注明原证号。化肥关税配额持有者,如在当年无法完成进口的,应当在 9 月 15 日前将配额证明退还原发证机构。

3. 自动进口许可证管理

除国家禁止、限制进出口货物、技术外的其他货物、技术,均属于自由进出口范围。自由进出口货物、技术不受限制,但基于监测进出口情况的需要,国家对部分属于自由进口的货物实行自动进口许可证管理。

自动进口许可证管理是国家基于对这类货物的统计和监督需要而实行的一种在任何

情况下对进口申请一律予以批准,具有自动登记性质的许可管理。商务部是我国自动进口许可制度的管理部门。商务部、海关总署根据《货物进出口管理条例》及国家其他法律法规的有关规定,调整、公布《自动进口许可管理货物目录》。

2023 年实施自动进口许可管理的货物共计 45 类。

(1) 商务部实施自动进口许可管理的货物范围:牛肉、猪肉、羊肉、鲜奶、奶粉、木薯、大麦、高粱、大豆、油菜籽、食糖、玉米酒糟、豆粕、烟草、二醋酸纤维丝束、原油、成品油、化肥、烟草机械、移动通信产品、卫星广播电视设备及关键部件、汽车产品、飞机、船舶,共 24 类货物。

(2) 受商务部委托的省级地方商务主管部门或地方、部门机电办实施自动进口许可管理的货物范围:肉鸡、植物油、铁矿石、铜精矿、煤、成品油、四氧乙烯、化肥、聚氯乙烯、氯丁橡胶、钢材、工程机械、印刷机械、纺织机械、金属冶炼及加工设备、金属加工机床、电气设备、汽车产品、飞机、船舶、医疗设备,共 21 类货物。

申办自动进口许可证需要以下条件:

① 申请人已依法办理对外贸易经营者备案登记;

② 申请人已依法订立货物进口合同;

③ 申请人已获得进口国营贸易经营资格或非国营贸易允许量(适用于原油、成品油进口申请)。

申请自动进口许可证需要以下材料:

① 自动进口许可证申请表(适用于进口非机电类货物);

② 机电产品进口申请表(适用于进口机电类货物);

③ 企业法人营业执照;

④ 货物进口合同;

⑤ 国家广播电视主管部门批准文件(适用于申请进口广播电视及卫星设备);

⑥ 国家烟草主管部门编制的年度计划(适用于申请进口烟草设备);

⑦ 国家无线电管理委员会签发的型号核准证(复印件)或地方无线电管理部门在机电产品进口申请表备注栏的签章盖章(适用于申请进口移动通信设备);

⑧ 向设区的市级人民政府水路运输管理部门提出增加运力的申请及报经有许可权限部门批准的证明文件(适用于申请进口运输类船舶);

⑨ 有关检验报告或技术评定书(适用于申请进口旧船舶);

⑩ 国家发展改革委或者民航局的批复复印件及经营许可证复印件(适用于申请进口飞机)。

自动进口许可证有效期为 6 个月,但仅限公历年度内有效。原则上实行"一批一证"管理,对部分货物也可实行"非一批一证"管理。目前对实行自动进口许可管理的货物(原油料油除外),实施自动进口许可证通关作业无纸化,免于交验纸质自动进口许可证,每份进口货物报关单仅适用一份自动进口许可证。海关通过自动进口许可证联网核查方式验核电子许可证。

对实行"一批一证"自动进口许可证管理的大宗、散装货物,其溢装数量在货物总量 3%以内的原油、成品油、化肥、钢材等 4 种大宗散装货物予以免证,其他货物溢装数量在货物总量5%以内的予以免证;对"非一批一证"的大宗、散装货物,每批货物进口时,按其实际数量核扣自动进口许可证额度数量,最后一批货物进口时,应按自动进口许可证实际剩余数量的允许溢装上限,即5%(原油、成品油、化肥、钢材溢装上限3%)以内计算免证数额。

进口列入《自动进口许可管理货物目录》的商品,在办理报关手续时须向海关提交自动进口许可证,但下列情形免于提交:

① 加工贸易项下进口并复出口的(原油、成品油除外);

② 外商投资企业作为投资进口或者投资额内生产自用的(旧机电产品除外);

③ 货样广告品、实验品进口,每批次价值不超过5000元人民币的;

④ 暂时进口的海关监管货物;

⑤ 进入保税区、出口加工区等海关特殊监管区域及进入保税仓库、保税物流中心的属于自动进口许可管理的货物;

⑥ 加工贸易项下进口的不作价设备监管期满后留在原企业使用的。

4. 其他特殊进出口货物的贸易管制

我国积极开展对特殊货物的进出口实施准许管理和目录管理,属于目录范围内的商品实施许可证管理。这些特殊货物主要包括固体废物、野生动植物物种、药品、兽药、农药、黄金及其制品、两用物项和技术、密码产品和技术、音像制品、美术品、有毒化学品、民用爆炸物品等,其许可证件管理和报关规范,如表1-5所示。

表1-5 其他特殊进出口货物的贸易管制措施

商品类别	海关凭证	主管部门	报关规范
固体废物进口	固体废物进口许可证	生态环境部	"非一批一证"和"一证一关";"一批一证"制;限定口岸进口;有效期为当年有效,但可以在期满30日前申请延期,只能延期一次,最长不超过60日。申请延期须重新签发许可证,并在备注栏内注明"延期使用"和原证证号
野生动植物种进出口	公约证明、非公约证明、物种证明	国家濒危物种进出口管理办公室	公约证明、非公约证明实行"一批一证"制;物种证明分"一次使用"和"多次使用"两种,一次使用的有效期不得超过180天,多次使用的物种证明有效期不超过360天且有效期截至发证当年12月31日
药品进出口	精神药品进口准许证、麻醉药品进口准许证;进/出口准许证;进口药品通关单	国家市场监督管理总局	实行"一批一证"制;仅限于在注明的口岸海关使用,药品"进口准许证"的有效期为1年,"出口准许证"的有效期不超过3个月(有效期时限不跨年度)
黄金及其制品进出口	黄金及其制品出口准许证	中国人民银行	实行"一批一证"和"非一批一证";"一批一证"的有效为40个工作日,可在期满前5日申请延期一次。"非一批一证"6个月内有效,逾期自行失效。"非一批一证"的"准许证"报关批次最多不超过12次

商品类别	海关凭证	主管部门	报关规范
两用物项和技术进出口	两用物项和技术进/出口许可证	商务部	两用物项和技术进口实行"非一批一证"和"一证一关";出口实行"一批一证"和"一证一关";进出口许可证的有效期一般不超过1年。跨年度使用时,在有效期内只能使用到次年3月31日
农药进出口	农药进出口登记管理放行通知单	农业农村部	实行"一批一证"制;农药进出口通知单的有效期为3个月,逾期失效,需延期可截至下一年度的2月底
兽药进口	进口兽药通关单	农业农村部	实行"一单一关"制,在30日有效期内只能一次性使用
音像制品进口	进口音像批准单	文化和旅游部	实行"一批一证"制;一次报关使用有效,不得累计使用。属于音像制品成品的,批准单当年有效;属于用于出版的音像制品的,批准单有效期为1年
密码产品和含有密码技术的设备进口	密码产品和含有密码技术的设备进口许可证	国家密码管理局	实行"一批一证"制
美术品进出口	美术品进出口批准文化	文化和旅游部	实行"一批一证"制;同一批已经批准进口或者出口的美术品复出口或者复进口,进出口单位可持原批准文件正本到原进口或者出口口岸海关办理相关手续,文化行政部门不再审批
有毒化学品	有毒化学品环境管理放行通知单	生态环境部	实行"一批一证"制;每份通知单在有效期内只能报关使用一次;按通知单上所列数量为限,不允许溢装
民用爆炸物品进出口	民用爆炸物品进/出口审批单	工业和信息化部	实行"一批一单"和"一证一关"制;有效期为6个月,延期须申领新审批单,每单仅限延期一次,不超过6个月

本 章 小 结

　　进出口贸易管理制度是指一国政府从国家宏观经济利益对内对外政策的需要出发,在遵循有关国际条约和国际贸易规则的基础上,对本国的对外贸易活动实施有效管理而实行的各种贸易制度、政策和措施的总称。我国对外贸管制制度是由国际贸易经营资格管理制度、货物与技术进出口许可管理制度、出入境检验检疫制度、外汇管理制度、出口退税管理制度、国际贸易救济制度及其他有关的管理制度组成的一种综合性制度。

课 后 练 习

一、单项选择题

1.《进口许可证》原则上实行"一批一证"制度,对不实行一批一证的商品,发证机关在签发进口许可证时必须在备注栏中注明:"非一批一证"字样,该证在有效期内可使用(   )。

    A. 12 次   B. 8 次

    C. 6 次   D. 5 次

2. 进口许可证的有效期为一年,如有特殊情况需要跨年度使用时,有效期最长不得超过次年的(   ),逾期自行失效。

    A. 6 月 31 日   B. 12 月 31 日

    C. 1 月 1 日   D. 3 月 31 日

3. 我国海关实施全国通关一体化后,通关环节对进出口货物实施(   )的通关流程。

    A. 一次申报、一次放行   B. 一次申报、分类处置

    C. 一次申报、分步处置   D. 一次申报、整体防控

4. 中华人民共和国海关的性质为(   )。

    A. 国家立法机关   B. 国家司法机关

    C. 国家行政机关   D. 国家监察机关

5. 关于海关组织机构,下列说法正确的是(   )。

    A. 直属海关＞海关总署＞隶属海关

    B. 海关总署＞直属海关＞隶属海关

    C. 隶属海关＞直属海关＞海关总署

    D. 直属海关＞海关总署＞隶属海关

二、多项选择题

1. 关于我国的对外贸易管制制度,以下说法正确的是(   )。

    A. 企业取得对外贸易经营权以后可以经营所有商品的贸易

    B. 要核实某个商品是否属于禁止进口的范围,可以查询《禁止进口货物目录》,或者查询商品的海关监管条件代码

    C. 国家对进出口货物贸易的外汇管理要点是:货物贸易的外汇收支应当具有真实、合法的交易基础

    D. 我国出入境检验检疫的主管机构为海关

2. 对外贸易救济措施包括(   )。

    A. 损害补偿   B. 反补贴措施

    C. 反倾销措施   D. 保障措施

3. 实行出口配额管理的货物包括(   )。

    A. 活猪   B. 小麦粉

C. 出口煤炭   D. 出口牛肉

4. 关于自动进口许可证报关规范的说法中正确的是(　　)。

    A. 可以向地方发证机构申请发证

    B. 有效期为 6 个月，可跨年使用

    C. 按货物不同有"一批一证"和"非一批一证"的使用方法

    D. "非一批一证"时，自动进口许可证的使用最多不超过 6 次

5. 关检融合整合申报，面向以企业端整合形成(　　)。

    A. 一张报关单   B. 一套随附单证

    C. 一组参数代码   D. 一个申报系统

三、判断题

1. 货物、技术进出口许可管理制度是我国进出口许可管理制度的主体，是国家对外贸易管制中极其重要的管理制度。   (　　)

2. 关税配额管理是指以国家各主管部门签发许可证件的方式来实现各类限制进口的措施。   (　　)

3. 反补贴、反倾销和保障措施都属于贸易救济措施。反补贴、反倾销措施针对的是进口产品激增的情况，保障措施针对的则是价格歧视这种不公平贸易行为。   (　　)

4. 海关对于进口列入自动许可管理的化肥溢短装数量在货物总量正负 5% 以内予以免证验放。   (　　)

5. 海关放行是指海关在接受进出口货物申报、查验货物、征收税费后作出的结束海关监管，允许货物自由处置的决定的行为。   (　　)

四、思考题

2020 年 7 月 23 日，方某某雇佣他人驾船将一批食蟹猴(国家二级保护动物)从越南经中越界河北仑河运至中国一侧非设关地码头。方某某等人通过船舶接驳方式将该批食蟹猴运到高速路边，后通过高速公路将该批食蟹猴运至位于梧州市的某公司。经统计，该批食蟹猴共计 268 只。

请问：方某某的行为是否涉嫌走私违法？为什么？

五、实训任务

广西诚品公司是一家从事水果产品的销售企业，现因业务需要，欲出口商品到国外市场。如果公司安排你去办理相关手续，你需要办理哪些手续？如何办理？

任务一：办理获得外贸经营权的手续。

任务二：办理进出口货物的报关资格。

任务三：判断并办理企业资质注册登记或备案。

学习成果达成与测评

学号		姓名		项目序号		项目名称	海关与对外贸易管制	学时	6	学分	0.2
职业技能等级	中级		职业能力						子任务数		3个
序号	评价内容		评价标准								分数
1	海关的基本职能		能够明确海关的基本职责、组织结构和管理制度								
2	海关的改革与发展		能够掌握关检融合之后的报关流程								
3	对外贸易管制的主要管理措施		能够识别不同对外贸易管制的具体要求								
考核评价	项目整体分数(每项评价内容分值为1分)										
	指导教师评语										
备注	奖励: 1. 按照完成质量给予1~10分奖励,额外加分不超过5分。 2. 每超额完成1个任务,额外加分3分。 3. 巩固提升任务完成优秀,额外加分2分。 惩罚: 1. 完成任务超过规定时间扣2分。 2. 完成任务有缺项每项扣2分。 3. 任务实施报告编写歪曲事实,个人杜撰或有抄袭内容不予评分。										

学习成果实施报告书

题目					
班级		姓名		学号	

　　请简要记述本工作任务在学习过程中完成的各项任务,描述任务规划及实施过程,遇到的重难点及解决过程,总结商品归类技巧和注意事项等,字数要求不低于 800 字。

考核评价(按 10 分制)		
教师评语:	态度分数	
	工作量分数	

考评规则

工作量考核标准:
1.任务完成及时。
2.操作规范。
3.实施报告书内容真实可靠,条理清晰,文笔流畅,逻辑性强。
4.没有完成工作量,扣 1 分,故意抄袭实施报告扣 5 分。

第 2 章
我国海关主要管理制度

📰 **知识导读**

　　海关管理制度是海关对报关单位及其关务行为实施管理的基本业务制度,是关务人员必须掌握的内容之一,对我国海关实现进出境监督管理职能、维护国家进出口经济贸易活动的正常秩序发挥着重要作用。海关管理制度更是报关单位及其报关员的报关行为准则,遵守《中华人民共和国海关法》及相关法律、行政法规的规定,是报关单位和报关员的基本义务,否则将承担相应的法律责任。报关单位的报关活动能否遵守有关法律、法规的要求,关务工作是否规范,不仅直接影响进出口通关效率,影响关务工作有序进行,还直接影响海关管理效率,海关管理制度是完成海关各项工作任务的重要保证。

　　由于关务工作的复杂性和特殊性,涉及的管理制度很多。本章中,我们主要介绍具有代表性的部分管制制度,包括海关对报关单位管理、海关对企业资质管理、一般进出口监管制度、保税进出口监管制度、特定减免税进口监管制度、暂时进出境监管制度、出入境检验检疫管理制度、海关税收征管制度、海关统计制度、知识产权海关保护制度、海关事务担保制度、海关预裁定、海关稽查制度等。

🖊 **学习目标**

- 了解海关主要管理制度涉及的法规制度框架
- 了解海关主要管理制度的相关要求
- 掌握我国海关管理制度对关务作业要求
- 依法依规依制度,规范进出口关务工作

⚙ **能力目标**

- 能正确简单描述海关主要管理制度
- 能读懂我国海关管理制度对关务作业要求
- 能依法依规依制度从事关务工作

📦 **素质目标**

- 锻炼细心、耐心、责任心的"三心"工匠精神

2.1　海关对报关单位的管理

2.1.1　报关单位的概念

报关单位是指在海关注册登记或经海关批准,向海关办理进出口货物报关纳税等海关事务的境内法人或其他组织。报关单位包括进出口货物收发货人和报关企业。进出口货物收发货人指在我国境内从事对外贸易经营活动的企业,组织和个人。报关企业指经进出口货物收发货人的委托,帮助其代理报关的企业。目前,我国从事报关服务的报关企业主要有两大类:①主营代理报关业务的报关公司或报关行;②经营国际货物运输代理等业务,兼营进出口货物代理报关业务的国际货物运输代理公司等。

2.1.2　报关单位管理法律法规

当前,我国对报关单位管理的法律法规和规范性文件主要包括:①《中华人民共和国海关法》。②《中华人民共和国海关报关单位备案管理规定》(2021 年 11 月 19 日海关总署令第 253 号公布,自 2022 年 1 月 1 日起施行)、《中华人民共和国海关稽查条例》《企业信息公示暂行条例》《优化营商环境条例》。③市场监管总局、人力资源社会保障部、商务部、海关总署、税务总局关于发布《企业注销指引(2021 年修订)》的公告。④海关总署公告 2018 年第 191 号(关于进一步优化报关单位登记管理有关事项的公告)(2018 年 12 月 7 日发布,2019 年 2 月 1 日生效)。⑤海关总署公告 2018 年第 143 号(关于推进关检融合优化报关单位注册登记有关事项的公告)(2018 年 10 月 26 日发布,2018 年 10 月 29 日生效)。⑥《中华人民共和国海关注册登记和备案企业信用管理办法》(2021 年 9 月 6 日海关总署令第 251 号公布,自 2021 年 11 月 1 日起实施)。⑦海关总署市场监管总局公告 2021 年第 113 号(关于报关单位备案全面纳入"多证合一"改革的公告)等。

2.1.3　报关单位备案管理

2021 年 4 月 29 日《中华人民共和国海关法》修订之后,将报关企业由"注册登记"改为"备案",因此新版《备案管理规定》将原海关总署令第 221 号《中华人民共和国海关报关单位注册登记管理规定》,改为《中华人民共和国海关报关单位备案管理规定》,以法律的形式明确了对向海关办理进出口货物报关纳税手续的企业实行备案管理制度,完成海关报关备案手续,取得报关资格是报关单位的主要特征之一。也就是说,只有当有关的法人或组织取得了海关赋予的报关权后,才能成为报关单位,方能从事有关的报关活动。取消了对报关人员的备案要求,对海关进出口货物收发货人、报关企业实施备案管理。进出口货物收发货人、报关企业办理报关手续,应当依法向海关备案。未向海关备案而从事报关业务的,海关可以处以罚款。

此外,新修订的《中华人民共和国海关法》明确了报关单位可以在中华人民共和国关境内办理报关业务。取消了双重身份企业的经济区域限制,报关单位在全国范围内可同时具有进出口货物收发货人和报关企业双重身份。明确了除临时备案单位有效期为1年外，报关单位备案均为长期有效。企业申请备案只需提交《报关单位备案信息表》，不再需要企业现场提交纸质材料。报关企业备案法定办结时限由取消行政许可前的20个工作日压缩至3个工作日，进出口货物收发货人备案从没有法定办结时限要求缩减至3个工作日以内。

2.1.4　报关单位信用管理

经认证的经营者是世界海关组织倡导的一项制度，即海关对信用状况、守法程度和安全措施较好的企业进行认证，为通过认证的企业提供通关便利，包括缩短通关时间、降低通关成本等。不同国家海关之间可以通过AEO互认制度，相互给予对方AEO企业优惠便利措施。中国海关依据有关国际条约、协定及本办法，开展与其他国家或者地区的海关"经认证的经营者"AEO互认合作，并且给予互认企业相关便利措施。海关根据企业申请，按照本办法规定的标准和程序将企业认证为高级认证企业的，对其实施便利的管理措施。海关根据采集的信用信息，按照本办法规定的标准和程序将违法违规企业认定为失信企业的，对其实施严格的管理措施。海关对高级认证企业和失信企业之外的其他企业实施常规的管理措施。

 知识拓展

截至2022年2月，中国已经与新加坡、韩国和南非等21个经济体47个国家（地区）签署了海关AEO互认安排。中国AEO企业对AEO互认国家（地区）进出口额约占进出口总额的60%，AEO的国际互认有助于提升企业通关便利。海关总署披露的问卷调查数据显示，中国AEO企业出口到互认国家（地区），有73.62%的企业在境外通关查验率有明显降低；有77.31%的企业在境外通关速度有明显提升；有58.85%的企业在境外通关物流成本有一定降低。

1. 高级信用企业认定标准

高级认证企业的认证标准分为通用标准和单项标准。高级认证企业应当同时符合通用标准和相应的单项标准。高级认证企业的通用标准包括内部控制、财务状况、守法规范及贸易安全等内容。高级认证企业的单项标准是海关针对不同企业类型和经营范围制定的认证标准。通用标准和单项标准由海关总署另行制定并公布。企业申请成为高级认证企业的，应当向海关提交书面申请，并按照海关要求提交相关资料。海关依据高级认证企业通用标准和相应的单项标准，对企业提交的申请和有关资料进行审查，并赴企业进行实地认证。

企业有下列情形之一的，1年内不得提出高级认证企业认证申请：

（1）未通过高级认证企业认证或者复核的；

（2）放弃高级认证企业管理的；

（3）撤回高级认证企业认证申请的；

（4）高级认证企业被海关下调信用等级的；

（5）失信企业被海关上调信用等级的。

海关应当自收到申请及相关资料之日起 90 日内进行认证并作出决定。特殊情形下，海关的认证时限可以延长 30 日。经认证，符合高级认证企业标准的企业，海关制发高级认证企业证书；不符合高级认证企业标准的企业，海关制发未通过认证决定书。高级认证企业证书、未通过认证决定书应当送达申请人，并且自送达之日起生效。海关对高级认证企业每 5 年复核一次。企业信用状况发生异常情况的，海关可以不定期开展复核。经复核，不再符合高级认证企业标准的，海关应当制发未通过复核决定书，并收回高级认证企业证书。

2. 失信企业认定标准

企业有下列情形之一的，海关认定为失信企业：

（1）被海关侦查走私犯罪公安机构立案侦查并由司法机关依法追究刑事责任的；

（2）构成走私行为被海关行政处罚的；

（3）非报关企业 1 年内违反海关的监管规定被海关行政处罚的次数超过上年度报关单、进出境备案清单、进出境运输工具舱单等单证（以下简称"相关单证"）总票数千分之一且被海关行政处罚金额累计超过 100 万元的；报关企业 1 年内违反海关的监管规定被海关行政处罚的次数超过上年度相关单证总票数万分之五且被海关行政处罚金额累计超过 30 万元的；上年度相关单证票数无法计算的，1 年内因违反海关的监管规定被海关行政处罚，非报关企业处罚金额累计超过 100 万元、报关企业处罚金额累计超过 30 万元的；

（4）自缴纳期限届满之日起超过 3 个月仍未缴纳税款的；

（5）自缴纳期限届满之日起超过 6 个月仍未缴纳罚款、没收的违法所得和追缴的走私货物、物品等值价款，并且超过 1 万元的；

（6）抗拒、阻碍海关工作人员依法执行职务，被依法处罚的；

（7）向海关工作人员行贿，被处以罚款或者被依法追究刑事责任的；

（8）法律、行政法规、海关规章规定的其他情形。

失信企业存在下列情形的，海关依照法律、行政法规等有关规定实施联合惩戒，将其列入严重失信主体名单：

（1）违反进出口食品安全管理规定、进出口化妆品监督管理规定或者走私固体废物被依法追究刑事责任的；

（2）非法进口固体废物被海关行政处罚金额超过 250 万元的。

企业对海关拟认定失信企业决定或者列入严重失信主体名单决定提出陈述、申辩的，应当在收到书面告知之日起 5 个工作日内向海关以书面提出。海关应当在 20 日内进行核实，企业提出的理由成立的，海关应当采纳。

3. 高级认证企业管理措施

高级认证企业是中国海关 AEO，适用下列管理措施：

（1）进出口货物平均查验率低于实施常规管理措施企业平均查验率的 20%，法律、行政法规或者海关总署有特殊规定的除外；

（2）出口货物原产地调查平均抽查比例在企业平均抽查比例的20%以下,法律、行政法规或者海关总署有特殊规定的除外;

（3）优先办理进出口货物通关手续及相关业务手续;

（4）优先向其他国家(地区)推荐农产品、食品等出口企业的注册;

（5）可以向海关申请免除担保;

（6）减少对企业稽查、核查频次;

（7）可以在出口货物运抵海关监管区之前向海关申报;

（8）海关为企业设立协调员;

（9）AEO互认国家或者地区海关通关便利措施;

（10）国家有关部门实施的守信联合激励措施;

（11）因不可抗力中断国际贸易恢复后优先通关;

（12）海关总署规定的其他管理措施。

4. 失信企业适用下列管理措施

（1）进出口货物查验率80%以上;

（2）经营加工贸易业务的,全额提供担保;

（3）提高对企业稽查、核查频次;

（4）海关总署规定的其他管理措施。

2.1.5　报关单位报关规范

新修订的《中华人民共和国海关法》规定,进出口货物收发货人、报关企业办理报关手续,应当依法向海关备案。进出口货物,除另有规定的外,可以由进出口货物收发货人自行办理报关纳税手续,也可以由进出口货物收发货人委托报关企业办理报关纳税手续。进出境物品的所有人可以自行办理报关纳税手续,也可以委托他人办理报关纳税手续。

报关企业接受进出口货物收发货人的委托,以委托人的名义办理报关手续的,应当向海关提交由委托人签署的授权委托书,遵守《海关法》对委托人的各项规定。报关企业接受进出口货物收发货人的委托,以自己的名义办理报关手续的,应当承担与收发货人相同的法律责任。委托人委托报关企业办理报关手续的,应当向报关企业提供所委托报关事项的真实情况;报关企业接受委托人的委托办理报关手续的,应当对委托人所提供情况的真实性进行合理审查。报关企业和报关人员不得非法代理他人报关。报关企业非法代理他人报关的,由海关责令改正,处以罚款;情节严重的,禁止其从事报关活动。

进口货物应当由收货人在货物的进境地海关办理海关手续,出口货物应当由发货人在货物的出境地海关办理海关手续。经收发货人申请,海关同意,进口货物的收货人可以在设有海关的指运地、出口货物的发货人可以在设有海关的启运地办理海关手续。上述货物的转关运输,应当符合海关监管要求;必要时,海关可以派员押运。

进口货物的收货人、出口货物的发货人应当向海关如实申报,交验进出口许可证件和有关单证。国家限制进出口的货物,没有进出口许可证件的,不予放行,具体处理办法由国务院规定。进口货物的收货人应当自运输工具申报进境之日起14日内,出口货物的发货人除海关特准的外应当在货物运抵海关监管区后、装货的 24 小时之前,向海关申报。

进口货物的收货人超过前款规定期限向海关申报的,由海关征收滞报金。进口货物的收货人自运输工具申报进境之日起超过 3 个月未向海关申报的,其进口货物由海关提取依法变卖处理,所得价款在扣除运输、装卸、储存等费用和税款后,尚有余款的,自货物依法变卖之日起 1 年内,经收货人申请,予以发还;其中属于国家对进口有限制性规定,应当提交许可证件而不能提供的,不予发还。逾期无人申请或者不予发还的,上缴国库。除海关特准的外,进出口货物在收发货人缴清税款或者提供担保后,由海关签印放行。

2.2 海关对企业资质管理

2.2.1 食品进出口资质管理

1. 出口食品生产企业备案核准

(1)备案依据。《中华人民共和国食品安全法》《国务院关于加强食品等产品安全监督管理的特别规定》《进出口食品安全管理办法》《质检总局关于发布<进口食品进出口商备案管理规定>及<食品进口记录和销售记录管理规定>的公告》。海关企业管理和稽查司根据《中华人民共和国食品安全法》《国务院关于在自由贸易试验区开展"证照分离"改革全覆盖试点的通知》(国发〔2019〕25 号),对我国"出口食品生产企业备案核准"实施"审批改为备案"改革。适用对象为中华人民共和国境内拟从事出口的食品生产企业。出口的食品生产企业应当保证食品安全卫生控制体系有效运行,确保出口食品生产、加工、储存过程持续符合我国相关法律法规和出口食品生产企业安全卫生要求,以及进口国(地区)相关法律法规要求。改革后,企业开展生产出口食品经营活动应持有营业执照并按要求进行备案,并取消许可证有效期,改为长期有效。

(2)办理流程。

①备案申请。申请人向所在地主管海关提出申请并递交材料(《出口食品生产企业备案申请表》)等。主管海关对申请人提出的申请进行审核,对材料齐全、符合法定条件的,核发《出口食品生产企业备案证明》(以下简称《备案证明》)。②备案变更。出口食品生产企业的名称、法定代表人、生产企业地址发生变化的,申请人应当自发生变更之日起 15 日内,向原发证海关递交申请材料,原发证海关对申请变更内容进行审核。变更申请材料齐全、证明材料真实有效的,准予变更。③备案注销。申请人需要注销《备案证明》的,向主管海关提出书面申请,经主管海关审核后,办理注销手续。

(3)办理方式。登录海关行政审批一个窗口现场办理/互联网+海关一体化网上办事平台/中国出口食品生产企业备案管理系统。

(4)其他备案。出口食品原料种植场/养殖场备案:主要包括出口食品原料种植场备案供中国香港、中国澳门特别行政区蔬菜种植基地备案、出口水产原料养殖场备案、出口蜂产品原料备案养殖场、出口畜禽原料养殖场备案、出口原料禽蛋养殖场备案等。

2. 进口食品生产企业备案核准

(1) 备案依据。《中华人民共和国食品安全法》《国务院关于加强食品等产品安全监督管理的特别规定》《进出口食品安全管理办法》《质检总局关于发布＜进口食品进出口商备案管理规定＞及＜食品进口记录和销售记录管理规定＞的公告》。

(2) 备案要求。取得营业执照，且营业范围包含所经营食品类别，经营食品种类主要包括：肉类、蛋及制品类、水产及制品类、中药材、粮谷及制品类、油脂及油料类、饮料类、糖类、蔬菜及制品类、植物性调料类、干坚果类、罐头类、酒类、乳制品类、蜂产品类、卷烟类、糕点饼干类、调味品类、蜜饯类、茶叶类、其他加工食品类、特殊食品类、其他植物源性食品类、其他。但食品添加剂、食品相关产品、部分粮食品种、部分油籽类、水果、食用活动物等依照有关规定执行。为进一步深化"放管服"改革，持续优化口岸营商环境，减轻企业负担，海关总署决定取消进口肉类收货人备案事项和进口化妆品境内收货人备案事项，自 2022 年 1 月 1 日起执行。

(3) 备案材料。《收货人备案申请表》(可从海关总署官网下载)，与食品安全相关的组织机构设置、部门职能和岗位职责(机构设置与职责需体现安全管理制度的执行情况)，拟经营的食品种类、存放地点，2 年内曾从事食品进口、加工和销售的，应当提供相关说明，未从事经营活动的需提供"未从事相关说明"。

(4) 办理方式。①登录海关行政审批一个窗口现场办理/互联网＋海关一体化网上办事平台——企业管理和稽查。②登录中国国际贸易单一窗口-企业资质。

2.2.2 进出境中药材

1. 管理依据

根据《中华人民共和国进出境动植物检疫法》及其实施条例、《进出境中药材检疫监督管理办法》等法律法规规定，海关总署对进出境中药材实施风险管理，对进境中药材实施检疫准入制度，包括产品风险分析、监管体系评估与审查、确定检疫要求、境外生产企业注册登记及进境检疫等。对首次向中国输出中药材的国家或者地区进行产品风险分析、监管体系评估，对已有贸易的国家和地区进行回顾性审查。对中药材的境外生产企业和出境生产企业实施注册登记管理。

2. 适用对象

进出境中药材适用于申报为药用的进出境中药材检疫及监督管理。申报为"药用"的中药材应为被列入《中华人民共和国药典》药材目录的物品。中药材是指药用植物、动物的药用部分，采收后经初加工形成的原料药材。申报为"食用"的中药材应为国家法律、行政法规、规章、文件规定可用于食品的物品。申报为食用的进出境中药材检验检疫及监督管理按照海关总署有关进出口食品的规定执行。出境中药材应当符合中国政府与输入国家或者地区签订的检疫协议、议定书、备忘录等规定，以及进境国家或者地区的标准或者合同要求。入境中药材应符合海关总署制定、调整并在海关总署网站公布的允许进境中药材的国家或者地区名单及产品种类,列入确定需要实施境外生产、加工、存放单位注册登记的中药材品种的动态目录。

3. 资质管理

1) 境外生产企业

(1) 注册要求:境外生产企业应当符合输出国家或者地区法律法规的要求,并符合中国国家技术规范的强制性要求。海关总署对进出境中药材生产、经营企业实行诚信管理等。对向中国境内输出中药材的境外生产、加工、存放单位(以下简称"境外生产企业")实施注册登记管理;按照输入国家或者地区的要求对出境中药材生产、加工、存放单位(以下简称"出境生产企业")实施注册登记管理;海关总署对列入目录的中药材境外生产企业实施注册登记,注册登记有效期为 4 年。

(2) 注册材料:输出国家或者地区主管部门在境外生产企业申请向中国注册登记时,需对其进行审查,符合《进出境中药材检疫监督管理办法》第十条、第十一条相关规定后,向海关总署推荐,并提交下列中文或者中英文对照材料:

① 所在国家或者地区相关的动植物疫情、兽医卫生、公共卫生、植物保护、企业注册管理等方面的法律法规,所在国家或者地区主管部门机构设置和人员情况及法律法规执行等方面的书面资料;

② 申请注册登记的境外生产企业名单;

③ 所在国家或者地区主管部门对其推荐企业的防疫、卫生控制实际情况的评估结论;

④ 所在国家或者地区主管部门对其推荐的企业符合中国法律法规要求的声明;

⑤ 企业注册申请书,厂区、车间、仓库的平面图、工艺流程图、动物或者植物检疫防控体系文件、防疫消毒处理设施照片、废弃物和包装物无害化处理设施照片等。

(3) 海关审核:海关总署收到推荐材料并经书面审查合格后,经与输出国家或者地区主管部门协商,可以派员到输出国家或者地区对其监管体系进行评估,对申请注册登记的境外生产企业进行检查。经检查符合要求的申请企业,予以注册登记。已取得注册登记需延续的境外生产企业,由输出国家或者地区主管部门在有效期届满 6 个月前,按《进出境中药材检疫监督管理办法》第十二条规定向海关总署提出申请。海关总署可以派员到输出国家或者地区对其监管体系进行回顾性审查,并对申请的境外生产企业进行检查。对回顾性审查符合要求的国家或者地区,经检查符合要求的境外生产企业,予以注册登记,有效期延长 4 年。

2) 出境生产企业

(1) 注册要求:出境生产企业应当达到输入国家或者地区法律法规的相关要求,并符合中国有关法律法规规定。出境生产企业应当建立完善的防疫体系和溯源管理制度。出境生产企业应当建立原料、包装材料等进货采购、验收记录、生产加工记录、出厂检验记录、出入库记录等,详细记录出境中药材生产加工全过程的防疫管理和产品溯源情况,记录应当真实,保存期限不得少于 2 年。出境生产企业应当配备检疫管理人员,明确防疫责任人。输入国家或者地区要求对向其输出中药材的出境生产企业注册登记的,海关实行注册登记。注册登记有效期为 4 年。

（2）注册材料：出境生产企业申请注册登记时，应当提交下列材料：

①《出境中药材生产企业检疫注册登记申请表》；

②厂区平面图，并提供重点区域的照片或者视频资料；

③产品加工工艺。

2.3 海关监管制度

海关监管是指海关运用国家赋予的权力，通过一系列管理制度与管理程式，依法对进出境运输工具、货物、物品的进出境活动所实施的一种行政管理。海关监管是一项国家职能，其目的在于保证一切进出境活动符合国家政策和法律的规范，维护国家主权和利益。海关监管不是海关监督管理的简称，而海关监督管理是海关全部行政执法活动的统称。监管作为海关四项基本任务之一，除了通过备案、查验、放行、后续管理等方式对进出境运输工具、货物、物品的进出境活动实施监管外，还要执行或监督执行国家其他对外贸易管理制度的实施，如进出口许可制度、外汇管理制度、进出口商品检验检疫制度、文物管理制度等，从而在政治、经济、文化道德、公众健康等方面维护国家利益。根据监管对象的不同，海关监管分为运输工具监管、货物监管和物品监管 3 大体系，每个体系都有一整套规范的管理程序与方法。

海关在构建进出境货物的大监管体系中，全面推行综合监管模式。针对监管对象的不同形态，海关监管程序的不同时段，海关会采用不同的监管措施。例如，货物进出境过程中应办理的通关监管、保税或免税的不同时段，货物接管后火灾后续监管期间海关实施的稽查。海关对进出境企业的资信管理，以及海关对特殊监管区域、监管场所的管理等。由此，海关监管制度就形成了一个层次分明且各有分支的相对完整的体系。

2.3.1 海关监管货物

1. 海关监管货物的概念

海关监管货物，是指海关批准范围内接受海关查验的进出口、过境、转运、通关货物，以及保税货物和其他尚未办结海关手续的进出境货物。海关监管货物主要处于以下两种状态：一是进境货物尚未办理海关进口手续或出口货物虽已办理海关出口手续但尚未装运出口，仍存放于海关监管场所的进出口货物；二是进境货物已办理海关进口放行手续，但仍处于海关监管之下，需要纳入海关后续管理范畴，这一类海关监管货物主要包括保税进口、暂时进口和特定减免税进口的货物等。无论处于上述哪一种状态的货物都必须接受海关监管，未经海关许可，任何单位和个人不得开拆、提取、交付、发运、调换、改装、抵押、转让或者更换标记。

2. 海关监管货物分类

海关监管货物涉及所有进出境货物，包括海关监管时限内的一般进出口货物和其他进出口货物,按货物进出境的不同目的划分,可以分成5大类。

(1) 一般进出口货物。指从境外进口,办结海关手续直接进入国内生产或流通领域的进口货物,及按国内商品申报,办结出口手续到境外消费的出口货物。

(2) 保税货物。指经海关批准未办理纳税手续而进境,在境内储存、加工、装配后复运出境的货物。此类货物又分为保税加工货物和保税物流货物两类。

(3) 特定减免税货物。指经海关依据有关法律准予免税进口的用于特定地区、特定企业、有特定用途的货物。

(4) 暂准进出境货物。指经海关批准,凭担保进境或出境,在境内或境外使用后,原状复运出境或进境的货物。

(5) 其他进出境货物。指由境外启运,通过中国境内继续运往境外的货物,以及其他尚未办结海关手续的进出境货物。

2.3.2　海关监管相对人

海关监管相对人是指进出境活动中处于被管理地位的自然人、法人和其他组织。通常与海关监管活动比较密切,且与海关打交道比较频繁的人,主要有报关人和报关活动相关人。

1. 报关人

报关人是指在海关备案登记或经海关批准,向海关办理进出口货物报关纳税等海关事务的境内法人或其他组织、个人,包括进出口货物收发货人和报关企业;进出境运输工具的报关人为进出境运输工具负责人或其代理人;进出境物品的报关人为物品所有人或其代理人。

2. 报关活动相关人

报关活动相关人是指从事与海关监管货物相关的运输、储存、加工等业务,包括自然人、法人和其他组织。例如,承接保税加工、物流、仓储业务的境内企业、转关运输的承运人、保税区、出口加工区内的部分企业、使用减免税进口货物的企业等。这些企业、单位虽然不一定具有报关资格,但与报关活动密切相关,承担着相应的海关义务和法律责任。报关活动相关人类型有以下几种。

1) 海关监管货物仓储企业

经营海关监管货物仓储业务的企业,主要有以下几种类型:①在海关监管区内存放海关监管货物的仓库、场所,一般存放海关尚未放行的进口货物和已办理申报、放行手续尚待装运离境的出口货物。②保税仓库,主要存放经海关监管现场放行后按海关保税制度继续监管的货物。③出口监管仓库,主要专门存放已向海关办完全部出口手续并已对外卖断结汇的出口货物。④其他经海关批准存放海关监管货物的仓库、场所。

经营海关监管货物仓储的企业必须经海关批准,办理海关注册登记手续。其仓储的海关监管货物必须按照海关的规定收存、交付。在保管期间造成海关监管货物损毁或者灭失的,除不可抗力外,仓储企业应承担相应的纳税义务和法律责任。

2）从事加工贸易生产加工的企业

这里所称的从事加工贸易的加工企业是指具有法人资格的企业接受加工贸易经营单位的委托，将进口料件按经营单位与外商签订的加工贸易合同规定加工为成品后，交由其委托人即经营单位办理成品出口手续的生产加工企业。这一类企业虽然没有报关权，但因其从事保税料件的加工，也需向海关办理登记手续，接受海关监管。

3）转关运输货物的境内承运人

转关运输货物的境内承运人须经海关批准，并办理海关注册登记手续。其从事转关运输的运输工具和驾驶人员也须向海关注册登记。运载转关运输货物的运输工具、装备应具备密封装置和加封条件。在运输期间转关运输货物损毁或者灭失的，除不可抗力外，承运人应承担相应的纳税义务和法律责任。

4）其他报关活动相关人

如保税区、出口加工区内的部分企业、使用减免税进口货物的企业等。

2.3.3　一般进出口通关制度

1. 一般进出口通关制度

一般进出口通关制度是指货物在进出境环节完纳进出口税费，并办结了各项海关手续后，进口货物即可在境内自行处理，出口货物运离关境，即可自由流通的海关通关制度。适用于一般进出口通关制度的进出口货物，在进出境环节缴纳了应征的进出口税费并办结了所有必要的海关手续，海关放行后不再进行监管，可以永久保留在境内或境外。但因本项制度包含着完纳应缴的出口税费和在进出境环节办结各项海关手续两重含义，因而不包括虽永远留在关境内，但可以享受特定减免税优惠的货物。

2. 一般进出口通关制度的特点

一般进出口货物的通关过程和放行后的状态反映了该项通关制度的特点。

1）进出口时交验相关的进出境国家管制许可证件

对于进出口货物涉及的各项进出境国家管制，均应在货物进出口前办妥审批手续，其许可证件通关时随报关单一并向海关交验。

2）必须在进出境环节完纳进出口税费

这里的进出境环节指进口货物提取或出口货物装运前的通关环节。"进出口税费"是指货物在通关时，因其直接发生了一次合法的进口或出口，在海关税法上被规定应税，而须向海关缴纳的关税、国内税及其他费用。"完纳"则是指按照《进出口税则》的税率全额计征。但是，对于《进出口税则》规定零税率的或《进出口关税条例》列明免于征税（即法定减免）的进出口货物则无须缴纳进出口税费。

3）货物在提取或装运前办结海关手续

适用一般进出口通关制度的货物在申报、接受查验并缴清进出口税费，经海关复核放行后，报关人才能提取或装运货物。对于适用一般进出口通关制度的货物而言，海关放行即意味着通关货物的各项海关手续业已办结。

4）货物进出口后可自由流通

所谓自由流通是指货物办结了海关手续即可由报关人自行处置。一般进出口货物进口后或出口运离关境后可以自由流通，不再接受海关监管。

3. 一般进出口通关制度的适用

一般进出口通关制度适用于除能够享受特定减免税优惠以外的实际进出口货物。因此，下列货物适用一般进出口通关制度：①一般贸易方式成交的进出口货物；②易货贸易、补偿贸易、寄售贸易方式进出口货物；③承包工程项目进出口货物；④边境小额贸易进出口货物；⑤外国驻华商业机构进出口陈列用的样品；⑥外国旅游者小批量订货出口的商品；⑦随展览品进出境的小卖品；⑧租赁进出口货物。租赁贸易方式进出口货物适用海关一般进出口监管制度，即在进出境环节提交进出口许可证件，按进口完税价格一次性或按租金分期缴纳进出口税费。租赁贸易方式进出口货物实际进出口后，海关对货物一次性进行进出口贸易统计。

2.3.4 保税通关制度

1. 保税通关制度

保税制度指海关对进口货物暂不征税，但保留征税权的一种制度。是允许对特定的进口货物在入关进境后确定内销或复出口的最终去向前，暂缓征缴关税和其他国内税，由海关监管的一种海关制度。即进口货物可以缓缴进口关税和其他国内税，在海关监管下于指定或许可的场所、区域进行储存、中转、加工或制造，是否征收关税视货物最终进口内销或复运出口而定。例如：该批货物进入国内市场销售，则补交进口税；如复出口，则不必交纳进口税。存放保税货物的地点，设有"保税区""保税仓库""保税工场"等，既有国营的，也有私营的，但均须经海关批准。

2. 保税通关制度发展

保税制度是随着商品经济和国际贸易的发展而产生和发展的。19世纪中后期，一些发达的资本主义国家为发展本国对外贸易，鼓励出口，对生产出口产品的工厂和企业所进口的原材料实行了保税制度。

20世纪，世界各国为促进和鼓励本国对外贸易，特别是出口贸易的发展，竞相建立保税制度，其范围也从单纯加工生产的保税扩大到包括商业性质的保税（如转口贸易货物的保税）和进口寄售商品的保税等。1888年，中国第一批保税仓库在上海建立，这是中国保税制度的开始。当时主要是对进口货物的加工、包装等进行保税，随后逐步扩大到其他工业生产性保税和商业性保税。1949年中华人民共和国建立后，在当时的政治、经济条件下，保税制度基本停用。1978年实行改革开放方针以后，为适应中国对外经济贸易的发展和改善投资环境的需要，保税制度逐步恢复，并不断扩大业务，实行了一些新的保税形式，已成为中国发展对外经贸往来，扩大出口创汇，吸引外资的一项重要措施。

2.3.5 特定减免税进口通关制度

1. 特定减免税进口通关制度

特定减免税进口通关制度是一项货物在进口时减征或免征进口关税和进口环节增值税,进口后必须在特定的条件下和规定的范围内使用,直至海关监管时限结束,解除海关监管的法律规范。在这项制度下的减免进口税是无保留的。只要是实际进口,又未按其他海关制度办理通关手续的货物,在符合特定条件的情况下,均给予减征或免征进口关税和增值税的优惠。但是这种减免税优惠要求某些义务务必履行,即在某一时期受到使用上的限制。

2. 特定减免税进口通关制度特点

1) 在特定条件可减免进口税费

特定减免税收政策是关税优惠政策的重要组成部分。它是国家无偿向符合条件的进口商品使用单位提供的关税优惠政策,其目的是优先发展特定地区的经济、鼓励外商投资,促进国有大中型企业和科教文卫事业的发展。因而,这种关税优惠具有特定性。进口货物必须按照规定的使用条件在规定的地区、企业或按照特定的用途使用。

2) 原则上应受各项进出境管制

特定减免税货物的去向是实际进口,因此,按照国家有关进出境管制的原则规定,凡涉及许可证、检验检疫、机电产品进口审查等各项进出境管制的,均应在进口申报时向海关交验许可证件。

3) 货物进口验放后仍受海关监控

特定减免税进口的货物在完成申报、配合查验手续、缴清或免纳税款,并以此获得海关放行后,虽然进口阶段的海关手续已办理,然而依照审批减免税的先决条件之一,货物在规定的年限内,必须在规定的范围内使用。因此,货物仍将在海关的监管下。

4) 脱离特定范围使用,须补缴进口关税和增值税

进口的减免税货物在规定的监管期限内,因故脱离规定的使用范围、出售、转让或移作他用,丧失进口税优惠的特定性,须经海关核准,并应根据进口时间折旧估价,补缴原本减免的进口税。

5) 监管期满,方可解除海关监管

海关对特定减免税货物使用状况的监管,采取的是根据货物的品种分别确定监管期限,经海关核查监督,有关货物能按规定合法正常使用的,在期限届满时由企业向海关申请,办理解除海关监管手续。根据海关规定,特定减免税货物的海关监管年限为:船舶、飞机为 8 年;机动车辆为 6 年;其他货物为 3 年。

2.3.6 暂时进出境通关制度

1. 暂时进出境通关制度

暂时进出境通关制度是指,出于开展经济技术、科技文化合作交流的需要,而暂时进

(出)口在境内(外)进行特定的使用,并且在规定的时间内将有关进(出)口货物原状复运出(进)境的制度。暂时进出境货物是指经海关批准,暂时进出关境并且在规定的期限内复运出境、进境的货物。按照规定,不是所有货物都能定义为暂时进出口的货物,并且暂时进出境的货物有一定的时效性,如在规定期限不能按时复运进(出)境,会受到海关的征税,还需要办理相关申请。

2. 暂时进出境通关制度特点

1) 在提供担保的条件下暂时免纳进出口税

提供担保是货物暂准(时)进(出)境,并免纳进出口各税所必须遵守的条件之一,这也是海关确保货物将来能按规定复出境或复进境的保全措施。我国现行的担保形式主要是信誉(保函)或经济(保证金)担保,其中展览品的暂准(时)进出境已适用"ATA"单证册担保制度。对暂准(时)进出境的货物,除特殊情况外,原则上可暂予免除全部进出口税。

2) 原则上免予交验进出口许可证件

货物暂准进出口使用后还需在规定期限复出口或复进口,因而并不属于实际的进出口货物。由此,国家的贸易管制,特别是许可证管理,原则上不适用该项通关制度下的货物(租赁方式进口除外)。但是,货物的暂准(时)进出口涉及国家其他进出境管制的(主要是动植物检疫、食品卫生检测、枪支弹药或无线电器材等),不论其是否实际进出口,仍须在进、出口前,向有关主管部门申请批准,并凭证申报。由于以租赁方式进口的设备,一般在租赁期满时,已按租金方式全部支付货款,并在办理象征性转让手续后归境内承租人所有,因此,进口贸易管制制度将其等同于实际进口管理,进口时应按规定提交各类许可证件。

3) 在规定的期限内复出口或进口

这是货物暂准(时)进出境并免纳进出口各税的前提条件。暂时进出境货物必须在事先规定的期限内,保持原有状态(不能加工、不能拆解、不能调换复运出口或复运进口),并且需要按期复出口或复进口。超出规定期限未能复运出口或复运进口,则须按一般进出口货物办理报关、纳税手续。如擅自改变了原有形态或出售、转让、移作他用,则将由海关视情节,按规定处理。

4) 进出口通关现场放行后,货物尚未结关

货物在历经进口或出口通关现场的海关审单、海关查验及复核放行等手续后虽可提取(或装运),但在使用期间仍将继续受海关的监管,直至货物按实际去向办理海关手续并予以核销。

5) 按货物使用后的实际去向办理海关手续

暂准(时)进口或出口货物原则上必须原状复运出口或复运进口,但实际上因经济或其他方面的因素,货物还可能转为内销(或外销)或出现消耗掉的情况,无论其去向如何,均应按规定办理相应的海关手续,并以此作为解除暂准(时)进口或出口时所提供担保的基础。

6) 核销后结关

暂准(时)进出境货物一旦有了实际去向,并按规定办理了相应的海关手续,最后应完

成核销手续,以证明其担保履行的义务业已履行。通过办理核销手续,把证明其履行义务的凭证交回担保地海关,经海关核实即可撤销担保或退回担保时交付的保证金。至此,通关手续全部完结。

2.4 出入境检验检疫管理制度

1. 出入境检验检疫管理制度概述

出入境检验检疫制度是我国贸易管制制度的重要组成部分。其目的是维护国家声誉和对外贸易有关当事人的合法权益,保证国内的生产、促进对外贸易健康发展,保护我国的公共安全和人民生命财产安全等。出入境检验检疫制度是指由国家进出境检验检疫部门依据我国有关法律和行政法规,以及我国政府所缔结或者参加的国际条约、协定,对进出境的货物、物品及其包装物、交通运输工具、运输设备和进出境人员实施检验检疫监督管理的法律依据和行政手段的总和。2018 年出入境检验检疫局并入海关,其国家主管部门现为中国海关。涉及的法律法规有《中华人民共和国进出口商品检验法》《中华人民共和国食品安全法》《中华人民共和国进出境动植物检疫法》《中华人民共和国国境卫生检疫法》《中华人民共和国进出口商品检验法实施条例》《中华人民共和国进出口动植物检疫条例》《中华人民共和国食品安全法实施条例》《出入境快件检验检疫管理办法》《出入境检疫处理单位和人员管理办法》《进口可用作原料的固体废物检验检疫监督管理办法》《进出境粮食检验检疫监督管理办法》《出入境检验检疫报检规定》《出入境特殊物品卫生检疫管理规定》等。中国海关的检验检疫工作可分为进出口商品检验、进出口食品安全、进出境动植物检疫、国境卫生检疫这 4 个基本职能。这 4 个职能存在一定关联或交叉,但也有各自相对独立的制度体系,具体如表 2-1 所示。

表 2-1　相关法律法规说明

	进出境商品检验	进出境动植物检验检疫	国境卫生监督	进出境食品检验
检验范围和重点不同	主要检验进出境商品的质量、规格、数量、重量、包装及是否符合安全、卫生的要求	对进出境动植物、动植物产品进行检验检疫,排除可能带来动物传染病、寄生虫病、植物危险性病、虫及其他有害生物	对出入境的运输工具、货物、运输容器及口岸的公共场所、环境、生活设施、生产设备进行卫生检查、鉴定、评价和采样检验	对进出口食品、食品添加剂及与食品相关产品是否符合我国食品安全国家标准或者进口国(地区)的标准或合同要求监督检验
检验要求不同	列入《法检目录》和法律规定的实施法定检验;其他的海关抽查,或由货主根据实际情况决定	法定检验检疫,硬性检查要求,不能自行决定检验检疫与否		
检验主体不同	海关商品检验司	海关动植物检疫司	海关卫生检疫司	海关进出口食品安全局

	进出境商品检验	进出境动植物检验检疫	国境卫生监督	进出境食品检验
检验依据不同	《中华人民共和国进出口商品检验法》及其实施条例等	《中华人民共和国进出境动植物检疫法》及其实施条例等	《中华人民共和国国境卫生检疫法》及其实施细则、相关卫生法律、法规等	《中华人民共和国食品安全法》及其实施条例、相关法律、法规和国家标准等
检验方式不同	法定检验、合同检验、公证鉴定和委托检验等	进境检疫、出境检疫、过境检疫、进出境携带和邮寄物检疫及出入境运输工具检疫	进出境检疫、国境传染病监测、进出境卫生监督等	进出口食品安全检验、境外食品安全情事监控预警、出口食品安全抽检等

2. 进出口商品检验

(1) 主管部门:海关总署主管全国进出口商品检验工作。海关总署设在省、自治区、直辖市及进出口商品的口岸、集散地的出入境检验检疫机构及其分支机构(以下简称"出入境检验检疫机构"),管理所负责地区的进出口商品检验工作。

(2) 目录管理:海关总署应当依照商检法第四条规定,制定、调整必须实施检验的进出口商品目录(以下简称"目录")并公布实施。目录应当至少在实施之日30日前公布;在紧急情况下,应当不迟于实施之日公布。海关总署制定、调整目录时,应当征求国务院对外贸易主管部门等有关方面的意见。出入境检验检疫机构对列入目录的进出口商品及法律、行政法规规定须经出入境检验检疫机构检验的其他进出口商品实施检验(以下称"法定检验")。出入境检验检疫机构对法定检验以外的进出口商品,根据国家规定实施抽查检验。进出口药品的质量检验、计量器具的量值检定、锅炉压力容器的安全监督检验、船舶(包括海上平台、主要船用设备及材料)和集装箱的规范检验、飞机(包括飞机发动机、机载设备)的适航检验及核承压设备的安全检验等项目,由有关法律、行政法规规定的机构实施检验。进出境的样品、礼品、暂时进出境的货物及其他非贸易性物品,免予检验。但是,法律、行政法规另有规定的除外。列入目录的进出口商品符合国家规定的免予检验条件的,由收货人、发货人或者生产企业申请,经海关总署审查批准,出入境检验检疫机构免予检验。

(3) 法检要求:法定检验的进出口商品,海关总署根据进出口商品检验工作的实际需要和国际标准,可以制定进出口商品检验方法的技术规范和行业标准。进出口商品检验依照或者参照的技术规范、标准及检验方法的技术规范和标准,应当至少在实施之日6个月前公布;在紧急情况下,应当不迟于实施之日公布。出入境检验检疫机构根据便利对外贸易的需要,对进出口企业实施分类管理,并按照根据国际通行的合格评定程序确定的检验监管方式,对进出口商品实施检验。出入境检验检疫机构对进出口商品实施检验的内容,包括是否符合安全、卫生、健康、环境保护、防止欺诈等要求及相关的品质、数量、重量等项目。出入境检验检疫机构依照商检法的规定,对实施许可制度和国家规定必须经过认证的进出口商品实行验证管理,查验单证,核对证货是否相符。

(4) 监督管理:国家对进出口食品生产企业实施卫生注册登记管理。获得卫生注册登记的出口食品生产企业,方可生产、加工、储存出口食品。获得卫生注册登记的进出口食品生产企业生产的食品,方可进口或者出口。实施卫生注册登记管理的进口食品生产企业,应当按照规定向海关总署申请卫生注册登记。实施卫生注册登记管理的出口食品生产企业,应当按照规定向出入境检验检疫机构申请卫生注册登记。出口食品生产企业需要在国外卫生注册的,依照规定进行卫生注册登记后,由海关总署统一对外办理。出入境检验检疫机构根据需要,对检验合格的进出口商品加施商检标志,对检验合格的以及其他需要加施封识的进出口商品加施封识。擅自销售、使用未报检或者未经检验的属于法定检验的进口商品,或者擅自销售、使用应当申请进口验证而未申请的进口商品的,由出入境检验检疫机构没收违法所得,并处商品货值金额 5% 以上 20% 以下罚款;构成犯罪的,依法追究刑事责任。擅自出口未报检或者未经检验的属于法定检验的出口商品,或者擅自出口应当申请出口验证而未申请的出口商品的,由出入境检验检疫机构没收违法所得,并处商品货值金额 5% 以上 20% 以下罚款;构成犯罪的,依法追究刑事责任。销售、使用经法定检验、抽查检验或者验证不合格的进口商品,或者出口经法定检验、抽查检验或者验证不合格的商品的,由出入境检验检疫机构责令停止销售、使用或者出口,没收违法所得和违法销售、使用或者出口的商品,并处违法销售、使用或者出口的商品货值金额等值以上 3 倍以下罚款;构成犯罪的,依法追究刑事责任。进出口商品的收货人、发货人、代理报检企业或者出入境快件运营企业、报检人员不如实提供进出口商品的真实情况,取得出入境检验检疫机构的有关证单,或者对法定检验的进出口商品不予报检,逃避进出口商品检验的,由出入境检验检疫机构没收违法所得,并处商品货值金额 5% 以上 20% 以下罚款。伪造、变造、买卖或者盗窃检验证单、印章、标志、封识、货物通关单或者使用伪造、变造的检验证单、印章、标志、封识、货物通关单,构成犯罪的,依法追究刑事责任;尚不够刑事处罚的,由出入境检验检疫机构责令改正,没收违法所得,并处商品货值金额等值以下罚款。进口或者出口国家实行卫生注册登记管理而未获得卫生注册登记的生产企业生产的食品的,由出入境检验检疫机构责令停止进口或者出口,没收违法所得,并处商品货值金额 10% 以上 50% 以下罚款。进口可用作原料的固体废物,国外供货商、国内收货人未取得注册登记,或者未进行装运前检验的,按照国家有关规定责令退货;情节严重的,由出入境检验检疫机构并处 10 万元以上 100 万元以下罚款。擅自调换、损毁出入境检验检疫机构加施的商检标志、封识的,由出入境检验检疫机构处 5 万元以下罚款。

(5) 进口商验:法定检验的进口商品的收货人应当持合同、发票、装箱单、提单等必要的凭证和相关批准文件,向报关地的出入境检验检疫机构报检;通关放行后 20 日内,收货人应当依照规定,向出入境检验检疫机构申请检验。法定检验的进口商品未经检验的,不准销售,不准使用。进口实行验证管理的商品,收货人应当向报关地的出入境检验检疫机构申请验证。出入境检验检疫机构按照海关总署的规定实施验证。法定检验的进口商品应当在收货人报检时申报的目的地检验。大宗散装商品、易腐烂变质商品、可用作原料的固体废物及已发生残损、短缺的商品,应当在卸货口岸检验。对前两款规定的进口商品,海关总署可以根据便利对外贸易和进出口商品检验工作的需要,指定在除法律、行政法规另有规定外,法定检验的进口商品经检验,涉及人身财产安全、健康、环境保护项目不合格的,由出入境检验检疫机构责令当事人销毁,或者出具退货处理通知单,办理退运手续;其他项目不合格的,可以在出入境检验检疫机构的监督下进行技术处理,经重新检验合格的,方可销售或者使用。当事人申请出入境检验检疫机构出证的,出入境检验检疫机构应当及时出证。法定检验以外的进口商品,经出入境检验检疫机构抽查检验不合格的,处理同上述法定检验货物。实行验证管理的进口商品,经出入境检验检疫机构验证不合格的,处理同上述法定检验货物或移交有关部门处理。法定检验以外的进口商品的收货人,发现进口商品质量不合格或者残损、短缺,申请出证的,出入境检验检疫机构或者其他检验机构应当在检验后及时出证。

(6)出口商检:法定检验的出口商品的发货人应当在海关总署统一规定的地点和期限内,持合同等必要的凭证和相关批准文件向出入境检验检疫机构报检。法定检验的出口商品未经检验或者经检验不合格的,不准出口。出入境检验检疫机构根据便利对外贸易的需要,可以对列入目录的出口商品进行出厂前的质量监督管理和检验。出口商品应当在商品的生产地检验。海关总署可以根据便利对外贸易和进出口商品检验工作的需要,指定在其他地点检验。法定检验的出口商品经出入境检验检疫机构检验或者经口岸出入境检验检疫机构查验不合格的,可以在出入境检验检疫机构的监督下进行技术处理,经重新检验合格的,方准出口;不能进行技术处理或者技术处理后重新检验仍不合格的,不准出口。出口危险货物包装容器的生产企业,应当向出入境检验检疫机构申请包装容器的性能鉴定。包装容器经出入境检验检疫机构鉴定合格并取得性能鉴定证书的,方可用于包装危险货物。出口危险货物的生产企业,应当向出入境检验检疫机构申请危险货物包装容器的使用鉴定。使用未经鉴定或者经鉴定不合格的包装容器的危险货物,不准出口。对装运出口的易腐烂变质食品、冷冻品的集装箱、船舱、飞机、车辆等运载工具,承运人、装箱单位或者其代理人应当在装运前向出入境检验检疫机构申请清洁、卫生、冷藏、密固等适载检验。未经检验或者经检验不合格的,不准装运。出口实行验证管理的商品,发货人应当向出入境检验检疫机构申请验证。出入境检验检疫机构按照海关总署的规定实施验证。出入境检验检疫机构进行出厂前的质量监督管理和检验的内容,包括对生产企业的质量保证工作进行监督检查,对出口商品进行出厂前的检验。出入境检验检疫机构对检验不合格的进口成套设备及其材料,签发不准安装使用通知书。经技术处理,并经出入境检验检疫机构重新检验合格的,方可安装使用。其他地点检验。

3. 出入境动植物检验检疫

(1)检疫范围:①进境、出境、过境的动植物、动植物产品和其他检疫物;②装载动植物、动植物产品和其他检疫物的装载容器、包装物、铺垫材料;③来自动植物疫区的运输工具;④进境拆解的废旧船舶;⑤有关法律、行政法规、国际条约规定或者贸易合同约定应当实施进出境动植物检疫的其他货物、物品。

(2)报检要求:①输入动植物、动植物产品和其他检疫物的,货主或者其代理人应当在进境前或者进境时向进境口岸动植物检疫机关报检。属于调离海关监管区检疫的,运达指定地点时,货主或者其代理人应当通知有关口岸动植物检疫机关。属于转关货物的,货主或者其代理人应当在进境时向进境口岸动植物检疫机关申报;到达指运地时,应当向指运地口岸动植物检疫机关报检。②装载动物的运输工具抵达口岸时,上下运输工具或者接近动物的人员,应当接受口岸动植物检疫机关实施的防疫消毒,并执行其采取的其他现场预防措施。③向口岸动植物检疫机关报检时,应当填写报检单,并提交输出国家或者地区政府动植物检疫机关出具的检疫证书、产地证书和贸易合同、发票等单证。

(3) 报检时间:输入种畜禽及其精液、胚胎的,应当在进境前 30 日报检;输入其他动物的,应当在进境前 15 日报检;输入植物种子、种苗及其他繁殖材料的,应当在进境前 7 日报检。输入种用大中家畜的,应当在国家动植物检疫局设立的动物隔离检疫场所隔离检疫 45 日;输入其他动物的,应当在口岸动植物检疫机关指定的动物隔离检疫场所隔离检疫 30 日。动植物性包装物、铺垫材料进境时,货主或者其代理人应当及时向口岸动植物检疫机关申报;动植物检疫机关可以根据具体情况对申报物实施检疫。动植物性包装物、铺垫材料是指直接用作包装物、铺垫材料的动物产品和植物、植物产品。

(4) 现场检疫:①动物:检查有无疫病的临床症状。发现疑似感染传染病或者已死亡的动物时,在货主或者押运人的配合下查明情况,立即处理。动物的铺垫材料、剩余饲料和排泄物等,由货主或者其代理人在检疫人员的监督下,作除害处理。②动物产品:检查有无腐败变质现象,容器、包装是否完好。符合要求的,允许卸离运输工具。发现散包、容器破裂的,由货主或者其代理人负责整理完好,方可卸离运输工具。根据情况,对运输工具的有关部位及装载动物产品的容器、外表包装、铺垫材料、被污染场地等进行消毒处理。需要实施实验室检疫的,按照规定采取样品。对易滋生植物害虫或者混藏杂草种子的动物产品,同时实施植物检疫。③植物、植物产品:检查货物和包装物有无病虫害,并按照规定采取样品。发现病虫害并有可能扩散时,及时对该批货物、运输工具和装卸现场采取必要的防疫措施。对来自动物传染病疫区或者易带动物传染病和寄生虫病病原体并用作动物饲料的植物产品,同时实施动物检疫。④动植物性包装物、铺垫材料:检查是否携带病虫害、混藏杂草种子、沾带土壤,并按照规定采取样品。⑤其他检疫物:检查包装是否完好及是否被病虫害污染。发现破损或者被病虫害污染时,作除害处理。⑥口岸动植物检疫机关对来自动植物疫区的船舶、飞机、火车,可以登船、登机、登车实施现场检疫。有关运输工具负责人应当接受检疫人员的询问并在询问记录上签字,提供运行日志和装载货物的情况,开启舱室接受检疫。对前款运输工具可能隐藏病虫害的餐车、配餐间、厨房、储藏室、食品舱等动植物产品存放、使用场所和泔水、动植物性废弃物的存放场所及集装箱箱体等区域或者部位,实施检疫;必要时,作防疫消毒处理。

2.5　海关统计制度

1. 海关统计制度概述

海关统计是海关依法对进出口货物贸易的统计,是国民经济统计的组成部分。海关统计的任务是对进出口货物贸易进行统计调查、统计分析和统计监督,进行进出口监测预警,编制、管理和公布海关统计资料,提供统计服务。海关总署负责组织、管理全国海关统计工作。统计依据的法律法规主要有《中华人民共和国统计法》《中华人民共和国统计法实施细则》《中华人民共和国海关统计条例》。

2. 海关统计范围

海关统计范围：实际进出境并引起境内物质存量增加或者减少的货物，被列入海关统计。进出境物品超过自用、合理数量的，列入海关统计。但以下货物不列入海关统计，分别为：过境、转运和通运货物；暂时进出口货物；货币及货币用黄金；租赁期在1年以下的租赁进出口货物；因残损、短少、品质不良或者规格不符而免费补偿或者更换的进出口货物；海关总署规定的不列入海关统计的其他货物。列入海关统计项目的进出口货物包括：①品名及编码；②数量、价格；③经营单位；④贸易方式；⑤运输方式；⑥进口货物的原产国（地区）、启运国（地区）、境内目的地；⑦出口货物的最终目的国（地区）、运抵国（地区）、境内货源地；⑧进出口日期；⑨关别；⑩海关总署规定的其他统计项目。但根据国民经济发展和海关监管需要，海关总署可以对统计项目进行调整。

3. 海关统计其他规定

其他规定：进出口货物的品名及编码，按照《中华人民共和国海关统计商品目录》归类统计。进出口货物的数量，按照《中华人民共和国海关统计商品目录》规定的计量单位统计。进口货物的价格，按照货价、货物运抵中华人民共和国境内输入地点起卸前的运输及其相关费用、保险费之和统计。出口货物的价格，按照货价、货物运抵中华人民共和国境内输出地点装卸前的运输及其相关费用、保险费之和统计，其中包含的出口关税税额，应当予以扣除。进口货物，应当分别统计其原产国（地区）、启运国（地区）和境内目的地。出口货物，应当分别统计其最终目的国（地区）、运抵国（地区）和境内货源地。进出口货物的经营单位，按照在海关注册登记、从事进出口经营活动的法人、其他组织或者个人统计。进出口货物的贸易方式，按照海关监管要求分类统计。进出口货物的运输方式，按照货物进出境时的运输方式统计，包括水路运输、铁路运输、公路运输、航空运输及其他运输方式。进口货物的日期，按照海关放行的日期统计；出口货物的日期，按照办结海关手续的日期统计。进出口货物由接受申报的海关负责统计。海关统计资料包括海关统计原始资料及以原始资料为基础采集、整理的相关统计信息。

2.7　知识产权保护制度

1. 知识产权保护制度概述

现代社会中，知识产权作为一种私权在各国普遍获得确认和保护，知识产权制度作为划分知识产品公共属性与私人属性界限并调整知识创造、利用和传播中所形成的社会关系的工具在各国普遍确立，并随着科学技术和商品经济的发展而不断地拓展、丰富和完善。中国在制定国内知识产权法律法规的同时，加强了与世界各国在知识产权领域的交往与合作，加入了10多项知识产权保护的国际公约。我国有关知识产权的法律法规有《中华人民共和国民法典》《中华人民共和国专利法》《中华人民共和国著作权法》《中华人民共和国反不正当竞争法》《中华人民共和国侵权责任法》《中华人民共和国知识产权海关保护条例》《中华人民共和国技术进出口管理条例》《中华人民共和国计算机软件保护条例》《中华人民共和国植物新品种保护条例》《中华人民共和国商标法》。我国加入的国际公约主要有：《与贸易有关的知识产权协定》（TRIPS 协定）、《保护工业产权巴黎公约》《保护文学和艺术作品伯尔尼公约》《世界版权公约》《商标国际注册马德里协定》《专利合作条约》等。

2. 知识产权海关保护

依据《中华人民共和国知识产权海关保护条例》，国家禁止侵犯知识产权的货物进出口。知识产权海关保护，是指海关对与进出口货物有关并受中华人民共和国法律、行政法规保护的商标专用权、著作权和与著作权有关的权利、专利权（以下统称"知识产权"）实施的保护。

知识产权权利人请求海关实施知识产权保护的，应当向海关提出采取保护措施的申请。进口货物的收货人或者其代理人、出口货物的发货人或者其代理人应当按照国家规定，向海关如实申报与进出口货物有关的知识产权状况，并提交有关证明文件。海关实施知识产权保护时，应当保守有关当事人的商业秘密。知识产权海关保护备案自海关总署准予备案之日起生效，有效期为 10 年。知识产权有效的，知识产权权利人可以在知识产权海关保护备案有效期届满前 6 个月内，向海关总署申请续展备案。每次续展备案的有效期为 10 年。知识产权海关保护备案有效期届满而不申请续展或者知识产权不再受法律、行政法规保护的，知识产权海关保护备案随即失效。

知识产权权利人发现侵权嫌疑货物即将进出口的，可以向货物进出境地海关提出扣留侵权嫌疑货物的申请。知识产权权利人请求海关扣留侵权嫌疑货物的，应当提交申请书及相关证明文件，并提供足以证明侵权事实明显存在的证据。知识产权权利人请求海关扣留侵权嫌疑货物的，应当向海关提供不超过货物等值的担保，用于赔偿可能因申请不当给收货人、发货人造成的损失，以及支付货物由海关扣留后的仓储、保管和处置等费用；知识产权权利人直接向仓储商支付仓储、保管费用的，从担保中扣除。具体办法由海关总署制定。知识产权权利人申请扣留侵权嫌疑货物，符合规定，并依照规定提供担保的，海关应当扣留侵权嫌疑货物，书面通知知识产权权利人，并将海关扣留凭单送达收货人或者发货人。海关发现进出口货物有侵犯备案知识产权嫌疑的，应当立即书面通知知识产权权利人。知识产权权利人自通知送达之日起 3 个工作日内依照规定提出申请，并依照规定提供担保的，海关应当扣留侵权嫌疑货物，书面通知知识产权权利人，并将海关扣留凭单送达收货人或者发货人。知识产权权利人逾期未提出申请或者未提供担保的，海关不得扣留货物。海关对被扣留的侵权嫌疑货物及有关情况进行调查时，知识产权权利人和收货人或者发货人应当予以配合。

收货人或者发货人认为其货物未侵犯知识产权权利人的知识产权的，应当向海关提出书面说明并附送相关证据。涉嫌侵犯专利权货物的收货人或者发货人认为其进出口货物未侵犯专利权的，可以在向海关提供货物等值的担保金后，请求海关放行其货物。知识产权权利人未能在合理期限内向人民法院起诉的，海关应当退还担保金。海关发现进出口货物有侵犯备案知识产权嫌疑并通知知识产权权利人后，知识产权权利人请求海关扣留侵权嫌疑货物的,海关应当自扣留之日起 30 个工作日内对被扣留的侵权嫌疑货物是否侵犯知识产权进行调查、认定;不能认定的,应当立即书面通知知识产权权利人。

海关对被扣留的侵权嫌疑货物进行调查,请求知识产权主管部门提供协助的,有关知识产权主管部门应当予以协助。知识产权主管部门处理涉及进出口货物的侵权案件请求海关提供协助的,海关应当予以协助。海关依照本条例的规定扣留侵权嫌疑货物的,知识产权权利人应当支付有关仓储、保管和处置等费用。知识产权权利人未支付有关费用的,海关可以从其向海关提供的担保金中予以扣除,或者要求担保人履行有关担保责任。侵权嫌疑货物被认定为侵犯知识产权的,知识产权权利人可以将其支付的有关仓储、保管和处置等费用计入其为制止侵权行为所支付的合理开支。海关实施知识产权保护发现涉嫌犯罪案件的,应被扣留的侵权嫌疑货物,经海关调查后认定侵犯知识产权的,由海关予以没收。进口或者出口侵犯知识产权货物,构成犯罪的,依法追究刑事责任。

海关没收侵犯知识产权货物后,应当将侵犯知识产权货物的有关情况书面通知知识产权权利人。被没收的侵犯知识产权货物可以用于社会公益事业的,海关应当转交给有关公益机构用于社会公益事业;知识产权权利人有收购意愿的,海关可以有偿转让给知识产权权利人。被没收的侵犯知识产权货物无法用于社会公益事业且知识产权权利人无收购意愿的,海关可以在消除侵权特征后依法拍卖,但对进口假冒商标货物,除特殊情况外,不能仅清除货物上的商标标识即允许其进入商业渠道;侵权特征无法消除的,海关应当予以销毁。应当将案件依法移送公安机关处理。

有下列情形之一的,海关应当放行被扣留的侵权嫌疑货物:①海关依照本条例第十五条的规定扣留侵权嫌疑货物,自扣留之日起 20 个工作日内未收到人民法院协助执行通知的;②海关依照本条例第十六条的规定扣留侵权嫌疑货物,自扣留之日起 50 个工作日内未收到人民法院协助执行通知,并且经调查不能认定被扣留的侵权嫌疑货物侵犯知识产权的;③涉嫌侵犯专利权货物的收货人或者发货人在向海关提供与货物等值的担保金后,请求海关放行其货物的;④海关认为收货人或者发货人有充分的证据证明其货物未侵犯知识产权权利人的知识产权的;⑤在海关认定被扣留的侵权嫌疑货物为侵权货物之前,知识产权权利人撤回扣留侵权嫌疑货物的申请的。

2.8　海关事务担保制度

1. 海关事务担保制度概述

海关事务担保是指与进出境活动有关的自然人、法人或其他组织在向海关申请从事特定经营业务或办理特定的海关事务时,以向海关提交现金、保证函等方式(法律、行政法规规定可以免除担保的除外),保证其行为的合法性,保证在一定期限内履行其承诺义务的法律行为。海关事务担保制度由海关事务担保的适用、担保主体、担保形式、担保责任等内容构成。当事人在一定期限内多次办理同一类海关事务的,可以向海关申请提供总担保。海关接受总担保的,当事人办理该类海关事务,不再单独提供担保。总担保的适用范围、担保金额、担保期限、终止情形等由海关总署规定。法律依据包括《海关法》《担保法》《中华人民共和国海关事务担保条例》等。

2. 海关事务担保适用范围

1）普通事务担保

有下列情形之一的，当事人可以在办结海关手续前向海关申请提供担保，要求提前放行货物（但国家对进出境货物、物品有限制性规定，应当提供许可证件而不能提供的，以及法律、行政法规规定不得担保的其他情形，海关不予办理担保放行）：

（1）进出口货物的商品归类、完税价格、原产地尚未确定的；

（2）有效报关单证尚未提供的；

（3）在纳税期限内税款尚未缴纳的；

（4）滞报金尚未缴纳的；

（5）其他海关手续尚未办结的。

2）特定业务担保

当事人申请办理下列特定海关业务的，按照海关规定提供担保，当事人不提供或者提供的担保不符合规定的，海关不予办理前款所列特定海关业务：

（1）运输企业承担来往内地与中国香港、中国澳门特别行政区公路货物运输、承担海关监管货物境内公路运输的；

（2）货物、物品暂时进出境的；

（3）货物进境修理和出境加工的；

（4）租赁货物进口的；

（5）货物和运输工具过境的；

（6）将海关监管货物暂时存放在海关监管区外的；

（7）将海关监管货物向金融机构抵押的；

（8）为保税货物办理有关海关业务的。

3）涉案事务担保

（1）有违法嫌疑的货物、物品、运输工具应当或者已经被海关依法扣留、封存的，当事人可以向海关提供担保，申请免予或者解除扣留、封存。

（2）有违法嫌疑的货物、物品、运输工具无法或者不便扣留的，当事人或者运输工具负责人应当向海关提供等值的担保；未提供等值担保的，海关可以扣留当事人等值的其他财产。但有违法嫌疑的货物、物品、运输工具属于禁止进出境，或者必须以原物作为证据，或者依法应当予以没收的，海关不予办理担保。

（3）法人、其他组织受到海关处罚，在罚款、违法所得或者依法应当追缴的货物、物品、走私运输工具的等值价款未缴清前，其法定代表人、主要负责人出境的，应当向海关提供担保；未提供担保的，海关可以通知出境管理机关阻止其法定代表人、主要负责人出境。

（4）进口已采取临时反倾销措施、临时反补贴措施的货物应当提供担保的，或者进出口货物收发货人、知识产权权利人申请办理知识产权海关保护相关事务等，可办理海关事务担保。

3. 海关担保形式

《海关法》规定,担保人可用以下列财产、权利提供担保:

(1) 人民币、可自由兑换货币;

(2) 汇票、本票、支票、债券、存单;

(3) 银行或者非银行金融机构的保函;

(4) 海关依法认可的其他财产、权利。

当事人以保函向海关提供担保的,保函应当以海关为受益人,并且载明下列事项:①担保人、被担保人的基本情况;②被担保的法律义务;③担保金额;④担保期限;⑤担保责任;⑥需要说明的其他事项;⑦担保人应当在保函上加盖印章,并注明日期。

4. 担保人责任

具有履行海关事务担保能力的法人、其他组织或者公民,可以成为担保人。法律规定不得为担保人的除外。担保人应当在担保期限内承担担保责任。担保人履行担保责任的,不免除被担保人应当办理有关海关手续的义务。

2.9 海关预裁定

1. 海关预裁定

货物在实际进出口前,申请人可以就进出口货物的商品归类、进出口货物的原产地或者原产资格、进口货物完税价格相关要素(包括特许权使用费、佣金、运保费、特殊关系,以及其他与审定完税价格有关的要素)、估价方法、海关总署规定的其他海关事务申请预裁定,海关应申请人的申请,对其与实际进出口活动有关的海关事务作出预裁定。

2. 预裁定申请

1) 申请人申请

(1) 预裁定的申请人应当是与实际进出口活动有关,并且在海关注册登记的对外贸易经营者。

(2) 申请人申请预裁定的,应当提交《中华人民共和国海关预裁定申请书》(以下简称《预裁定申请书》)及海关要求的有关材料。材料为外文的,申请人应当同时提交符合海关要求的中文译本。

(3) 申请人应当对提交材料的真实性、准确性、完整性、规范性承担法律责任。

(4) 申请人需要海关为其保守商业秘密的,应当以书面方式向海关提出要求,并且列明具体内容。海关按照国家有关规定承担保密义务。

(5) 申请人应当在货物拟进出口 3 个月之前向其注册地直属海关提出预裁定申请。特殊情况下,申请人确有正当理由的,可以在货物拟进出口前 3 个月内提出预裁定申请。

(6) 一份《预裁定申请书》应当仅包含一类海关事务。

2）海关审批

（1）海关应当自收到《预裁定申请书》及相关材料之日起 10 日内审核决定是否受理该申请，制发《中华人民共和国海关预裁定申请受理决定书》或者《中华人民共和国海关预裁定申请不予受理决定书》。

（2）申请材料不符合有关规定的，海关应当在决定是否受理前一次性告知申请人在规定期限内进行补正，制发《中华人民共和国海关预裁定申请补正通知书》。补正申请材料的期间，不计入本条第一款规定的期限内。

（3）申请人未在规定期限内提交材料进行补正的，视为未提出预裁定申请。

（4）海关自收到《预裁定申请书》及相关材料之日起 10 日内未作出是否受理的决定，也没有一次性告知申请人进行补正的，自收到材料之日起即为受理。海关应当自受理之日起 60 日内制发《预裁定决定书》。

（5）《预裁定决定书》应当送达申请人，并且自送达之日起生效。预裁定决定有效期为 3 年。

2.10　海关稽查制度

1. 海关稽查制度

海关稽查，是指海关自进出口货物放行之日起 3 年内或者在保税货物、减免税进口货物的海关监管期限内及其后的 3 年内，对与进出口货物直接有关的企业、单位的会计账簿、会计凭证、报关单证及其他有关资料（以下统称账簿、单证等有关资料）和有关进出口货物进行核查，监督其进出口活动的真实性和合法性。

2. 海关稽查对象

（1）海关对下列与进出口货物直接有关的企业、单位实施海关稽查：①从事对外贸易的企业、单位；②从事对外加工贸易的企业；③经营保税业务的企业；④使用或者经营减免税进口货物的企业、单位；⑤从事报关业务的企业；⑥海关总署规定的与进出口货物直接有关的其他企业、单位。

（2）海关对与进出口货物直接有关的企业、单位（以下统称进出口企业、单位）的下列进出口活动实施稽查：

① 进出口申报；

② 进出口关税和其他税、费的缴纳；

③ 进出口许可证件和有关单证的交验；

④ 与进出口货物有关的资料记载、保管；

⑤ 保税货物的进口、使用、储存、维修、加工、销售、运输、展示和复出口；

⑥ 减免税进口货物的使用、管理；

⑦ 其他进出口活动。

（3）海关根据稽查工作需要，可以通过实地查看、走访咨询、书面函询、网络调查和委

托调查等方式向有关行业协会、政府部门和相关企业等开展贸易调查,收集下列信息:

① 政府部门监督管理信息;

② 特定行业、企业的主要状况、贸易惯例、生产经营、市场结构等信息;

③ 特定商品的结构、成分、等级、功能、用途、工艺流程、工作原理等技术指标或者技术参数及价格等信息;

④ 其他与进出口活动有关的信息。

3. 企业资料管理

(1) 进出口企业、单位应当依据《中华人民共和国会计法》及其他有关法律、行政法规的规定设置、编制和保管会计账簿、会计凭证、会计报表和其他会计资料,建立内部管理制度,真实、准确、完整地记录和反映进出口活动。

(2) 进出口企业、单位应当编制和保管能够反映真实进出口活动的原始单证和记录等资料。

(3) 进出口企业、单位应当在规定的期限内,保管报关单证、进出口单证、合同及与进出口业务直接有关的其他资料或者电子数据。

(4) 与进出口货物直接有关的企业、单位会计制度健全,能够通过计算机正确、完整地记账、核算的,其计算机储存和输出的会计记录视同会计资料。

4. 海关稽查实施

(1) 海关应当按照海关监管的要求,根据与进出口货物直接有关的企业、单位的进出口信用状况和风险状况及进出口货物的具体情况,确定海关稽查重点。

(2) 海关进行稽查时,应当在实施稽查的 3 日前,书面通知被稽查人。在被稽查人有重大违法嫌疑,其账簿、单证等有关资料及进出口货物可能被转移、隐匿、毁弃等紧急情况下,经直属海关关长或者其授权的隶属海关关长批准,海关可以不经事先通知进行稽查。

(3) 海关进行稽查时,应当组成稽查组。稽查组的组成人员不得少于 2 人。海关进行稽查时,海关工作人员应当出示海关稽查证。

5. 被稽查人法律责任

(1) 被稽查人有下列行为之一的,由海关责令限期改正,逾期不改正的,处 2 万元以上 10 万元以下的罚款;情节严重的,撤销其报关注册登记;对负有直接责任的主管人员和其他直接责任人员处 5000 元以上 5 万元以下的罚款;构成犯罪的,依法追究刑事责任:

① 向海关提供虚假情况或者隐瞒重要事实;

② 拒绝、拖延向海关提供账簿、单证等有关资料及相关电子数据存储介质;

③ 转移、隐匿、篡改、毁弃报关单证、进出口单证、合同、与进出口业务直接有关的其他资料及相关电子数据存储介质。

④ 被稽查人未按照规定编制或者保管报关单证、进出口单证、合同及与进出口业务直接有关的其他资料的,由海关责令限期改正,逾期不改正的,处 1 万元以上 5 万元以下

的罚款;情节严重的,撤销其报关注册登记;对负有直接责任的主管人员和其他直接责任人员处 1000 元以上 5000 元以下的罚款。

(2)被稽查人未按照规定设置或者编制账簿,或者转移、隐匿、篡改、毁弃账簿的,依照会计法的有关规定追究法律责任。

(3)海关工作人员在稽查中玩忽职守、徇私舞弊、滥用职权,或者利用职务上的便利,收受、索取被稽查人的财物,构成犯罪的,依法追究刑事责任;尚不构成犯罪的,依法给予处分。

本 章 小 结

国有国法,家有家规,无以规矩,不成方圆。由于关务工作复杂、涉及的部门和环节较多,每一环都不能出错,学习关务工作中需要遵守的准则和制度规定、法律法规等显得十分重要。本章主要介绍了关务人员在从事报关活动时需要遵守的主要海关管理制度,包括海关对报关单位管理、海关对企业资质管理、一般进出口监管制度、保税进出口监管制度、特定减免税进口监管制度、暂时进出境监管制度、出入境检验检疫管理制度、海关税收征管制度、海关统计制度、知识产权海关保护制度、海关事务担保制度、海关预裁定、海关稽查制度等。海关管理制度更是报关单位及其报关员的报关行为准则,遵守《海关法》及相关法律、行政法规的规定,是报关单位和报关员的基本义务,否则报关单位和报关员将承担相应的法律责任。报关单位的报关活动能否遵守有关法律、法规的要求,报关行为是否规范,除了直接影响到海关工作的效率,还影响海关各项管理任务是否能完成,由此可见,海关管理制度是完成海关各项工作任务的重要保证,海关管理制度通过对报关主体资格的管理和规范报关行为,确保良好的报关秩序,是提高进出口通关效率的重要保障。

课 后 练 习

一、单项选择题

1.《商检法实施条例》由(　　　)发布。

　　A. 海关总署　　　　　　　　　　B. 原国家出入境检验检疫局

　　C. 国务院　　　　　　　　　　　D. 全国人民代表大会

2.(　　　)属于列入海关统计的进出口货物。

　　A. 易货贸易货物　　　　　　　　B. 暂时进出货物

　　C. 进运货物　　　　　　　　　　D. 时境货物

3. 以下情形中,海关不予担保放行的是(　　　)。

　　A. 货物滞报,滞报金尚未缴纳的

　　B. 进出口货物的商品归类、完税价格、原产地尚未确定的

　　C. 货物属于进口许可证管理、而企业不能提供进口许可证的

D. 在纳税期限内,税款尚未缴纳的

4. 在进出境报关过程中,对( )的担保不属于办理特定海关业务担保范围。

A. 暂时进出境货物   B. 有归类争议的货物

C. 进境修理物品   D. 进口租赁货物

5. 海关在货物实际进出口前,应对外贸易经营者的申请,对实际进出口活动有关海关事务做出具有普遍约束力的决定的行为是( )。

A. 海关稽查   B. 海关行政预裁定

C. 海关事务担保   D. 海关行政处罚

二、多项选择题

1. 海关对下列与进出口货物直接有关的企业、单位实施海关稽查:( )。

A. 从事对外贸易的企业、单位

B. 从事对外加工贸易的企业

C. 经营保税业务的企业

D. 使用或者经营减免税进口货物的企业、单位

2. 某企业在收到海关稽查通知后,进行自查,发现了某问题,并主动向海关报告,那么( )。

A. 该企业的行为属于主动披露,可以从轻或减轻行政处罚

B. 该企业的行为属于主动披露,但向海关报告时已接收到海关的稽查通知,所以,不可以对该企业从轻或减轻行政处罚

C. 因该企业向海关报告时已接收到海关的稽查通知,所以该企业的行为不属于主动披露

D. 由于该企业的行为不属于主动披露,所以不能根据是否主动披露对该企业从轻或减轻行政处罚

3. 《海关法》规定,担保人可以下列财产、权利提供担保:( )。

A. 人民币、可自由兑换货币

B. 汇票、本票、支票、债券、存单

C. 银行或者非银行金融机构的保函

D. 海关依法认可的其他财产、权利

4. 以下说法正确的是( )。

A. 海关总署主管全国进出口商品检验工作

B. 海关总署设在省、自治区、直辖市的出入境检验检疫机构及其分支机构,管理所负责地区的进出口商品检验工作

C. 海关总署设在进出口商品的口岸的出入境检验检疫机构及其分支机构,管理所负责地区的进出口商品检验工作

D. 海关总署设在集散地的出入境检验检疫机构及其分支机构,管理所负责地区的进出口商品检验工作

5. 海关对与进出口货物直接有关的企业、单位(以下统称进出口企业、单位)的下列进

出口活动实施稽查：（　　）。

    A. 进出口申报

    B. 进出口关税和其他税、费的缴纳

    C. 进出口许可证件和有关单证的交验

    D. 与进出口货物有关的资料记载、保管

三、判断题

1. 知识产权权利人要求海关扣留不足人民币 2 万元的货物的，应提供相当于货物价值的担保。　　　　　　　　　　　　　　　　　　　　　　　　　　　　　（　　）

2. 知识产权海关保护备案自海关总署核准备案之日起生效，有效期为 5 年。（　　）

3. 关于被稽查人未按照规定编制或者保管报关单证、进出口单证、合同及与进出口业务直接有关的其他资料的处罚，情节严重的，对负有直接责任的主管人员和其他直接责任人员处 1000 元以上 5000 元以下的罚款。　　　　　　　　　　　　　　　（　　）

4. 关于被稽查人未按照规定编制或者保管报关单证、进出口单证、合同及与进出口业务直接有关的其他资料的处罚，情节严重的，由海关责令限期改正，逾期不改正的，对负有直接责任的主管人员和其他直接责任人员处 1000 元以上 5 万元以下的罚款。　　　　（　　）

5. 一份《预裁定申请书》应当仅包含一类海关事务。　　　　　　　　　　（　　）

四、思考题

2022 年 3 月 5 日，四川某公司委托代理公司向海关申报进口 1 批坚果，并于 2022 年 3 月 8 日申报出区。在这批货物向海关申报，但在未完成检验检疫流程且未获得《入境货物检验检疫证明》的情况下，该公司于 2022 年 3 月 15 日将这批进口坚果擅自提离海关监管场所，并存放于成都某仓库。

1. 该公司的做法是否妥当？为什么？

2. 该公司将会受到怎样的惩罚？

五、实训任务

某企业常年从事 A 货物进口业务，2022 年 4 月，海关通知该企业，要求其提供 2020 年 3 月 28 日至 2022 年 3 月 27 日期间从美国进口 A 货物的相关会计账册及资金往来资料及报关单证等资料。企业自查时，发现其 2020 年 4 月至 2022 年 4 月进口 A 产品（B 型号）向海关申报的税则号错误，致漏缴税款 70 万元。

1. 企业是否可以为掩盖错误，以历时太久找不到为由拒绝向海关提交相关资料？

2. 遇到这种情况企业应该怎么做？

学习成果达成与测评

学号		姓名		项目序号		项目名称	海关主要管理制度	学时	6	学分	0.2
职业技能等级		中级		职业能力					子任务数		63个
序号	评价内容		评价标准								分数
1	海关主要管理制度认知		能够简单的描述通关业务中,海关的主要管理制度								
2	海关主要管理制度解读		能读懂海关主要监管制度的要求								
3	海关主要管理制度应用		能根据海关监管制度的规定,规范进出口通关行为								
考核评价	项目整体分数(每项评价内容分值为1分)										
	指导教师评语										
备注	奖励: 1.按照完成质量给予1~10分奖励,额外加分不超过5分。 2.每超额完成1个任务,额外加分3分。 3.巩固提升任务完成优秀,额外加分2分。 惩罚: 1.完成任务超过规定时间扣2分。 2.完成任务有缺项每项扣2分。 3.任务实施报告编写歪曲事实,个人杜撰或有抄袭内容不予评分。										

学习成果实施报告书

题目					
班级		姓名		学号	

任务实施报告
请简要记述本工作任务学习过程中完成的各项任务,描述任务规划及实施过程,遇到的重难点及解决过程,总结商品归类技巧和注意事项等,字数要求不低于 800 字。

考核评价(按 10 分制)		
教师评语:	态度分数	
	工作量分数	

考评规则
工作量考核标准: 1.任务完成及时。 2.操作规范。 3.实施报告书内容真实可靠,条理清晰,文笔流畅,逻辑性强。 4.没有完成工作量,扣 1 分,故意抄袭实施报告扣 5 分。

第 *3* 章
海关检验检疫制度实施

知识导读

出入境检验检疫制度是我国贸易管制制度的重要组成部分,其目的是维护国家声誉和与对外贸易有关当事人的合法权益,保证国内的生产、促进对外贸易健康发展,保护我国的公共安全和人民生命财产安全等,是国家主权的具体体现。本章中,我们将介绍出入境常见货物、动物及其产品、植物及其产品及出入境卫生的检验检疫基础知识,了解出入境检验检疫的一般报检程序,掌握相关法律法规,做遵纪守法的关务人。

学习目标

- 掌握海关检验检疫制度的相关概念
- 掌握出入境常见货物、动物及其产品、植物及其产品及出入境卫生的检验检疫基础知识
- 掌握出入境检验检疫的一般报检程序

能力目标

- 能够掌握出入境检验检疫的一般报检程序
- 能够为出入境常见货物、动物及其产品、植物及其产品报检
- 能够完成出入境卫生检验检疫相关工作

素质目标

- 弘扬"忠诚公正,兴关强国"的价值观
- 加强关务人员检验检疫法律法规学习,提升依法办事的能力
- 了解最新的查验技术,提升关务人员的创新思维和能力

3.1　常见货物检验与报检

3.1.1　入境的货物检验与报检

入境货物检验与报检是指入境货物的货主或者其代理人按照《商检法》及《出入境检

验检疫报检规定》的要求,在规定的时间和地点向规定的海关提供规定的货样、资料和单据并接受检验检疫监管的过程。

入境货物报检范围包括:国家法律法规规定必须由检验检疫机构检验检疫的;有关国际条约规定须经检验检疫的;对外贸易合同约定须凭海关签发的证书进行交接、结算的;国际贸易关系人申请的其他检验检疫鉴定货物。

入境货物报检时限和地点的规定如下。

(1) 对入境货物,应在入境前或入境时向入境口岸、指定站或到达站的海关办理报检手续;入境的运输工具及人员应在入境前或入境时申报。

(2) 入境货物需对外索赔出证的,应在索赔有效期前不少于 20 天内向到货口岸或货物到达地的海关报检。

(3) 入境微生物、人体组织、生物制品、血液及其制品或种畜、禽及其精液、胚胎、受精卵,应当在入境前 30 天报检。

(4) 入境其他动物的,应当在入境前 15 天报检。

(5) 入境植物、种子、种苗及其他繁殖材料的,应当在入境前 7 天报检。

1. 进口机电产品的检验与报检

机电产品是指金属制品、机械设备、交通运输工具、电器产品、电子产品、仪器仪表、电气设备等及其零部件与元器件。有特殊报检要求的进口机电产品主要有以下几类。

1) 强制性产品认证

国家对涉及人类健康、动植物生命与健康,以及环境保护和公共安全的产品实行强制性认证制度,全称"中国强制性产品认证"(China Compulsory Certification,CCC),又称3C认证。凡是列入《中华人民共和国实施强制性产品认证的产品目录》内的商品,必须经过指定的认证机构认证合格,取得指定认证机构颁发的认证报关与报检实务证书并加施认证标志后方可进口。实施强制性产品认证的机电产品的收货人或其代理人在报检时除了填写进口货物报检信息并随附有关外贸单证外,还应提供认证证书,并在机电产品上加施认证标志。

2) 旧机电产品

旧机电产品的报检范围包括所有进口的旧机电产品。所谓旧机电产品,是指已经使用过(包括翻新)的机电产品,如旧压力容器类、工程机械类、电器类、车船类、印刷机械类、食品机械类、农业机械类等。

① 装运前检验:在启运港装运之前,由海关对旧机电产品是否符合我国国家技术规范的强制性要求进行初步评价。

装运前检验的内容应当包括:对安全、卫生、健康、环境保护、防止欺诈、能源消耗等项目做出初步评价;核查产品品名、数量、规格(型号)、新旧、残损情况是否与合同、发票等贸易文件所列相符;是否包括、夹带禁止进口货物。

海关在完成装运前的检验工作后,签发装运前检验证书,并随附装运前检验报告。进口旧机电产品的装运前检验结果与口岸查验、目的地检验结果不一致的,以口岸查验、目的地检验结果为准。

② 检验实施。口岸海关为确定进口旧机电产品收货人报关的单证及内容是否与进口机电产品的真实质量安全情况相符,依法对进口旧机电产品在入境口岸进行检查。

旧机电产品入境后,海关按照国家技术规范的强制性要求进行合格评定。目的地检验的结果是判定进口旧机电产品在正式投入使用前的运行状态是否合格或者是否准予销售的最终依据。

质检总局、商务部、海关总署发布联合公告 2015 年第 76 号《关于旧机电产品进口管理有关问题的公告》中的 18 类应逐批实施现场检验的进口旧机电产品,由第一入境口岸海关实施目的地检验,其他进口旧机电产品由货物目的地海关实施。

进口旧机电产品的目的地检验内容包括一致性核查,安全、卫生、环境保护等项目检验。

③ 检验监督管理。海关发现检验证书及随附的检验报告违反规定,情节严重或引起严重后果的,可以发布警示通报并决定在一定时期内不予认可其出具的检验证书及随附的检验报告,但最长不得超过 3 年。

2. 进口化妆品的检验与报检

1) 报检范围

我国海关根据国家技术规范的强制性要求及我国与出口国家(地区)签订的协议、议定书规定的检验检疫要求对进口化妆品实施检验检疫。尚未制定国家技术规范强制性要求的,可以参照海关总署指定的国外有关标准进行检验。

2) 报检及检验检疫程序

① 检验检疫申报。检验检疫申报实施备案管理。进口化妆品收货人应当向海关提出备案申请,其提供的备案申请材料信息应完备、属实。进口化妆品的收货人应当如实记录进口化妆品的流向,记录保存期限不得少于 2 年。

进口化妆品的收货人或者其代理人经海关备案后,应当按照海关总署的相关规定申报,同时提供收货人备案号。

其中首次进口的化妆品应当符合下列要求:国家实施卫生许可的化妆品,应当取得国家相关主管部门批准的进口化妆品卫生许可批件,海关对进口化妆品卫生许可批件电子数据进行系统自动比对验核;国家实施备案的化妆品,应当凭备案凭证办理报检手续;

国家没有实施卫生许可或者备案的化妆品,应当提供下列材料:具有相关资质的机构出具的可能存在安全性风险物质的有关安全性评估资料;在生产国家(地区)允许生产、销售的证明文件或者原产地证明;销售包装化妆品成品除前三项外,还应当提交中文标签样张和外文标签及翻译件;非销售包装的化妆品成品还应当提供包括产品的名称、数/重量、规格、产地、生产批号和限期使用日期(生产日期和保质期)、加施包装的目的地名称、加施包装的工厂名称、地址、联系方式。

② 检验检疫实施。进口化妆品由口岸海关实施检验检疫。海关总署根据便利贸易和进口检验工作的需要,可以指定在其他地点检验。

海关接受申报后,对进口化妆品进行检验检疫,包括现场查验、抽样留样、实验室检验、出证等。其中现场查验内容包括货证相符情况、产品包装、标签版面格式、产品感官性状、运输工具、集装箱或者存放场所的卫生状况。

另外,进口化妆品成品的标签标注应当符合我国相关的法律、行政法规及国家技术规范的强制性要求。海关对化妆品标签内容是否符合法律、行政法规规定要求进行审核,对与质量有关的内容的真实性和准确性进行检验。

进口化妆品的抽样应当按照国家有关规定执行,样品数量应当满足检验、复验、备查等使用需要。以下情况,应当加严抽样:首次进口的、曾经出现质量安全问题的、进口数量较大的。

抽样时,海关应当出具印有序列号、加盖检验检疫业务印章的《抽/采样凭证》,抽样人与收货人或者其代理人应当双方签字。样品应按照国家相关规定进行管理,合格样品保存至抽样后 4 个月,特殊用途化妆品合格样品保存至证书签发后 1 年,不合格样品保存至保质期结束。涉及案件调查的样品,应当保存至案件结束。

③ 检验检疫处置。进口化妆品经检验检疫合格的,海关出证放行。进口化妆取得"入境货物检验检疫证明"后,方可销售、使用。进口化妆品经检验检疫不合格,涉及安全、健康、环境保护项目的,海关责令当事人销毁,或者出具退货处理通知单,由当事人办理退运手续。其他项目不合格的,可以在海关的监督下进行技术处理,经重新检验检疫合格后,方可销售、使用。进口化妆品在取得"入境货物检验检疫证明"之前,应当存放在海关指定或者认可的场所,未经海关许可,任何单位和个人不得擅自调离、销售、使用。

3) 报检单证

报检人员按规定利用"单一窗口"填写报检信息并提供合同、发票、装箱单、提运单及相关监管类单证。从发生疯牛病的国家或地区进口化妆品,有关进口商必须向口岸海关提供输出国或地区官方出具的动物检疫证书,说明该化妆品不含有牛、羊的脑及神经组织、内脏、胎盘和血液(含提取物)等动物源性原料成分。

3. 进口食品的检验与报检

1) 报检范围

① 进口食品。根据我国《食品安全法》的规定,食品是指各种各样供人食用或饮用的成品和原料及按照传统既是食命又是药品的物品,但不包括以治疗为目的的物品。

进口食品指非本国品牌的食品,即其他国家和地区的食品,包含在其他国家和地区生产并在国内分包装的食品。

② 食品添加剂。食品添加剂,是指改善食品品质与色、香、味,以及为防腐、保鲜和加工工艺的需要而加入食品中的人工合成物质或天然物质。

③ 食品包装材料与食品包装容器。食品包装材料与食品包装容器,是指包装、盛放食品或者食品添加剂使用的纸、竹、木、金属、搪瓷、陶瓷、塑料、橡胶、天然纤维、化学纤维、玻璃等制品,以及直接接触食品或者食品添加剂的涂料。

④ 食品生产经营的工具和设备。用于食品生产经营的工具和设备,是指在食品或者食品添加剂生产、流通、使用过程中直接接触食品或者食品添加剂的机械、管道、传送带、容器、用具、餐具等。

2）报检及检验检疫程序

海关依据进出口商品检验相关法律、行政法规的规定对进口食品实施合格评定。合格评定活动包括：向中国境内出口食品的境外国家（地区）〔以下简称"境外国家（地区）"〕食品安全管理体系评估和审查、境外生产企业注册、进出口商备案和合格保证、进境动植物检疫审批、随附合格证明检查、单证审核、现场查验、监督抽检、进口和销售记录检查及各项的组合。

在货物进口前，食品进口商应当向其住所地海关备案，同时提交纸质申请资料，并对所提供备案信息的真实性负责。向中国境内出口食品的境外出口商或者代理商也应当向海关总署备案。海关定期公布已经备案的境外出口商或者代理商、食品进口商备案名单。

① 检验检疫申报。进口食品的进口商或者其代理人应当按照规定，持下列材料向海关报检：合同、发票、装箱单、提单等必要的凭证；相关批准文件；法律法规、双边协定、议定书及其他规定要求提交的输出国家（地区）官方检疫（卫生）证书；首次进口预包装食品，应当提供进口食品标签样张和翻译件。

报检时，进口商或者其代理人应当将所进口的食品按照品名、品牌、原产国（地区）、规格、数/重量、总值、生产日期（批号）及海关总署规定的其他内容逐一申报。海关对进口商或者其代理人提交的报检材料进行审核，符合要求的，受理报检。

② 检验检疫实施。对进口食品实施现场查验，现场查验包括但不限于以下内容，如表 3-1 所示。

表 3-1　进口食品实施现场查验内容

序号	查 验 内 容
1	运输工具、存放场所是否符合安全卫生要求
2	集装箱号、封识号、内外包装上的标识内容、货物的实际状况是否与申报信息及随附单证相符
3	动植物源性食品、包装物及铺垫材料是否存在来自疫区，是否带有泥土、杂草等检疫性有害生物，是否有需要进行检疫的外包装托垫、加固物等，其外包装托垫、加固物等是否符合植物检疫要求
4	内外包装是否符合食品安全国家标准，是否存在污染、破损、湿浸、渗透
5	内外包装的标签、标识及说明书是否符合法律、行政法规、食品安全国家标准及海关总署规定的要求
6	食品感官性状是否符合该食品应有性状
7	冷冻冷藏食品的新鲜程度、中心温度是否符合要求、是否有病变、冷冻冷藏环境温度是否符合相关标准要求、冷链控温设备设施运作是否正常、温度记录是否符合要求，必要时可以进行蒸煮试验

取样：海关查验人员经过资料审核和现场查验后，应根据食品的不同种类、数量、包装形式和检验要求确定抽/采样方案，实施抽/采样，抽/采样要有充分的代表性。

食品标签查验：进口食品的包装和标签、标识应当符合中国法律法规和食品安全国家标准；依法应当有说明书的，还应当有中文说明书。

对于进口鲜、冻肉类产品，内外包装上应当有牢固、清晰、易辨的中英文或者中文和出口国家(地区)文字标识,标明以下内容:产地国家(地区)、品名、生产企业注册编号、生产批号;外包装上应当以中文标明规格、产地(具体到州/省/市)、目的地、生产日期、保质期限、储存温度等内容,必须标注目的地为中华人民共和国,加施出口国家(地区)官方检验检疫标识。

对于进口水产品,内外包装上应当有牢固、清晰、易辨的中英文或者中文和出口国家(地区)文字标识,标明以下内容:商品名和学名、规格、生产日期、批号、保质期限和保存条件、生产方式(海水捕捞、淡水捕捞、养殖)、生产地区(海洋捕捞海域、淡水捕捞国家或者地区、养殖产品所在国家或者地区)、涉及的所有生产加工企业(含捕捞船、加工船、运输船、独立冷库)名称、注册编号及地址(具体到州/省/市)、必须标注目的地为中华人民共和国。

进口保健食品、特殊膳食用食品的中文标签必须印制在最小销售包装上,不得加贴。进口食品内外包装有特殊标识规定的,按照相关规定执行。

进口食品内外包装有特殊标识规定的,按照相关规定执行。

③ 检验检疫处置。进口食品经检验检疫合格的,由海关出具合格证明,准予销售、使用。海关出具的合格证明应当逐一列明货物品名、品牌、原产国(地区)、规格、数/重量、生产日期(批号),没有品牌、规格的,应当标明"无"。

进口食品经检验检疫不合格的,由海关出具不合格证明。涉及安全、健康、环境保护项目不合格的,由海关责令当事人销毁,或者出具退货处理通知单,由进口商办理退运手续。其他项目不合格的,可以在海关的监督下进行技术处理,经重新检验合格后,方可销售、使用。

④ 检验检疫监督。进口食品的检验检疫监督重点在于对各相关方的责任进行合理配置,以建立完善的进口食品追溯体系和质量安全责任追究体系。食品进口商应当建立食品进口和销售记录制度,如实记录食品名称、净含量/规格、数量、生产日期、生产或者进口批号、保质期、境外出口商和购货者名称、地址及联系方式、交货日期等内容,并保存相关凭证。记录和凭证保存期限不得少于食品保质期满后 6 个月;没有明确保质期的,保存期限为销售后 2 年以上。

4. 进口玩具的检验与报检

1)报检范围

进口玩具的报检范围包括玩偶、玩具电动火车、填充的玩具动物、玩具乐器、智力玩具、缩小的全套模型组件、组装成套的其他玩具、其他带动力装置的玩具及模型、其他未列明玩具等。

2)报检及检验检疫程序

对列入必须实施检验的进出口商品目录及法律、行政法规规定必须经海关检验的进口玩具实施检验,对目录外的进口玩具按照海关总署的规定实施抽查检验。进口玩具的检验主要包括现场检验、实验室检测、中国强制性产品认证核查等。

① 现场检验。在查验现场,海关核查产品标签标识及使用说明是否正确完好,型号规格、颜色、数(重)量等是否货证相符,货物是否完好无损。

② 实验室检测。按照国家技术规范的强制性要求，海关在对进口玩具实施现场检验的基础上，按照一定比例抽取样品送具有玩具检测资质的实验室进行安全项目检测。

③ 中国强制性产品认证核查。海关对列入强制性产品认证目录内的进口玩具，按照《进口许可制度民用商品入境验证管理办法》的规定实施验证管理。目前，列入强制性产品认证的进口玩具包括塑胶玩具、电动玩具、童车、金属玩具、弹射玩具和娃娃玩具。

进口玩具的收货人或者其代理人在办理报检时，应当按照规定如实填写入境货物报检单，提供有关单证。对列入强制性产品认证目录的进口玩具还应当取得强制性产品认证证书。

进口玩具经检验合格的，海关出具检验证明。

进口玩具经检验不合格的，由海关出具检验检疫处理通知书。涉及人身财产安全、健康、环境保护项目不合格的，由海关责令当事人退货或者销毁；其他项目不合格的，可以在海关的监督下进行技术处理，经重新检验合格后，方可销售或者使用。

在国内市场销售的进口玩具，其安全、使用标识应当符合我国玩具安全的有关强制性要求。

3）报检单证

报检时应利用"单一窗口"填写报检信息并提供合同、发票、装箱单和提运单等有关的外贸单据，还需要提供符合性声明、国家强制性产品认证证书或免于办理强制性产品认证证明等相关文件。

5. 入境展览物品的检验与报检

（1）报检范围。参加国际展览的入境展览物品及其包装材料、运输工具均应实施检验检疫。

（2）报检程序。展览物品入境前或入境时，货主应持有关单证向主管海关报检。入境展览物品运抵存放地后，检验检疫人员实施现场检验检疫，对入境的集装箱进行检疫处理，并按照有关规定对入境物进行取样。经现场检验检疫合格或经检疫处理合格的展览物品，可以进入展馆展出，展览期间接受主管海关的监管。经检疫不合格又无有效处理方法的，做退运或销毁处理。

（3）报检单证。报检人员应利用"单一窗口"填写报检信息并提供参展物品清单、入境展会备案表等有关单证。来自美国、日本、欧盟和韩国的展览物品入境时，报检人员需按有关规定提交相应证书或声明。入境展览物为旧机电产品的，应按旧机电产品备案手续办理相关证明。

（4）监督管理。入境展览物品在展览期间必须接受检验检疫人员的监督管理，仅供展览，未经许可不得改作他用。展览结束后，所有入境展览物品须在检验检疫人员的监督下由货主或其代理人作退运、留购或销毁处理。留购的展览物品，报检人员应重新办理有关检验检疫手续。退运的展览物品，需出具官方检疫证书的，应在出境前向主管海关报检。

3.1.2　出境的货物检验与报检

出境货物与入境货物的报检范围相似,但有两项区别于入境货物报检:第一,输入国家或地区规定必须凭检验检疫机构出具的证书方准入境;第二,申请签发原产地证书及普惠制原产地证明书。

一般出境货物最迟应在出口报关或装运前 7 天报检,并由产地/组货地海关受理出口申报前的监管申请。对于个别检验检疫周期较长的货物,应留有相应的检验检疫时间。

1. 出境货物木质包装的检验与报检

1)报检范围

出境货物木质包装(以下简称"木质包装")是指用于承载、包装、铺垫、支撑、加固货物的木质材料,如木板箱、木条箱、木托盘、木框、木桶、木轴、木楔、垫木、枕木、衬木等。经人工合成的材料或经深度加工的包装用木质材料,如胶合板、纤维板等不在此列。海关根据《动植物检疫法》及其实施条例,参照国际植物检疫措施标准第 15 号《国际贸易中木质包装材料管理准则》(以下简称"第 15 号国际标准")的规定,对出境植物、植物产品及其他检疫物的装载容器、包装物及铺垫材料依照规定实施检疫。

2)检疫规定

出境货物木质包装应当按照《出境货物木质包装除害处理方法》列明的检疫除害处理方法实施处理,并按照《出境货物木质包装除害处理标识要求》加施国际植物保护公约组织(International Plant Protection Convention,IPPC)专用标识,否则将不准出境。

加施国际植物保护公约组织专用标识的木质包装输往采用国际标准的国家或地区的,不再需要出具植物检疫证书。输入国家或地区有特殊检疫要求或者有特殊证件要求的,按照输入国家或地区的规定执行。不同国家在不同时期的政策都有可能会调整,因此一定要及时与收货方联系,了解输入国家对于木质包装最新的检验检疫要求,方能顺利通关。

3)报检程序

出境货物木质包装在实施除害处理前要向海关申报,经处理合格且加施标识的木质包装在出境时无须报检,口岸海关可视实际情况,必要时有重点地对出境货物木质包装实施口岸抽查检疫。

专用标识加施企业应当将木质包装除害计划在除害处理前向所在地海关申报,海关对除害处理过程和加施专用标识的情况实施监督管理。

4)报检单证

使用加施标识木质包装的出口企业,在货物出口报检时,除了按照规定填写报检信息,并提交外贸合同或销售确认书、信用证(以信用证方式结汇时提供)、发票、装箱单等有关单据外,还应向海关出示出境货物木质包装除害处理合格凭证。

5)其他规定

直属海关对标识加施企业的热处理或者熏蒸处理设施、人员及相关质量管理体系等进行考核,符合《出境货物木质包装除害处理标识加施企业考核要求》的,颁发除害处理标识加施资格证书,并公布标识加施企业名单,同时报海关总署备案,标识加施资格有效期为 3 年;不符合要求的,不予颁发资格证书,并连同不予颁发资格证书的理由一并书面告知申请企业。未取得资格证书的,不得擅自加施除害处理标识。

2. 出口化妆品的检验与报检

1)报检范围

列入海关实施检验检疫的进出境商品目录及有关国际条约、相关法律、行政法规规定由海关检验检疫的化妆品(包括成品和半成品)。化妆品是指以涂、擦、散布于人体表面任何部位(表皮、毛发、指趾甲、口唇等)或者口腔黏膜、牙齿,以达到清洁、消除不良气味、护肤、美容和修饰目的的产品。

2)报检及检验检疫程序

① 检验检疫申报。海关总署对出口化妆品生产企业实施备案管理,出口化妆品生产企业应当保证其出口化妆品符合进口国家(地区)标准或者合同要求,并应当按照海关总署相关规定申报。其中首次出口的化妆品应当提供以下文件:出口化妆品生产企业备案材料;自我声明,声明企业已经取得化妆品生产许可证,且化妆品符合进口国家(地区)相关法规和标准的要求,正常使用不会对人体健康产生危害等内容;销售包装化妆品成品应当提交外文标签样张和中文翻译件。

② 检验检疫实施。出口化妆品由产地海关实施检验检疫,口岸海关实施口岸查验。海关接受申报后,对出口化妆品进行检验检疫,包括现场查验、抽样留样、实验室检验、出证等。

现场查验内容包括货证相符情况、产品感官性状、产品包装、标签版面格式、运输工具、集装箱或者存放场所的卫生状况。

出口化妆品的抽样应当按照国家有关规定执行,样品数量应当满足检验、复验、备查等使用需要。抽样时,海关应当出具印有序列号、加盖检验检疫业务印章的《抽/采样凭证》,抽样人与发货人或者其代理人应当双方签字。样品应当按照国家相关规定进行管理,合格样品保存至抽样后 4 个月,特殊用途化妆品合格样品保存至证书签发后一年,不合格样品应当保存至保质期结束。涉及案件调查的样品,应当保存至案件结束。

需要进行实验室检验的,海关应当确定检验项目和检验要求,并将样品送具有相关资质的检验机构。检验机构应当按照要求实施检验,并在规定时间内出具检验报告。

3)检验检疫处置

出口化妆品经检验检疫合格的,由海关按照规定出具通关证明。进口国家(地区)对检验检疫证书有要求的,应当按照要求同时出具有关检验检疫证书。出口化妆品经检验检疫不合格的,可以在海关的监督下进行技术处理,经重新检验检疫合格的,方准出口;不能进行技术处理或者技术处理后重新检验仍不合格的,不准出口。

4)报检单证

出口企业按规定利用"单一窗口"填写报检信息,并提供合同、销售确认书、发票和装箱单等相关单证。

3. 出口食品的检验与报检

1）报检范围

出口食品的报检范围包括一切出口食品(包括各种供人食用、饮用的成品和原料及按照传统习惯加入药物的食品)和用于出口食品的食品添加剂等。

2）报检及检验检疫程序

① 检验检疫申报。出口食品的生产、加工、储存企业实施卫生注册和登记制度。货主或其代理人向主管海关报检的出口食品,须产自或储存于经卫生注册或登记的企业或仓库,未经卫生注册或登记的企业或仓库所生产或储存的出口食品,不予受理报检。

② 检验检疫实施。出口食品应当依法由产地海关实施检验检疫。海关总署根据便利对外贸易和出口食品检验检疫工作需要,可以指定其他地点实施检验检疫。海关对出口食品在口岸实施查验,查验不合格的,不准出口。

海关对出口预包装食品施检时,标签亦是检验的内容之一,出口食品的标签必须符合进口国(地区)的要求,否则即使食品质量合格,亦不能出口。

海关按照进口国(地区)法律法规、技术规范和相关标准,对出口食品、化妆品标签进行检验。预包装食品标签检验分为标签的格式版面检验和符合性检测两方面。

第一个是格式版面检验。检查食品、化妆品标签上的所有标示内容是否符合法律、行政法规、标准规定要求。

第二个是符合性检测。检测食品、化妆品标签所标示的与产品成分和含量等质量有关内容的真实性和准确性。

经检验,标签符合进口国(地区)规定要求的,判定为标签合格。经检验,标签不符合进口国(地区)规定要求的,判定为标签不合格,可以在海关的监督下进行技术处理。经重新检验合格后,方准出口;不能进行技术处理或者技术处理后重新检验仍不合格的,不准出口。

3）检验检疫处置

出口食品经海关现场检查和监督抽检符合要求的,由海关出具证书,准予出口。出口食品经海关现场检查和监督抽检不符合要求的,由海关书面通知出口商或者其代理人。相关出口食品可以进行技术处理的,经技术处理合格后方准出口;不能进行技术处理或者经技术处理仍不合格的,不准出口。

3.2　动物及动物产品检疫与报检

3.2.1　入境动物及动物产品检疫与报检

1. 报检范围

根据《中华人民共和国进出境动植物检疫法》的规定,入境动物检疫审批范围包括:
(1) 活动物,指饲养、野生的活动物,如畜、禽、兽、蛇、龟、鱼、虾、蟹、贝、蚕、蜂等。
(2) 动物繁殖材料,包括胚胎、精液、受精卵、种蛋及其他动物遗传物质。

（3）食用性动物产品（动物源性食品），包括动物肉类及其产品（含脏器），鲜蛋，鲜奶，动物源性中药材，特殊营养食品（如燕窝），动物源性化妆品原料，两栖类、爬行类、水生哺乳类动物及其他养殖水产品；不包括海捕水产品、蜂产品、蛋制品、奶制品、熟制肉类产品（如香肠、火腿、肉类罐头、食用高温炼制动物油脂）。

（4）非食用性动物产品，包括原毛（包括羽毛），原皮，生的骨、角、蹄，明胶、蚕茧、动物源性饲料及饲料添加剂、鱼粉、肉粉、骨粉、肉骨粉、油脂、血粉、血液等，含有动物成份的有机肥料。

2. 检疫申报

（1）报检时限：输入种畜、禽及其精液、胚胎的，货主或其代理人应在入境 30 日前报检；输入其他动物的，应在入境 15 日前报检。

（2）报检地点：输入动物及动物遗传物质，应当按照指定的口岸进境；输入动物、动物产品和其他检疫物，向入境口岸海关报检，由口岸海关实施检疫；入境后需办理转关手续的检疫物，除活动物和来自动植物疫情流行国家或地区的检疫物由入境口岸检疫外，其他均应分别向入境口岸海关报检和指运地海关申报。

3. 申报受理

海关核查相关材料后，会依法办理检疫审批手续，根据单证核查的情况并结合中国动植物检疫规定及输出国家或地区疫情发生情况确定检疫查验方案。此外，还会检查所提供的单证材料与货物是否相符，核对集装箱号和封志与所附单证是否一致，核对单证与货物的名称、数（重）量、产地、包装、唛头标志是否相符。

4. 检疫实施

1）境外产地预检

输入活动物及动物遗传物质的，海关总署根据输入数量、输出国家的情况和这些国家与我国签订的动物卫生检疫议定书的要求确定是否需要进行境外产地检疫。需要进行境外产地检疫的要在进口合同中加以确定说明。海关总署派出的兽医与输出国的官方兽医共同制订检疫计划，挑选动物进行农场检疫、隔离检疫并安排动物运输环节的防疫。

2）检验检疫

对于入境动物，检查有无疫病的临床症状。发现疑似感染传染病或者已死亡的动物时，在货主或者押运人的配合下查明情况，立即处理。动物的铺垫材料、剩余饲料和排泄物等，由货主或者其代理人在检疫人员的监督下，作除害处理。

对于入境动物产品，检查有无腐败变质现象，容器、包装是否完好。符合要求的，允许卸离运输工具。发现散包、容器破裂的，由货主或者其代理人负责整理完好，方可卸离运输工具。根据情况，对运输工具的有关部位及装载动物产品的容器、外表包装、铺垫材料、被污染场地等进行消毒处理。需要实施实验室检疫的，按照规定采取样品。对易滋生植物害虫或者混藏杂草种子的动物产品，同时实施植物检疫。

3）隔离检疫

进境动物隔离检疫场分为两类，一是海关总署设立的动物隔离检疫场所（简称"国家隔离场"），二是由各直属海关指定的动物隔离场所（简称"指定隔离场"）。使用国家隔离场，应当经海关总署批准。使用指定隔离场，应当经所在地直属海关批准。

申请与审核：进口种用或观赏用水生动物、畜、禽，以及海关总署批准入境的其他动物须在临时隔离场实施隔离检疫。申请单位应在办理检疫审批初审前，向检验检疫机构申请"隔离场使用证"。经直属海关受理的，由直属海关签发"隔离场使用证"。经海关总署受理的，由海关总署在签发的"进境动植物检疫许可证"中列明批准内容。

检疫期：入境种用大中动物隔离检疫期为 45 天，其他动物隔离检疫期为 30 天。需要延长或者缩短隔离检疫期的，应当报海关总署批准。

5. 检疫处置

经现场查验合格的，允许卸离运输工具，对运输工具、外表包装、被污染场地等进行防疫消毒处理并签发"入境货物调离通知单"，将货物运往指定存放场所后进一步实施隔离检疫和实验室检验。

经检验检疫合格的，签发"入境货物检验检疫证明"，准予转移、销售、使用；经检验检疫不合格的，签发"动物检疫证书"，须做检疫处理的、签发"检验检疫处理通知书"，在海关的监督下，作退回、销毁或者无害化处理。

对于输入动物，经检疫不合格的，由口岸动植物检疫机关签发《检疫处理通知单》，通知货主或者其代理人作如下处理：检出一类传染病、寄生虫病的动物，连同其同群动物全群退回或者全群扑杀并销毁尸体；检出二类传染病、寄生虫病的动物，退回或者扑杀，同群其他动物在隔离场或者其他指定地点隔离观察。

对于输入动物产品和其他检疫物经检疫不合格的，由口岸动植物检疫机关签发《检疫处理通知单》，通知货主或者其代理人作除害、退回或者销毁处理。经除害处理合格的，准予进境。

经检疫发现有名录之外的传染病、寄生虫病，对农、林、牧、渔业有严重危害的其他病虫害的，由口岸动植物检疫机关依照国务院农业行政主管部门的规定，通知货主或者其代理人作除害、退回或者销毁处理。经除害处理合格的，准予进境。

6. 报检单证

① 外贸合同、发票、装箱单、海运提单或空运/铁路运单、原产地证书。
② 输出国家或地区官方出具的检疫证书（正本）。
③ "进境动植物检疫许可证"正本（分批进口的还需提供许可证复印件进行核销）。
④ "隔离场使用证"（进口种用/观赏用水生动物、畜、禽等活动物的应提供）。
⑤ 备案证明书（输入动物遗传物质的，应提供经所在地直属检验检疫局批准并出具的使用单位备案证明书）。
⑥ 无输出国家或者地区官方机构出具的有效检疫证书，或者未依法办理检疫审批手续的，海关根据具体情况，作退回或销毁处理。

3.2.2 入境动物源性饲料及饲料添加剂检疫与报检

1. 报检范围

动物源性饲料及饲料添加剂(以下简称"动物源性饲料产品")。动物源性饲料产品是指源于动物或产自于动物的产品经工业化加工、制作的供动物食用的产品及其原料。主要包括饵料用活动物、饲料用(含饵料用)冰鲜冷冻动物产品及水产品、加工动物蛋白及油脂、宠物食品及咬胶、配合饲料及含有动物源性成分添加剂的预混合饲料及饲料添加剂。

2. 检疫申报

货主或者其代理人应当在饲料入境前或者入境时向海关报检,报检时应当提供原产地证书、贸易合同、信用证、提单、发票等,并根据对产品的不同要求提供"进境动植物检疫许可证"、输出国家或者地区检验检疫证书、"进口饲料和饲料添加剂产品登记证"(复印件)。

3. 检疫实施

检疫要求:检疫须遵循中国法律法规、国家强制性标准和海关总署规定的检验检疫要求;双边协议、议定书、备忘录;"进境动植物检疫许可证"列明的要求。

现场查验:海关按照相关规定对进口饲料实施现场查验。

核对货证:核对单证与货物的名称、数(重)量、包装、生产日期、集装箱号码、输出国家或者地区、生产企业名称和注册登记号等是否相符。

标签检查:标签是否符合饲料标签国家标准。

感官检查:包装、容器是否完好,是否超过保质期,有无腐败变质,有无携带有害生物,有无土壤、动物尸体、动物排泄物等禁止进境物。

4. 检疫处置

经检验检疫合格的,签发"入境货物检验检疫证明",予以放行;经检验检疫不合格,须做检疫处理的,海关签发"检验检疫处理通知书",作除害、退回或者销毁处理,经除害处理合格的准予入境。需要对外索赔的,由海关出具相关证书。海关应当将进口饲料检验检疫不合格信息上报海关总署。

进口饲料分港卸货的,先期卸货港海关应当以书面形式将检验检疫结果及处理情况及时通知其他分卸港所在地海关;需要对外出证的,由卸毕港海关汇总后出具证书。

5. 监督管理

(1)境外生产企业注册登记。海关总署对允许进口饲料的国家或者地区的生产企业实施注册登记制度,进口饲料应当来自注册登记的境外生产企业和加工企业。

(2)申请。境外生产企业经输出国家或者地区主管部门审查合格后向海关总署推荐。

(3)审查。海关总署对推荐材料进行审查。审查不合格的,通知输出国家或者地区主管部门补正。审查合格的,经与输出国家或者地区主管部门协商后,海关总署派出专家到输出国家或者地区对其饲料安全监管体系进行审查,并对申请注册登记的企业进行抽查。

(4)注册登记。对抽查符合要求的及未被抽查的其他推荐企业,予以注册登记,并在海关总署官方网站上公布;对抽查不符合要求的企业,不予注册登记,并将原因向输出国家或者地区主管部门通报。

(5)进口企业备案。海关对饲料进口企业实施备案管理。进口企业应当在首次报检前或者报检时提供营业执照复印件向所在地海关备案。

进口企业应当建立经营档案,记录进口饲料的报检号、品名、数/重量、包装、输出国家或者地区、国外出口商、境外生产企业名称及其注册登记号、入境货物检验检疫证明、进口饲料流向等信息,记录保存期限不得少于2年。

3.2.3 入境肉类产品及水产品检疫与报检

1. 报检范围

肉类产品是指动物屠体的任何可供人类食用的部分,包括胴体、肉类脏器、副产品,以及以上述产品为原料的制品(熟制肉类产品,如熟制香肠、火腿、肉类罐头、食用高温炼制油脂除外)。

水产品是指供人类食用的水生动物(不含活水生动物及其繁殖材料)及其制品,包括头索尖、脊椎类、甲壳类、脊皮类、脊索类、软体类等水生动物和藻类等水生植物及其制品。

2. 检疫申报

进口检疫要求:如为境外产地预检,海关总署根据需要,按照有关规定,可以派人员到输出国家或者地区进行进口肉类产品及水产品预检。如为中转进口预检,经港澳地区中转进口的肉类产品,货主或其代理人须向经海关总署授权的港澳中检公司申请中转预检。港澳中检公司要严格按照海关总署的要求,预检后施加新的封识并出具证书,入境口岸海关凭港澳地区中检公司的证书接受报检。

指定口岸进口要求:进口肉类产品及水产品应当从海关总署指定的口岸进口;进口口岸的海关应当具备进口肉类产品及水产品现场查验和实验室检验检疫的设备设施和相应的专业技术人员;进口肉类产品及水产品应当存储在海关认可并报海关总署备案的存储冷库或者其他场所,肉类产品及水产品进口口岸应当具备与进口肉类产品数量相适应的存储冷库,存储冷库应当符合进口肉类产品存储冷库检验检疫要求。

包装要求:进口鲜冻肉类产品的包装要求有内外包装使用无毒、无害的材料,完好无破损;内外包装上应当标明产地国、品名、生产企业注册号、生产批号;外包装上应当以中文标明规格、产地(具体到州、省、市)、目的地、生产日期、保质期、储存温度等内容,目的地应当标明为中华人民共和国,加施输出国家或者地区官方检验检疫标识;进口预包装水产品的中文标签应当符合中国食品标签的相关法律、行政法规、规章规定及国家技术规范的强制性要求;检验检疫机构依照规定对预包装水产品的标签进行检验。

报检时间：货主或其代理人应在货物入境前或入境时向口岸海关报检，约定检疫时间。

报检地点：入境后需调离入境口岸办理转关手续的，货主或其代理人应向口岸海关报检，到达指运地时，应当向指运地海关申报并实施检疫。

3. 报检单证

货主或其代理人在办理进境报检手续时，除填写入境货物报检单外，还需按检疫要求出具下列有关单证。

① 贸易合同或协议、发票、海运提单或空运单、原产地证等。

② 输出国家或地区官方出具的检疫证书（正本）。

③ "中华人民共和国进境动植物检疫许可证"（部分水产品除外）。

④ 经港澳地区中转的肉类产品，必须加验港澳中检公司签发的检验证书正本。没有港澳中检公司的检验证书正本，不得受理报检。

⑤ 对列入《实施企业注册的进口食品目录》的水产品，报检时还应当提供注册编号。

4. 检疫实施

进境肉类产品及水产品经现场口岸查验合格后运往指定的场所存放，肉类产品应存放于指定的注册冷库或加工单位的存储冷库。经口岸查验、感官检验和实验室检测合格的，出具"入境货物检验检疫证明"，允许加工、销售和使用。"入境货物检验检疫证明"应当注明进口肉类产品及水产品的集装箱号、生产批次号、生产厂家名称和注册号、唛头等追溯信息。

经检验检疫不合格的，签发"检验检疫处理通知书"，在海关的监督下，作退回、销毁或者无害化处理。需要对外索赔的，签发相关证书。

5. 备案及注册登记

海关总署对向中国境内出口肉类产品及水产品的出口商或代理商实施备案管理，并定期公布已经备案的出口商、代理商名单。

海关总署向中国出口肉类产品及水产品的加工企业实施注册登记制度，未经海关总署注册登记的国外加工企业生产的肉类产品及水产品不得向中国出口。进境肉类产品及水产品的进口单位须经海关资格认定，指定的注册存放冷库和加工使用单位须经海关注册备案。

海关对进口肉类产品及水产品收货人实施备案管理。已经实施备案管理的收货人，方可办理肉类产品及水产品进口手续。

3.2.4 出境动物及动物产品检疫与报检

1. 报检范围

出境动物及动物产品报检的范围包括出境动物、动物产品及其他检疫物。

2. 检疫申报

出境动物的货主或其代理人应在动物出口前（一般种用大、中动物 45 天，种用禽鸟类和水生动物 30 天，食用动物 10 天），向启运地海关提交输入国法定和贸易合同规定的动物检验检疫要求及与所输出动物有关的资料。对于隔离检疫的出境动物，海关综合业务部门在动物出境前 60 天受理预申请，隔离前 7 天受理申请；出境野生捕捞水生动物的货主或者其代理人可在水生动物出境 3 天前向出境口岸海关提出出口申报前监管申请。

3. 检疫实施

1）隔离检疫

出口动物实施启运地隔离检疫和抽样检验、离境口岸作临床检查和必要复检的制度。输出动物出口前需经隔离检疫的，须在海关指定的隔离场所实施检疫。需隔离检疫的情况主要有：进口国要求隔离检疫的，按照进口国的要求进行隔离检疫；根据贸易合同的规定需对出口动物进行隔离检疫的，按合同约定进行检疫；在对出口动物进行检疫过程中发生传染病的，应对其同群假定健康动物实施隔离检疫；我国政府对出口动物有隔离检疫规定的，按规定要求进行隔离检疫。

海关对检验检疫合格的出口动物可以实行监装制度。出口大、中动物，货主或其代理人必须派出经海关培训、考核合格的押运员负责国内运输过程的押运。

2）离境口岸检验检疫

启运地海关检验检疫合格的出口动物运抵口岸后由离境口岸海关实施临床检查或者复检。根据检验检疫和除害处理结果，海关签发相关单证，并对经检验、检测合格或除害处理合格的检疫物准予放行。

4. 溯源管理

溯源管理制度是指建立生产、出口、消费全链条的农产品食品质量安全追溯体系。溯源管理主要包括建立唯一可识别的溯源信息，加施出口产品标记或标识，建立可追溯完整数据链，以实现对出口产品溯源和对不合格产品的召回。

5. 报检单证

在隔离检疫前一星期需要填写"出口货物申报单"，并持有关许可证明、贸易合同、信用证、货运单、发票等资料向启运地海关正式申报。

特殊单证：如果出境动物产品来源于国内某种属于国家级保护或濒危物种的动物、濒危野生动植物种国际贸易公约中的中国物种的动物，报检时必须递交国家濒危物种进出口管理办公室出具的允许出口证明书。

3.3 植物及植物产品检疫与报检

应检植物检疫物主要包括植物、植物产品和其他检疫物。
植物是指栽培植物、野生植物及其种子、种苗及其他繁殖材料等。

植物产品是指来源于植物未经加工或者虽经加工但仍有可能传播病虫害的产品。

其他检疫物包括植物性有机肥料、植物性废弃物、植物产品加工后产生的下脚料和其他可能传带植物有害生物的检疫物。

凡是出入境的植物、植物产品及其他检疫物,装载植物、植物产品和其他检疫物的装载容器、包装物,以及来自植物疫区的运输工具,均属实施检疫的范围。检疫程序一般依次为报检、检疫、签证、其他检疫。输入植物种子、种苗及其他繁殖材料的,必须事先提出申请,办理检疫审批手续。

出入境植物及其产品的检验检疫业务种类包括出境检验检疫、进境检验检疫、过境检验检疫、运输工具检疫、国际邮包检疫、旅客检疫等。

3.3.1 入境植物及植物产品检疫与报检

1. 报检范围

入境植物及植物产品检疫审批范围如表 3-2 所示。

表 3-2 入境植物及植物产品的检疫审批范围

名称	具 体 内 容
果蔬类	主要包括新鲜水果、番茄、茄子、辣椒果实等
烟草类	主要包括烟叶及烟草薄片
粮谷类	主要包括小麦、玉米、稻谷、大麦、黑麦、高粱等
豆类	主要包括大豆、绿豆、豌豆、赤豆、蚕豆、鹰嘴豆等
薯类	主要包括马铃薯、木薯、甘薯等
饲料类	主要包括麦麸、豆饼、豆粕等
植物繁殖材料	主要包括植物种子、种苗及其他繁殖材料
植物栽培介质	主要包括除土壤外的所有由一种或几种混合的具有储存养分、保存水分、透气良好和固定植物等作用的人工或天然固体物质组成的栽培介质

2. 检疫申报

输入需要检疫审批的植物及其产品时,货主或其代理人应在签订贸易合同或协议前申办“中华人民共和国动植物进境检疫许可证”。申请时,货主或其代理人应提交“中华人民共和国进境动植物检疫许可证申请表”和相关材料,说明其数量、用途、引进方式、进口后的防疫措施,由进境口岸海关初审合格后,上报海关总署或其授权的直属海关负责审批。海关总署根据对申请材料的审核、输出国家的进境动植物疫情及中国有关检疫规定等实际情况,决定是否签发“中华人民共和国动植物进境检疫许可证”。输入植物种子、种苗及其他繁殖材料的,须向农业和林业主管部门申请办理检疫审批。

根据不同动植物及其产品的携带传入疫情疫病和有害生物的风险等级,进口水果、罗汉松、植物种子(种苗)及其他繁殖材料、粮食等实施指定入境口岸申报管理。

3. 检疫实施

对入境植物、植物产品,检查货物和包装物有无病虫害,并按照规定采取样品。发现病虫害并有扩散可能时,及时对该批货物、运输工具和装卸现场采取必要的防疫措施。对来自动物传染病疫区或者易带动物传染病和寄生虫病病原体并用作动物饲料的植物产品,同时实施动物检疫。

对动植物性包装物、铺垫材料检查其是否携带病虫害、混藏杂草种子、沾带土壤,并按照规定采取样品。

抽/采样品:抽/采样品应按照抽/采样国家或行业标准进行。对植物及其产品,既要考虑到病、虫、杂草的特征,也要注意到货物不同部位的代表性;大型散装货物要分上、中、下不同层次,并采用对角线、棋盘式或随机的方法,按规定的样品数量和重量采取原始样品。在抽/采样过程中注意防止污染,以确保检疫结果的准确性。

实验室检测:口岸现场查验抽取的植物及其产品样品,根据相关的国家标准、双边议定书、植物检疫许可证等要求,确定实验室检测项目,送实验室检测。检出阳性结果或发现重要疫情的,应及时上报上级海关并通知采取进一步措施。

4. 检疫处置

经现场查验和实验室检测后,需根据相关检疫要求,参考国际标准和国家标准,做出正确的检疫结论,决定是否进行检疫处理,根据检疫结果出具相应的检疫证书。对不符合议定书或协议规定的进口植物按规定实施检疫处理,出具相应的检疫证书,货主可凭此证书对外要求索赔。

5. 检疫监督管理

进境后检疫监督管理包括进境植物隔离检疫及指定生产、加工、存放企业的监管。隔离检疫是将进境植物限定在指定的隔离圃内种植,在其生长期间进行检疫、观察、检测和处理的一项强制性措施。指定生产、加工、存放企业监管是指对高风险的植物产品限定生产、加工企业,确保产品加工目的和安全流向。从事进境植物隔离检疫工作的隔离检疫圃须通过海关总署的考核批准。

植物隔离检疫:依据隔离条件、技术水平和运作方式,隔离检疫圃分为国家隔离检疫圃、专业隔离检疫圃和地方隔离检疫圃3类。国家隔离检疫圃承担进境高、中风险植物繁殖材料的隔离检疫工作。专业隔离检疫圃承担因科研、教学等需要引进的高、中风险植物繁殖材料的隔离检疫工作。地方隔离检疫圃承担中等风险进境植物繁殖材料的隔离检疫工作。

进境植物繁殖材料经入境口岸海关实施现场检疫,进入隔离检疫圃实施隔离检疫时,入境口岸海关凭指定隔离检疫圃所在地海关出具的隔离检疫圃资质证明办理调离手续。需要调离入境口岸所在地直属海关辖区外进行隔离检疫的,入境口岸海关凭隔离检疫所在地直属海关出具的同意调入函予以调离。

指定生产、加工、存放场所检疫监督,根据产品风险等级水平,对风险较高的进境植物产品,如进境粮食、植物源性饲料等植物及其产品的生产加工、存放企业实行备案管理。指定生产、加工、存放场所须经海关总署或直属海关按照相关程序考核合格后方可生产、加工和存放进境植物及其产品。

3.3.2　出境植物及植物产品检疫与报检

1. 报检范围

报检范围包括贸易性出境植物、植物产品及其他检疫物(商品);作为展出、援助、交换、赠送等非贸易性出境的植物、植物产品及其他检疫物(非商品);进口国家(或地区)有植物检疫要求的出境植物产品。

2. 报检单证

报检人员按规定利用"单一窗口"填写报检信息并提供相关外贸单据,如合同、发票、装箱单等。出口食品须提供生产企业(包括加工厂、冷库、仓库)的卫生注册或登记号码。

濒危和野生动植物资源须出具国家濒危物种进出口管理办公室或其授权的办事机构签发的允许出境证明文件;输往欧盟、美、加等国家或地区的出境盆景,应提供"出境盆景场/苗木种植场检疫注册证"。

3.4　出入境卫生检验检疫

《国境卫生检疫法》规定的出入境检疫对象包括出入境的人员、交通工具、运输设备,以及可能传播检疫传染病的行李、货物、邮包等都应当接受卫生检疫,经出入境检验检疫机构(关检融合后为海关)许可方准入境或出境。出入境人员、出入境旅客携带物和邮寄物的检验检疫是出入境检验检疫的重要组成部分。

国境卫生检疫是指海关为了防止传染病由国外传入或者由国内传出,通过国家设在国境口岸的卫生检疫机关,依照国境卫生检疫的法律、法规,在国境口岸、关口对出入境人员、交通工具、运输设备,以及可能传播传染病的行李、货物、邮包等物品实施卫生检疫查检、疾病监测、卫生监督和卫生处理的卫生行政执法行为。

根据入境、出境的方向,国境卫生检疫可分为入境检疫和出境检疫。根据实施检疫的国境口岸的地理位置,国境卫生检疫可分为海港检疫、航空检疫和陆地边境检疫。

3.4.1　出入境人员健康检疫与申报

出入境人员卫生检疫是通过检疫查验发现染疫人和染疫嫌疑人,给予隔离、留验、就地诊验和必要的卫生处理,从而达到控制传染病源,切断传播途径,防止传染病传入或传出的目的。

1. 出入境人员检疫申报管理方式

根据《中华人民共和国国境卫生检疫法》的规定,我国对出入境人员检疫申报分为常态管理和应急管理。

1）常态管理

国内外未发生重大传染病疫情时,出入境人员免于填报"出入境检疫健康申明卡"。但有发热、呕吐等症状,患有传染性疾病或精神病,携带微生物、人体组织、生物制品、血液及其制品、动植物及其产品等,须主动申报事项的出入境人员须主动口头向检验检疫人员申报,并接受检验检疫。检验检疫人员通过加强对出入境人员的医学巡视、红外线体温检测,加强对出入境人员携带特殊物品的检疫巡查、X光机抽查,提高检验检疫工作的有效性,严防疫病传入传出。

2）应急管理

国内外发生重大传染病疫情时,出入境人员必须逐人如实填报"出入境检疫健康申明卡",并由检验检疫专用通道通行;出入境人员携带物必须逐件通过X光机透视检查。对疑似染疫人员、患有传染性疾病或精神病的人员,检验检疫人员将实行体温复查、医学检查等措施;对可能传播传染病的出入境人员携带物,检验检疫人员将采取相应的处理措施,防止疫病疫情传播。

2. 出入境人员检疫申报

1）健康申报

受检疫的出境人员,必须根据检疫医师的要求,如实填写健康申明卡,出示某种有效的传染病预防接种证书、健康证明或者其他有关证件。

出境1年以上的中国公民应出示"国际旅行健康证书"。前往黄热病疫区的中国籍旅客应出示黄热病接种证书。

受检疫的入境人员,必须根据检疫医师的要求,如实填写"入境检疫申明卡",出示某种有效的传染病预防接种证书、健康证明或者其他有关证件。

2）健康体检申请对象的范围

申请出国或出境一年以上的中国籍公民;在境外居住3个月以上的中国籍回国人员;来华工作或居留一年以上的外籍人员;国际交通工具上的中国籍员工;在出入境口岸和交通工具上从事与食品和饮用水行业有关的人员。

3）健康检查的重点项目

中国籍出境人员重点检查检疫传染病,监测传染病。还应根据去往国家疾病控制要求、职业特点及健康标准,重点检查有关项目,增加必要的检查项目。

回国人员健康检查除按照国际旅行人员健康记录表中的各项检查内容外,重点应进行艾滋病抗体监测、梅毒等性病的监测。同时根据国际疫情增加必要的检查项目。

来华外籍人员实施健康检查,验证外国签发的健康检查证明,对可疑项目进行复查,对项目不全的进行补项。其重点检查项目是检疫传染病、监测传染病和外国人禁止入境的5种传染病,即艾滋病、性病、麻风病、开放性肺结核、精神病。

国际交通工具上的中国籍员工健康检查,除按照国际旅行人员健康记录表中的各项检查内容外,应重点进行艾滋病抗体监测、梅毒等性病的监测。

3. 签证放行

出境人员体检合格者发给"国际旅行健康检查证明书"。

境外人员发给"境外人员体格检查记录验证证明"或有关体检证明。

根据出入境人员的具体出国国别签证类型不同,实施免疫接种,签发"国际预防接种证书"。

对于出入境人员患有不宜进行预防接种的严重疾病的旅行者,经申请和提供的诊断证明,海关将签发"预防接种禁忌证明"。

对于卫生检疫不合格的出入境人员,立即进行留验、隔离和报告,并限制其出入境。

3.4.2 旅客携带物检验检疫

1. 报检范围

出入境人员携带下列物品,应当申报并接受海关检疫:入境动植物、动植物产品和其他检疫物;出入境生物物种资源、濒危野生动植物及其产品;出境的国家重点保护的野生动植物及其产品;出入境的微生物、人体组织、生物制品、血液及血液制品等特殊物品;出入境的尸体、骸骨等;来自疫区、被传染病污染或者可能传播传染病的出入境行李和物品;海关总署规定的其他应当向海关申报并接受检疫的携带物。

2. 检疫审批

携带动植物、动植物产品入境需要办理检疫审批手续的,应当事先向海关总署申请办理动植物检疫审批手续。

携带植物种子、种苗及其他繁殖材料入境,因特殊情况无法事先办理检疫审批的,应当按照有关规定申请补办。

因科学研究等特殊需要,携带以下物品入境的,应当事先向海关总署申请办理动植物检疫特许审批手续:动植物病原体(包括菌种、毒种等)、害虫及其他有害生物;动植物疫情流行的国家或者地区的有关动植物、动植物产品和其他检疫物;动物尸体;土壤;《中华人民共和国禁止携带、邮寄进境的动植物及其产品名录》所列各物,经国家有关行政主管部门审批许可,具有输出国家或者地区官方机构出具的检疫证书的,可以携带入境;携带特殊物品出入境,应当事先向直属海关办理卫生检疫审批手续。

3. 申报要求

携带检验检疫范围内的物品入境时,必须如实填写"入境检疫申明卡"。

携带植物种子、种苗及其他繁殖材料入境的,携带人应当向海关提供"引进种子、苗木检疫审批单"或者"引进林木种子、苗木和其他繁殖材料检疫审批单"。携带植物种子、种苗及其他繁殖材料入境,因特殊情况无法事先办理检疫审批的,应当按照有关规定申请补办。

对于其他应当办理检疫审批的动植物、动植物产品和其他检疫物,以及应当办理动植物检疫特许审批的禁止进境物入境的,携带人应当事先向海关总署申请办理动植物检疫审批手续。向海关提供海关总署签发的"中华人民共和国进境动植物检疫许可证"。

携带宠物(仅限犬或者猫)入境的,携带人每人每次限带 1 只。需向海关提供输出国家或者地区官方动物检疫机构出具的有效检疫证书和疫苗接种证书。宠物应当具有芯片或者其他有效身份证明。

携带农业转基因生物入境的,携带人应当向海关提供"农业转基因生物安全证书"和输出国家或者地区官方机构出具的检疫证书。列入农业转基因生物标识目录的进境转基因生物,应当按照规定进行标识,携带人还应当提供国务院农业行政主管部门出具的农业转基因生物标识审查认可批准文件。

携带特殊物品出入境的,携带人应当向海关提供"入/出境特殊物品审批单"并接受卫生检疫。携带供移植用器官、骨髓干细胞出入境,因特殊原因未办理卫生检疫审批手续的,出境、入境时海关可以先予以放行,货主或者其代理人应当在放行后 10 个工作日内申请补办卫生检疫审批手续。

携带自用且仅限于预防或者治疗疾病用的血液制品或者生物制品出入境的,无须办理卫生检疫审批手续,但需出示医院的有关证明;允许携带量以处方或者说明书确定的一个疗程为限。

携带尸体、骸骨等出入境的,携带人应当按照有关规定向海关提供死者的死亡证明及其他相关单证。

携带濒危野生动植物及其产品进出境或者携带国家重点保护的野生动植物及其产品出境的,应当在《中华人民共和国濒危野生动植物进出口管理条例》规定的指定口岸进出境,携带人应当向海关提供进出口证明。

4. 检疫实施

海关可以在交通工具、人员出入境通道、行李提取或者托运处等现场,对出入境人员携带物进行现场检查,现场检查可以采用 X 光机、检疫犬及其他方式进行。

对出入境人员可能携带应当申报的携带物而未申报的、海关可以进行查询并抽检其物品,必要时可以开箱(包)检查。

享有外交、领事特权与豁免权的外国机构和人员的公用或者自用的动植物、动植物产品和其他检疫物入境,应当接受海关检疫。海关查验,须有外交代表或者其授权人员在场。

对申报及现场检查发现的属于申报范围的物品,海关应当进行现场检疫。

海关对携带人提供的检疫许可证及其他相关单证进行核查,核查合格的,应当在现场实施检疫。现场检疫合格且无须作进一步实验室检疫、隔离检疫或者其他检疫处理的,可以当场放行。携带物与提交的检疫许可证或者其他相关单证不符的,作限期退回或者销毁处理。

入境宠物应当隔离检疫 30 天(截留期限计入在内)。海关对隔离检疫的宠物实行监督检查。

5. 检疫处置

携带物需要做实验室检疫、隔离检疫的,经海关截留检疫合格的,携带人应当持截留凭证在规定期限内领取,逾期不领取的,以自动放弃处理;截留检疫不合格又无有效处理方法的,作限期退回或者销毁处理。

逾期不领取或者出入境人员书面声明自动放弃的携带物,由海关按照有关规定处理。

3.4.3 进出境邮寄物检验检疫

邮寄物检验检疫是指对通过国际邮政渠道(包括邮政部门、国际邮件快递公司和其他经营国际邮件的单位)出入境动植物、动植物产品和其他检疫物实施的检验检疫。

1. 检验检疫范围

① 进出境的动植物、动植物产品及其他检疫物。
② 进出境的微生物、人体组织、生物制品、血液及其制品等特殊物品。
③ 来自疫区的、被检疫传染病污染的或者可能成为检疫传染病传播媒介的邮包。
④ 进境邮寄物所使用或携带的植物性包装物、铺垫材料。
⑤ 其他法律法规、国际条约规定需要实施检疫的进出境邮寄物。

2. 检验检疫审批

邮寄进境植物种子、苗木及其繁殖材料,收件人须事先按规定向有关农业或林业主管部门办理检疫审批手续,因特殊情况无法事先办理的,收件人应向进境口岸所在地直属海关申请补办检疫审批手续。

因科研、教学等特殊需要,须邮寄进境《中华人民共和国禁止携带、邮寄进境的动物、动物产品和其他检疫物名录》和《中华人民共和国进境植物检疫禁止进境物名录》所列禁止进境物的,收件人须事先按有关规定向海关总署申请办理特许检疫审批手续。

邮寄《中华人民共和国禁止携带、邮寄进境的动物、动物产品和其他检疫物名录》以外的动物产品,收件人须事先向海关总署或经其授权的进境口岸所在地直属海关申请办理检疫审批手续。

邮寄物属微生物、人体组织、生物制品、血液及其制品等特殊物品的,收件人或寄件人须向进出境口岸所在地直属海关申请办理检疫审批手续。

3. 邮寄物进出境检验检疫

入境检验检疫:由国际邮件互换局直接分到邮局营业厅的邮寄物,由邮局通知收件人限期到海关办理检疫手续。快递邮寄物,由快递公司、收件人或其代理人限期到海关办理报检手续。

进境邮寄物有下列情况之一的,由海关作退回或销毁处理:未按规定办理检疫审批或未按检疫审批的规定执行的;海关总署公告规定禁止入境的;单证不全的;在限期内未办理报检手续的;经检疫不合格又无有效方法处理的;其他需作退回或销毁处理的。

4. 出境检验检疫

出境邮寄物有下列情况之一的,寄件人须向海关报检,由海关实行现场或实验室检疫:

寄往与我国签订双方植物检疫协定等国家或输入国有检疫要求的;出境邮寄物中含有微生物、人体组织、生物制品、血液及其制品等特殊物品的;寄件人有检疫要求的。

出境邮寄物经海关检疫合格的,由海关出具有关单证,由邮政机构运递。经检验检疫不合格的又无有效方法处理的,不准邮寄出境。

3.4.4 出入境快件检验检疫

出入境快件是指依法经营出入境快件的企业(以下简称"快件运营人")在特定时间内以快速的商业运输方式承运的出入境货物和物品。

1. 检验检疫范围

① 根据《动植物检疫法》及其实施条例、《国境卫生检疫法》及其实施细则,以及有关国际条约、双边协议规定应当实施动植物检疫和卫生检疫的。

② 列入《法检目录》的;属于实施强制性产品认证制度、卫生注册登记制度管理的。

③ 其他有关法律、法规规定应当实施检验检疫的。

2. 报检时间与地点

快件运营人必须经海关备案登记后,方可按照有关规定办理出入境快件的报检手续。快件出入境时,应由具备报检资格的快件运营人及时向所在地海关办理报检手续。快件在到达特殊监管区时,快件运营人应及时向所在地海关办理报检手续。出境快件在其运输工具离境4小时前,快件运营人应向离境口岸海关办理。

3. 报检单证

快件运营人在申请办理出入境快件报检时,应提供报检单、总运单、每一快件的分运单、发票等有关单证,并应当符合下列要求:输入动物、动物产品、植物种子、种苗及其他繁殖材料的,应当取得相应的检疫审批许可证和检疫证明;因科研等特殊需要,输入禁止进境物的,应当取得海关总署签发的特许审批证明;属于微生物、人体组织、生物制品、血液及其制品等特殊物品的,应当取得相关审批;属于实施进口安全质量许可制度、出口质量许可证制度和卫生注册登记制度管理的,应提供有关证明。

4. 检验检疫处置

海关对出入境快件应以现场检验检疫为主,特殊情况的,可以取样作实验室检验检疫。

入境快件经检疫发现被检疫传染病病源体污染的或者带有动植物检疫危险性病虫害的,以及根据法律法规规定须作检疫处理的,海关应当按规定实施卫生、除害处理。

入境快件经检验不符合法律、行政法规规定的强制性标准或者其他必须执行的检验标准的,必须在海关的监督下进行技术处理。

入境快件经检验检疫合格的,签发有关单证,予以放行;经检验检疫不合格但经实施有效检验检疫处理,符合要求的,签发有关单证,予以放行。

入境快件有下列情形之一的,由海关作退回或者销毁处理,并出具有关证明:未取得检疫审批并且未能按规定要求补办检疫审批手续的;按法律法规或者有关国际条约、双边协议的规定,须取得输出国官方出具的检疫证明文件或者有关声明,而未能取得的;经检疫不合格又无有效方法处理的;入境快件不能进行技术处理或者经技术处理后,重新检验仍不合格的;其他依据法律法规的规定须作退回或者销毁处理的。

海关对出入境快件需做出进一步检验检疫处理的,海关可以封存,并与快件运营人办理交接手续。封存期一般不得超过 45 日。

对应当实施检验检疫的出入境快件,未经检验检疫或者经检验检疫不合格的,不得运递。

本 章 小 结

出入境检验检疫是国家主权的体现,海关作为涉外经济执法机构,依据国家法律法规、与他国的双边或多边协定,代表国家行使检验检疫职能,对一切进入本国国境的人员、货物、运输工具、旅客行李物品和邮寄物等实施检验检疫,决定是否准予入境。

同时出入境检验检疫也是国际货物贸易进出口的重要环节,加强对进出口商品的检验是为了维护国家对外贸易的合法权益,是突破国外贸易技术壁垒的重要手段,是保证中国对外贸易顺利进行和持续发展的需要。

在开展国际贸易的过程中,各种涉及人的传染病,动物的传染病、寄生虫病和植物的危险性病虫、杂草及其他有害生物等随时都存在传播的危险,实施对出入境人员,动植物及其产品和其他检疫物品,以及装载动植物及其产品和其他检疫物品的容器、包装物和来自动植物疫区的运输工具(含集装箱)实施强制性检疫,对防止传染病的传入或传出,保护人民身体健康和农、林、牧、渔业生产安全和促进农畜产品对外贸易都具有重要作用。

课 后 练 习

一、单选题

1. 输入种畜、禽及其精液、胚胎的,应当在入境(　　)日前报检;输入其他动物的,应当在入境(　　)日前报检。

  A. 30;15   B. 45;15   C. 30;7   D. 45;7

2. 出境货物最迟应于报关或(　　)前 7 天报检,对于个别检验检疫周期较长的货物,应留有相应的检验检疫时间。

  A. 出厂   B. 生产   C. 包装   D. 装运

3. 入境的动物产品,报检后,经过检验检疫合格的,签发(　　),准予加工销售。

  A.《入境货物通关单》   B.《检验检疫证书》

C.《入境货物检验检疫证明》 D.《检验检疫处理通知书》

4. 入境种用大中动物隔离检疫期为( )天。

A. 15 B. 60 C. 30 D. 45

5. 某公司进口一批旧设备,报检时错报为新设备,并办理了通关手续。以下表述正确的是( )。

A. 海关查实后,将依法对该公司进行处罚

B. 如果海关发现后,该公司立即办理更改手续,则不会受到处罚

C. 此行为不是故意造成的,所以不应受到处罚

D. 新旧设备的报检要求基本一样,因此该公司虽存在报检失误,也不应受到处罚

二、多选题

1. 办理进口( )的报检手续时,必须提供输出国官方检疫证书。

A. 芝麻 B. 原木 C. 种子 D. 土壤

2. 来自动植物疫区的入境集装箱,有下列情况之一的应实施动植物检疫。( )

A. 箱内装载着动植物

B. 箱内带有植物性包装物或铺垫材料的

C. 箱内装载着动植物产品和其他检验检疫物的

D. 箱内装载着生物制品等特殊物品的

3. 某企业进口一批法检货物,以下表述正确的有( )。

A. 货物通关放行后向海关报检

B. 货物通关放行后可将货物投入使用

C. 货物经检验检疫合格后投入使用

D. 货物未经检验检疫使用的将受到行政处罚

4. ( )属于进出境植物检疫应检物的范围。

A. 植物、植物产品 B. 植物性包装物、铺垫材料

C. 土壤、有机肥、生物防治物 D. 人体组织、生物制品、血液及其制品

5. 以下所列货物,应向海关报检的有( )。

A. 来自检疫传染病疫区的货物 B. 进境动植物产品

C. 进口旧机电产品 D. 出口的危险货物包装容器

三、判断题

1. 入境食品标签需提供进口食品标签样张和翻译件。 ( )

2. 旧监视器不属于禁止进口下列旧机电产品。 ( )

3. 某公司输入一批动物疫苗,该公司应在货物入境前 20 天报检。 ( )

4. 办理入境动物产品报检手续时,无法提供"进境动植物检疫许可证"的,可放行后补办许可证。 ( )

5. 报检进境动物及其产品时,须提供国外官方机构出具的检疫证书正本。 ( )

四、思考题

2019 年 12 月 12 日,义乌某公司委托代理公司向海关申报出口一批牙刷、蜡锅、袜子等货物,但宁波海关在实施现场查验时未发现袜子等申报货物,反而发现另有多项未申报的货物,其中口红、眉笔、睫毛膏等化妆品均属于法检商品,出口须经过检验。但该公司对法定检验的出口商品不予报检的行为涉嫌逃避出口商品检验,宁波海关依法对该公司实施了相应的行政处罚。

试分析该案发生的原因,并说明海关处罚的依据。

五、实训任务

成都某进出口贸易公司从韩国进口一批化妆品,从青岛入境,目的地为成都。如果你是该公司的工作人员,请为该批货物完成相关的报检工作。

任务一:查明进口化妆品的报检法规和流程。

任务二:准备报检单。

任务三:为这一批化妆品报检。

学习成果达成与测评

学号		姓名		项目序号		项目名称	海关检验检疫制度实施	学时	6	学分	0.2
职业技能等级	中级		职业能力						子任务数		3 个
序号	评价内容		评价标准								分数
1	出入境检验检疫制度基础		能够明确不同货物的出入境检验检疫要求和法律法规								
2	出入境检验检疫一般报检程序		能够为出入境常见货物、动物及其产品、植物及其产品报检								
3	出入境检验检疫实施的具体要求		能够完成出入境卫生检验检疫相关工作								
考核评价	项目整体分数(每项评价内容分值为 1 分)										
	指导教师评语										

备注	奖励： 1. 按照完成质量给予 1～10 分奖励，额外加分不超过 5 分。 2. 每超额完成 1 个任务，额外加分 3 分。 3. 巩固提升任务完成优秀，额外加分 2 分。 惩罚： 1. 完成任务超过规定时间扣 2 分。 2. 完成任务有缺项每项扣 2 分。 3. 任务实施报告编写歪曲事实，个人杜撰或有抄袭内容不予评分。

学习成果实施报告书

题目				
班级		姓名		学号	

任务实施报告
请简要记述本工作任务学习过程中完成的各项任务，描述任务规划及实施过程，遇到的重难点及解决过程，总结商品归类技巧和注意事项等，字数要求不低于 800 字。

考核评价（按 10 分制）		
教师评语：	态度分数	
	工作量分数	

考评规则
工作量考核标准： 1. 任务完成及时。 2. 操作规范。 3. 实施报告书内容真实可靠，条理清晰，文笔流畅，逻辑性强。 4. 没有完成工作量，扣 1 分，故意抄袭实施报告扣 5 分。

第 **4** 章
进出口货物商品归类

知识导读

进出口货物商品归类是进出口货物通关的基础工作之一。商品归类工作是海关开展税收征管、实施贸易管制、编制进出口统计和查缉走私等工作,以及进出口企业办理各项进出口报关相关业务的重要基础。某一进出口货物的商品编码一经确定,则其适用的关税税率、法定计量单位、监管证件等也就被确定下来。本章中,我们将简要回顾海关税收征管、统计等业务制度,介绍进出口商品归类的法规制度,《协调制度》基本结构及商品归类,通过《协调制度》归类总规则介绍了商品归类的一般方法。

学习目标

- 了解进出口商品归类的法规制度、作用及依据
- 理解进出口商品归类的申报要求
- 掌握《协调制度》的基本结构
- 掌握进出口商品归类方法

能力目标

- 初步掌握进出口商品归类原则和方法
- 正确理解《协调制度》归类总规则条文
- 能对常见商品进行基本归类

素质目标

- 锻炼细心、耐心、责任心的"三心"工匠精神
- 培养树立法治、诚信的社会主义价值观

4.1 进出口货物商品归类概述

4.1.1 商品归类的定义

按照《中华人民共和国海关进出口货物商品归类管理规定》的定义,商品归类是指在

《商品名称及编码协调制度公约》商品分类目录体系下,以《中华人民共和国进出口税则》为基础,按照《进出口税则商品及品目注释》《中华人民共和国进出口税则本国子目注释》,以及海关总署发布的关于商品归类的行政裁定、商品归类决定的要求,确定进出口货物商品编码的活动。

4.1.2　商品归类的作用

　　商品归类工作不仅是海关开展税收征管、实施贸易管制、编制进出口统计和查缉走私等工作的重要基础,也是进出口企业办理各项进出口报关相关业务的重要基础。某一进出口货物的商品编码一经确定,则其适用的关税税率、法定计量单位、监管证件等也就被确定下来,因此无论是对于海关,还是对于进出口货物收发货人,商品归类均有着重要作用。我国相关法律规定纳税义务人具有自行确定进出口货物商品编码并正确申报的义务。商品归类是报关从业人员必须掌握的基本技能之一。

　　思考案例

　　某外资企业2012—2014年期间,报关员在向海关申报进口一般贸易项下有接头电导体时,将商品归类为编码8544.4219.00,对应进口关税税率为0,共60票,货物价值共计人民币5880万元。后经海关归类认定,实际应归入商品编码8544.3020.90,对应进口关税税率为10%。

　　最终该企业补交税款共计人民币534万元,缴纳罚款为人民币190万元。在海关行政处罚决定书下达后,被海关下调为失信企业,该企业至少在两年内将受到多项严密监管。比如,查验率应在80%以上,不予免除查验没有问题企业的吊装、移位、仓储等费用。

　　请思考:导致该企业成为失信企业的原因有哪些? 商品归类的风险有哪些?

　　【案例分析】　案例中的企业由于报关员不够细心,不负责任归类错误,导致了罚款和企业信用调低。可见报关人员的职业素质对于企业报关工作来说至关重要。另外,如果企业心存侥幸,偷税漏税,也会受到法律法规的制裁。

4.1.3　商品归类的依据

　　我国进出口商品分类目录采用《商品名称及编码协调制度公约》(以下简称《协调制度公约》)商品分类目录体系。《中华人民共和国进出口税则》(以下简称《进出口税则》)、《进出口税则商品及品目注释》(以下简称《商品及品目注释》)、《中华人民共和国进出口税则本国子目注释》(以下简称《本国子目注释》)及商品归类行政裁定、商品归类决定均为进出口货物商品归类的法律依据。

　　《协调制度公约》是世界海关组织支持制定的国际公约,于1988年1月1日生效。《协调制度公约》是在《海关合作理事会商品分类目录》和联合国《国际贸易标准分类目录》基础上,综合国际上多种商品分类目录而制定的一部多用途国际贸易商品分类目录。广泛应用于海关税则、国际贸易统计、原产地规则、国际贸易谈判、贸易管制等多个领域。世界海关组织会根据新产品和国际贸易结构的变化每4～6年进行一次全面修订。

　　《进出口税则》的商品分类构成与《协调制度公约》构成基本相同。《进出口税则》中的商品号列称为税则号列(简称"税号"),为征税需要,每项税号后列出该商品的税率。《协调制度公约》中的编码只有 6 位数,而《进出口税则》中的编码根据我国实际情况加入了"本国子目",为 8 位数。

4.1.4 我国进出口商品归类的法规制度

除上述商品归类的依据外,规范商品归类还涉及其他的法律制度。法律方面,《海关法》主要对归类的确定、行政裁定、海关事务担保、法律责任、救济途径 5 个方面作了说明。《中华人民共和国行政处罚法》是海关制定《中华人民共和国海关办理行政处罚案件程序规定》《海关行政处罚听证办法》《海关办理行政处罚简单案件程序规定》的依据,对归类错误导致进出口环节申报不实案件的处理做出了规范。此外,还包括《中华人民共和国行政复议法》《中华人民共和国行政诉讼法》。

行政法规方面主要有《中华人民共和国进出口关税条例》《海关事务担保条例》《海关行政处罚实施条例》《中华人民共和国海关统计条例》等。

目前,我国关于商品归类的规章、相关规定包括《中华人民共和国海关进出口货物商品归类管理规定》(以下简称《归类管理规定》)、《中华人民共和国海关预裁定管理暂行办法》《中华人民共和国海关行政裁定管理暂行办法》《中华人民共和国进出口货物征税管理办法》《中华人民共和国海关化验管理办法》等。进出口货物收发货人或者其代理人(以下简称"收发货人"或者"其代理人")对进出口货物进行商品归类,以及海关依法审核确定商品归类时使用《归类管理规定》。《归类管理规定》给出了商品归类的定义,规定了适用该规定,企业在商品归类时应遵循的原则,商品归类时企业需配合的工作及需要提交的材料,海关在商品归类过程中的工作规范等。

4.1.5 归类决定

海关总署可以根据有关法律、行政法规规定,对进出口货物做出具有普遍约束力的商品归类决定。进出口相同货物应当适用相同的商品归类决定。

商品归类决定由海关总署对外公布。

作出商品归类决定所依据的法律、行政法规及其他相关规定发生变化的,商品归类决定同时失效。商品归类决定失效的,应当由海关总署对外公布。

海关总署发现商品归类决定有错误的,应当及时予以撤销。撤销商品归类决定的,应当由海关总署对外公布。被撤销的商品归类决定自撤销之日起失效。

4.1.6 归类裁定

在海关注册登记的进出口货物经营单位,可以在货物实际进出口的 3 个月前,向海关总署或者直属海关书面申请就其拟进出口的货物预先进行商品归类裁定。

海关总署自受理申请之日起 60 天内做出裁定并对外公布。

归类裁定具有普遍约束力。但对于裁定生效前已经办理完毕裁定事项的进出口货物,不适用该裁定。

收发货人或者其代理人向海关提供的资料涉及商业秘密,要求海关予以保密的,应当事前向海关提出书面申请,并且具体列明需要保密的内容,海关应当依法为其保密。收发货人或者其代理人不得以商业秘密为理由拒绝向海关提供有关资料。

海关在审核收发货人或其代理人申报的商品归类事项时,可以依照《海关法》和《关税条例》的规定行使查阅、复印资料,要求提供样品,对货物进行化验、检验等权力,收发货人或其代理人应当予以配合。

4.2 《协调制度》基本结构

《协调制度》将国际贸易中的商品根据生产部类、自然属性和不同功能、用途等划分为21类97章(其中77章空缺,为备用章),每一章由若干品目构成,品目项下又细分为一级子目和二级子目(见图4-1)。

图 4-1 《协调制度》目录

商品编码是具有特定含义的顺序号,用4位数表示品目,品目前两位表示此品目所在的章,后两位表示此品目在该章的次序。以下为商品编码的示例。

"88.06	无人驾驶航空器:	
8806.10	-	设计用于旅客运输的
	-	其他,仅使用遥控飞行的:
8806.21	--	最大起飞重量不超过250克
8806.22	--	最大起飞重量超过250克,但不超过7千克
8806.23	--	最大起飞重量超过7千克,但不超过25千克
8806.24	--	最大起飞重量超过25千克,但不超过150千克
8806.29	--	其他

无人驾驶航空器的编码是88.06,说明该商品是属于第88章航空器及航天器,在这一章中排在第6种商品分类。

在世界海关组织制定的《协调制度》中商品编码的数字只有6位,而我国商品名称与编码表中的商品编码数字是8位,其中第7位、第8位是根据我国国情而增设的"本国子目"。

4.3 《协调制度》归类总规则

《协调制度》归类总规则位于《协调制度》文本的卷首,是指导整个《协调制度》商品归类的总原则。归类总规则开头以"货物在协调制度中的归类,应遵循以下规则"明确了归类总规则在分类过程中应该遵循的基本原则。

4.3.1 规则一

1. 条文内容

规则一:类、章及分类的标题,仅为查找方便而设;具有法律效力的归类,应按品目条文和有关类注或章注确定,如品目、类注或章注无其他规定,按以下规则确定。

2. 条文解释

尽管《协调制度》系统地将商品按类、章、分章标有标题,但由于各类、章、分章所包含的商品种类繁多,类、章、分章的标题不可能全部包含。例如,第八十六章的标题是"铁道及电车道机车、车辆及其零件;铁道及电车道轨道固定装置及其零件、附件;各种机械(包括电动机械)交通信号设备",但是除了标题里提到的商品外,该章还包括了标题没有列出的"集装箱"。

另外,类、章、分章的标题所列出的商品也有可能不归入该类、章、分章。例如,第一章的标题是"活动物",但实际上,马、牛、羊等活动物归入该章,而活的鱼、甲壳动物、软体动物及其他水生无脊椎动物却被归入第三章。

有的商品会有多个属性,只看标题较难正确归类。例如,"塑料鞋"既属于第三十九章标题"塑料及其制品"所列的商品,又属于第六十四章标题"鞋靴、护腿和类似品及其零件"所列的商品,所以仅依据这两章标题无法确定"塑料鞋"的归类。

归类的法律依据应该是品目条文和类注、章注。例如,"针织女式胸衣",如果直接看标题,符合第六十一章"针织或钩编的服装及其衣着附件",但是根据第六十一章章注二(一)、第六十二章章注一和6212品目条文的规定,该商品应归入品目6212。

如果按品目条文、类注或章注还无法确定归类,则按其他规则,如规则二、规则三、规则四、规则五等确定品目的归类。

4.3.2 规则二

1. 条文内容

规则二(一):品目所列货品,应视为包括该项货品的不完整品或未制成品,只要在进口或出口时该项不完整品或未制成品具有完整品或制成品的基本特征;还应视为包括该项货品的完整品或制成品(或按本款可作为完整品或制成品归类的货品)在进口或出口时的未组装件或拆散件。

规则二(二)：品目中所列材料或物质,应视为包括该种材料或物质与其他材料或物质混合或者组合的物品。品目所列某种材料或物质构成的货品,应视为包括全部或部分由该种材料或物质构成的货品。由一种以上材料或物质构成的货品,应按规则三归类。

2. 条文解释

规则二(一)是指某一些物品的品目范围不仅包括完整的物品,而且还包括该物品的不完整品或未制成品,只要报验时它们具有完整品或者制成品的基本特征。不完整品是指货物缺少某些部分,不完整;未制成品是指货品尚未完全制成,需要进一步加工才能成为制成品。例如,尚未装有坐垫的自行车,虽然不是自行车的制成品,但是已经具备了自行车的基本特征,属于不完整品。应按照完整品归入品目8712。

规则二(一)第二部分规定,完整品或制成品的未组装件或拆散件应归入已组装物品的同一品目。货品通常是因为包装、装卸或运输上的需要,或者为了便于包装、装卸、运输而以未组装或拆散形式报验。本款规则也适用于以未组装或拆散形式报验的不完整品或未制成品,只要按照本规则第一部分的规定,它们可以视为完整品或者制成品看待。例如,为了便于运输而装置同一包装箱内的摩托车未组装件,该商品具有摩托车基本特征的成套散件,按照规则二(一)第二部分规定,可视为摩托车整车,归入品目8711。

鉴于第一类至第六类各品目的商品范围,规则二(一)的规定一般不适用于这6类所包括的货品。

规则二(二)是针对混合及组合的材料或物质,以及由两种或多种材料或物质构成的货品。它所适用的品目是列出某种材料或物质的品目和列出某种材质或物质制成品的货品品目。例如,品目4503是"天然软木制品",涂蜡的热水瓶软木塞,虽然已加入了其他材料,但根据本规则仍归入4503。但是,本款规则只在品目条文和类注、章注无其他规定的情况下才能运用。例如,品目1503列出了"液体猪油,未经混合",则混合了其他油的液体猪油就不能运用本款规则归入1503。

运用这款规则时需注意：除了不能与规则一相抵触外,所列混合及组合的材料或物质还不能改变原品目所列货品的基本特征(性质)。例如,添加了杀鼠剂的稻谷,已经成为了用于杀灭老鼠的毒饵,就不能再归入品目1006的"稻谷"了。

不同材料或物质的混合品及组合品,以及由一种以上材料或物质构成的货品,如果看起来可以归入两个或两个以上品目的,必须按规则三的原则进行归类。

思考案例

以下商品该如何归类：

① 尚未安装车轮的家用轿车；

② 缺少螺丝、螺帽的电话机散件；

③ 加入少量维生素的牛奶；

④ 装有木柄的不锈钢制炒菜锅。

【案例分析】

对于以上4种商品的归类需要考验大家的细心、责任心和判断力,一旦归类错误将会使企业承担不必要的损失。

例如：①尚未安装车轮的家用轿车，虽然缺少了车轮，但是已经具备了家用轿车的形态；②缺少螺丝、螺帽的电话机散件，已基本能够组装成电话机，所以都应该按照规则二（一）进行归类；③加入少量维生素的牛奶，虽然混合了少量的维生素，但是牛奶是主要成分，而且仍保持原来的基本特征；④装有木柄的不锈钢制炒菜锅，虽然由木柄和不锈钢组合，但是炒菜锅的主体是不锈钢。所以都应该按照规则二（二）进行归类。

4.3.3 规则三

1. 条文内容

当货品按规则二（二）或由于其他原因看起来可归入两个或两个以上品目时，应按以下规则归类。

规则三（一）：列名比较具体的品目，优于列名一般的品目。但是如果两个或两个以上品目都仅描述到混合或组合货品所含的某部分材料或物质，或零售的成套货品中的某些货品，即使其中某个品目对该货品描述得更为全面、详细，这些货品在有关品目的列名也应视为同样具体。

规则三（二）：混合物、不同材料构成或不同部件组成的组合物及零售的成套货品，如果不能按照规则三（一）归类时，在本款可适用的条件下，应按构成货品基本特征的材料或部件归类。

规则三（三）：货品不能按照规则三（一）或者（二）归类时，应按号列顺序归入其可归入的最末一个品目。

2. 条文解释

对于根据规则二（二）或其他原因看起来可归入两个或两个以上品目的货品，本规则规定了3条归类办法。这3条归类办法应按照其在本规则的先后次序加以运用。即只有在不能按照规则三（一）归类时，才运用规则三（二）；不能按规则三（一）和规则三（二）归类时，才运用规则三（三）。即在归类时的优先权次序为：（1）具体列名；（2）基本特征；（3）从后归类。

只有在品目条文和类注、章注无其他规定的条件下，才能运用本规则。例如，第九十七章章注四（二）规定，根据品目条文既可归入品目9701至9705中的一个品目，又可归入品目9706的货品，应归入品目9706以前的有关品目，即货品应按第九十七章章注四（二）的规定而不能根据本规则进行归类。

规则三（一）规定列名比较具体的品目优先于列名比较一般的品目。一般来说，列出品名比列出类名更为具体。例如，电动剃须刀应归入品目8510"电动剃须刀、电动毛发推剪及电动脱毛器"，而不应列入品目8509"家用电动器具"。

如果某一品目所列名称更为明确地描述某一货品，则该品目要比所列名称不那么明确描述该货品的其他品目更加具体。例如，用于小汽车的簇绒地毯，不应该作为汽车附件归入品目8708"机动汽车的零件、附件"，而应归入品目5703"簇绒地毯及纺织材料的其他簇绒铺地制品,不论是否制成的",因为品目 5703 所列地毯更为具体。

如果两个或两个以上品目都仅述及混合或组合货品所含的某部分材料或物质,或零售成套货品中的某些货品,即使其中某个品目比其他品目对该货品描述得更为全面、详细,这些货品在有关品目的列出应视为同样具体。在这种情况下,货品应按规则三(二)或规则三(三)的规定进行归类。

规则三(二)是指不能按规则三(一)归类的混合物、组合物及零售的成套货品的归类。它们应按构成货品基本特征的材料或部件归类。不同的货品,确定其基本特征的因素会有所不同。例如,可根据其所含材料或部件的性质、体积、数量、重量或价值来确定货品的基本特征,也可以根据所含材料对货品用途的作用来确定货品的基本特征。例如,由快熟面条、调味包、塑料小叉构成的碗面,由于其快熟面构成了这个零售成套货品的基本特征,所以应按面食归入品目 1902。

本款规则中所提到的"不同部件组成的组合物"不仅包括各部件相互固定组合在一起,构成了实际不可分离整体的货品,还包括其部件可以相互分离的货品,但这些部件必须是相互补足,配合使用,构成一体并且通常不单独销售的。这类组合货品的各部件一般都装于同一包装内。

本款规则中所提到的"零售的成套货品"是指同时符合以下 3 个条件的货品:

(1) 由至少两种看起来可归入不同品目的不同物品构成;

(2) 为了迎合某项需求或开展某项专门活动而将几件产品或物品包装在一起;

(3) 其包装形式适于直接销售给用户而无需重新包装(如装于盒子、箱子或固定于板上)。

例如,成套理发工具,装于一个皮匣子内由一个电动理发推子、一把梳子、一把剪子、一把刷子及一条毛巾组成,符合上述 3 个条件,所以属于"零售的成套货品"。而包装在一起的手表和打火机,不符合第 2 个条件,所以只能分开归类。

货品如果不能按照规则三(一)或(二)归类时,应按号列顺序归入其可归入的最后一个品目。例如,"等量的大麦与燕麦的混合麦",由于其中大麦与燕麦含量相等,"基本特征"无法确定,所以应"从后归类",即按品目 1003 与品目 1004 中的后一个品目 1004 归类。

思考案例

以下商品应该如何归类:

① 钢化玻璃制的未镶框的飞机安全玻璃;

② 由一个夹牛肉(牛肉含量占三明治总重量的 25%)的小圆面包构成的三明治(品目 1602)和法式炸土豆片(品目 2004)包装在一起的成套货品;

③ 由一把尺子(品目 9017)、一个圆盘计算器(品目 8214)、一个绘图圆规(品目 9017)、一支铅笔(品目 9609)及一个卷笔刀(品目 8214)装在一个塑料片制的盒子内所组成的成套绘图器具。

④ 医用带线(品目 3006)缝合针(品目 9018),用于软组织的缝合,经环氧乙烷灭菌,一次性使用。

【案例分析】

对于以上 4 种商品的归类需要工作细致、负责,层层分析。一旦归类错误,企业将需要承担相关法律法规规定的行政处罚。

例如:①钢化玻璃制的未镶框的飞机安全玻璃,虽然是钢化玻璃,但是已经具体列明出来是飞机安全玻璃,因此应该归入航天器配件;第②、③、④小题都属于零售的成套货品,按规则三(二)进行归类。

4.3.4 规则四

1. 条文内容

根据上述规则无法归类的货品,应归入于其最相类似的货品的品目。

2. 条文解释

由于时代的发展,科技的进步,可能会出现一些《协调制度》在分类时无法预见的情况,这是按以上规则一至规则三仍无法归类的货品,只能用最相类似的货品的品目来替代。将报验货品与名称、特征、功能、用途、结构等相类似货品进行比较,确定其与哪一种货品最相类似,然后将所报验的货品归入与其最相类似货品的同一品目。

4.3.5 规则五

1. 条文内容

除上述规则外,本规则适用于下列货品的归类。

规则五(一):制成特殊形状仅适用于盛装某个或某套物品并合适长期使用的照相机套、乐器套、枪套、绘图仪器盒、项链盒及类似容器。如果与所装物品同时进口或出口,并通常与所装物品一同出售的,应与所装物品一并归类。但本款不适用于本身构成整个货品基本特征的容器。

规则五(二):除规则五(一)规定的以外,与所装货品同时进口或出口的包装材料或包装容器,如果通常用来包装这类货品的,应与所装货品一并归类。但明显可重复使用的包装材料和包装容器可不受本款限制。

2. 条文解释

规则五(一)仅适用于同时符合以下各条规定的容器:

(1)制成特定形状或形式,专门盛装某一物品或某套物品的,即专门按所要盛装的物品进行设计的,有些容器还制成所装物品的特殊形状;

(2)适合长期使用的,即容器的使用期限与所盛装的物品相比是相称的,在物品不使用期间(如运输或储藏期间),这些容器还起到保护作用;

(3)与所装物品一同报验的,单独报验的容器应归入其所应归入的品目;

(4)通常与所装物品一同出售的;

(5)本身并不构成整个货品基本特征的。

例如,与所装电动剃须刀一同报验的电动剃须刀皮套,由于符合上述条件,因此应与电动剃须刀一并归入品目 8510。但是,本款规则不适用于本身构成整个货品基本特征的容器。例如,装有茶叶的银制茶叶罐。

规则五(二)仅适用于同时符合以下各条规定的包装材料及包装容器:

(1) 规则五(一)以外的;

(2) 通常用于包装有关货品的;

(3) 与所装物品一同报验的;

(4) 不属于明显可重复使用的。

例如,装有电视机的瓦楞纸箱,由于符合上述条件,因此应与电视机一并归入品目 8528。

但是,如果是明显可重复使用的包装材料和包装容器,则本款规则不适用。例如,装有煤气的煤气罐,由于具有明显可重复使用的特性,所以不能与液化煤气一并归类,而应分开归类。

思考案例

以下商品应该如何归类:

① 与望远镜一起报验的望远镜盒;

② 与珍珠项链一起报验的首饰盒。

【案例分析】

以上两种商品的归类考验报关员的判断分析能力。例如,与望远镜一起报验的望远镜盒和与珍珠项链一起报验的首饰盒,是与商品一起出售且专门盛装某一物品的,所以应该按照规则五(一)跟随商品进行归类。

4.3.6 规则六

1. 条文内容

货品在某一品目项下各子目的法定归类,应按子目条文或者有关的子目注释及以上各条规则来确定,但子目的比较只能在同一数级上进行。除条文另有规定的以外,有关的类注、章注也适用于本规则。

2. 条文解释

本规则是有关子目应当如何确定的一条原则,子目归类首先按子目条文和子目注释确定;如果按子目条文和子目注释还无法确定归类,则上述各规则的原则同样适用于子目的确定;除条文另有规定的以外,有关的类注、章注也适用于子目的确定。

在具体确定子目时,需要注意以下两点:

(1) 确定子目时,一定要按先一级子目,再二级子目,然后三级子目,最后四级子目的顺序进行;

(2) 确定子目时,应遵循"同级比较"的原则,即一级子目与一级子目相比较,二级子目与二级子目相比较,以此类推。

例如,中华绒螯蟹种苗(见图 4-2)。

品目 「0306」	带壳或去壳的甲壳动物,活、鲜、冷、冻、干、盐腌或盐渍的;蒸过或用水煮过的带壳甲壳动物,不论是否冷、冻、干、盐腌或盐渍的;适合供人食用的甲壳动物的细粉、粗粉及团粒
03063	活、鲜或冷的
030633	蟹
03063310	种苗

图 4-2　中华绒螯蟹种苗归类示意

在归入 0306 品目下的子目时,应按以下步骤进行:

先确定一级子目,0306 品目下有 3 个子目——"冻的""活、鲜或冷的""其他",根据种苗性质归入"活、鲜或冷的";

再确定二级子目,"活、鲜或冷的"子目下面有 7 个二级子目"岩礁虾和其他龙虾""螯龙虾""挪威海螯虾""冷水小虾及对虾""其他",中华绒螯蟹属于蟹的一种,因此归入"蟹";

然后确定三级子目,"蟹"子目下面有两个三级子目"种苗""其他",根据用途归入"种苗"。

所以,中华绒螯蟹种苗应归入子目 0306.3310。

4.4　商品归类的一般方法

4.4.1　归类的申报要求

为了规范进出口企业的申报行为,提高进出口商品申报质量,促进贸易便利化,海关总署制定了《中华人民共和国海关进出口商品规范申报目录》(以下简称《规范申报目录》)。该目录按我国海关进出口商品分类目录的品目顺序编写,并根据需要在品目级或子目级列出了归类要素、价格要素、审单及其他要素等申报要素,如图 4-3 所示。

例如,品目 0101 的马、驴、骡,申报要素包括归类要素(品名、是否改良种用)和价格要素(品种),在归类时则需要从归类要素考虑,在确定完税价格时则考虑价格要素。一匹从蒙古引进为改良品种用的马,在归类时就可以先找到品名马,再从是否改良种用,归入 0101.2100 税号。

4.4.2　商品归类的一般方法

进出口商品归类虽然复杂,但是一般情况下可以通过以下步骤来进行归类(图 4-4)。

1. 确定品目

首先根据有关资料分析商品特性,如组成、结构、加工、用途等。然后根据《协调制度》的分类规律初步分析该商品可能涉及的类、章和品目。

2. 查看注释,运用规则

查找涉及的几个有关品目的品目条文。查看所涉及的品目所在章和类的注释,检查

第一类　活动物；动物产品

注释：

一、本类所称的各属种动物，除条文另有规定的以外，均包括其幼仔在内。

二、除条文另有规定的以外，本目录所称干的产品，均包括经脱水、蒸发或冷冻干燥的产品。

第一章　活动物

注释：

本章包括所有活动物，但下列各项除外：

一、税目03.01、03.06、03.07或03.08的鱼、甲壳动物、软体动物及其他水生无脊椎动物；

二、税目30.02的培养微生物及其他产品；以及

三、税目95.08的动物。

税则号列	商品名称	申报要素			说明举例
		归类要素	价格要素	审单及其他要素	
01.01	马、驴、骡：	1.品名；2.是否改良种用	3.品种		
	-马：				
0101.2100	--改良种用				
0101.2900	--其他				
	-驴：				
0101.3010	--改良种用				
0101.3090	--其他				
0101.9000	-其他				
01.02	牛：	1.品名；2.是否改良种用			
	-家牛：				
0102.2100	--改良种用				
0102.2900	--其他				
	-水牛：				
0102.3100	--改良种用				
0102.3900	--其他				

图 4-3　《中华人民共和国海关进出口商品规范申报目录》

图 4-4　商品归类的步骤图

一下项目章注和类注是否有特别的规定。最后，如果仍然有几个品目可归入而无法确定时，运用规则二、三。

例如，食用调和油（含大豆油 60％，花生油 20％，菜籽油 15％，棕榈油 5％），按以上方法进行归类的步骤如下：

（1）该商品是由几种不同植物材料的油脂混合而成，属于混合的植物食用油；

（2）根据《协调制度》分类规律，该商品考虑第十五章动、植物油、脂及其分解产品，精制的食用油脂；

（3）在第十五章找到合适的品目 1517，本章各种动、植物油、脂及其分离品混合制成的食用油、脂或制品；

（4）查第十五章章注，没有对该类商品归类的其他规定，所以确定该商品归入 1517。

3. 确定子目

品目确定之后就是子目的确定,由于品目需要在很大的范围之内确定,并且还要仔细查找和对比很多有关的章注、类注,但相比较而言,子目只需要在品目项下确定,其范围要小得多。

例如,前例中的食用调和油,在品目 1517 项下确定子目时,由于只有两个一级子目 1517.1000"人造黄油,但液态的除外"和 1517.9000"其他",显然商品属于 1517.9000"其他"。然后再归入三级子目 1517.9090"其他"。

但是,当子目比较多的时候,子目的确定也有一定难度。掌握子目确定的方法就可以迎刃而解。首先查一级子目条文,然后查子目注释,再查二级子目条文,依此类推,最终确定子目。

例如,猪肉制婴儿均化食品,罐头装,250 克,归类方法如下:

(1)该商品归入品目 1602 项下,在确定子目时,查看一级子目条文,该商品同时符合两个一级子目 1602.1000"均化食品"和 1602.4000"猪的";

(2)查看第十六章子目注释一:子目 1602.10 的均化食品是指肉、食用杂碎或动物血经精细均化制成供婴幼儿食用或营养用的零售包装食品(每件净重不超过 250 克)。归类时该子目优先于品目 1602 的其他子目。

因此,该商品符合该子目注释的规定,并且根据该规定,子目 1602.1000 优先于子目 1602.4000,所以该商品应该归入子目 1602.1000。

4.5 进出口商品归类实务

4.5.1 第一类活动物;动物产品(第一章至第五章)

本类共 5 章,包括除特殊情况外的所有种类的活动物,以及经过有限度的简单加工的动物产品。其中第一章活动物;第二章肉及食用杂碎;第三章鱼、甲壳动物、软体动物及其他水生无脊椎动物;第三章乳品、蛋品、天然蜂蜜、其他适用动物产品;第五章其他未加工或简单加工的各种未列名的动物产品。

1. 活动物的归类

鱼、甲壳动物(龙虾、大螯虾、淡水小龙虾、蟹、河虾及对虾等)、软体动物(牡蛎、海扇、贻贝、墨鱼、章鱼、鱿鱼、蜗牛等),以及其他水生无脊椎动物(海参、海胆、海蜇等)归入第三章,其他活的动物(猪、牛、羊、马、狗等)归入第一章。

2. 动物杂碎的归类

动物杂碎(头、脚、尾、心、舌等):如果适合供人食用归入第二章;如果不适合供人食用则归入第五章。

专供制药用的杂碎(胆囊、肾上腺、胎盘等):如为鲜、冷、冻或用其他方法临时保存,归入品目 0510;如经干制的则归入 3001。

可供人食用又可供药用的杂碎(肝、肾、肺、脑等)临时保藏以供药用的,归入品目 0510;经干制的则归入 3001;其他如果适合供人食用的则归入第二章,不适合人食用的则归入第五章。

据第二章章注二规定,动物的肠、膀胱、胃或动物血必须按不可食用的动物产品归入第五章。动物血,如果符合品目 3002 的规定,则归入品目 3002。例如,新鲜的猪大肠不能归入品目 0206"鲜、冷、冻牛、猪、绵羊、山羊、马、驴、骡的食用杂碎",而应根据该章注归入品目 0504。

3. 动物加工产品的归类

对于动物加工产品的归类,关键是根据加工程度及第二章至第五章的各章注释和品目条文来确定。例如,用盐腌制的咸鸡应归入品目 0210,而油炸鸡腿,根据第二章的章注和品目条文,其加工程度已经超过了第二章范围,因此应归入品目 1602。

4.5.2 第二类植物产品(第六章至第十四章)

本类共 9 章,包括各种活植物及经过有限度简单加工的植物产品。第六章活树及其他活植物,鳞茎、根及类似品,插花及装饰用簇叶;第七章食用蔬菜、根及块茎;第八章食用水果及坚果,柑橘属水果或甜瓜的果皮;第九章咖啡、茶、马黛茶及调味香料;第十章谷物;第十一章制粉工业产品、麦芽、淀粉、菊粉、面筋;第十二章含油子仁及果实,杂项子仁及果实,工业用或药用植物,稻草、秸秆及饲料;第十三章虫胶、树胶、树脂及其他植物液、汁;第十四章编结用植物材料,其他植物产品。

1. 干蔬菜的归类

根据第七章章注三的规定,品目 0701 至品目 0711 的各种蔬菜干制后归入品目 0712。但下列各项除外:

(1) 做蔬菜用的脱荚干豆(品目 0713);

(2) 品目 1102 至 1104 所列形状的甜玉米;

(3) 马铃薯细粉、粗粉、粉末、粉片、颗粒及团粒(品目 1105);

(4) 用品目 0713 的干豆制成的细粉、粗粉及粉末(品目 1106);

根据第七章章注四,尽管鲜辣椒属于蔬菜,归入品目 0709,但是辣椒干、辣椒粉则应作为调味香料归入品目 0904。

2. 混合调味香料的归类

根据第九章章注一的规定,品目 0904 至 0910 所列产品的混合物,应按下列规定归类:

(1) 同一品目的两种或两种以上产品的混合物应归入同一品目;

(2) 不同品目的两种或两种以上产品的混合物应归入品目 0910。

品目 0904 至 0910 的产品,或者上述两种混合物如添加了其他物质,只要所得的混合物保持了原产品的基本特征,其归类不受影响。基本特征已经改变的,则不应归入该章,构成混合调味品的,应归入品目 2103。

例如,胡椒粉(占 70%)与辣椒粉(占 30%)的混合物,由于胡椒粉和辣椒粉都归入品目 0904,属于同一品目的混合物,所以仍归入品目 0904;再如,肉桂(占 70%)和丁香(占 30%)的混合物,肉桂品目 0906,丁香品目 0907,属于不同品目的混合物,所以应归入品目 0910。

3. 种植用种子归类

根据第十二章章注三的规定,甜菜子、草子及其他草本植物种子、观赏用花的种子、蔬菜种子、林木种子、果树种子、巢菜子(蚕豆除外)、羽扇豆属植物种子,可一律视为种植用种子,归入品目 1209。

但是,豆类蔬菜或甜玉米、第九章的调味香料及其他产品、谷物、品目 1201 至 1207 或 1211 的产品,即使作为种子用,也不归入品目 1209。例如,种用蚕豆属于豆类蔬菜,根据规定,应归入品目 0713。

4. 植物加工产品的归类

植物产品与动物产品的归类思路基本一致,即对本类的植物产品也需特别注意其加工程度。只有简单加工的植物产品才归入本类,如果超出这一范围而进行了进一步加工的深加工,则应归入后面的其他类。

首先在第二类相应章的有关品目条文与章注、类注中查找,如果相符则归入本类,否则视为其加工程度已超出允许范围,应作为深加工而归入其他类。例如,生花生仁归入品目 1202,而水煮花生仁,经查第十二章的品目条文与章注得知,已超出该章范围,所以应到第四类查找,归入品目 2008。

4.5.3 第三类动、植物或微生物油、脂及其分解产品;精制的食用油脂;动、植物蜡

本类只有 1 章,第十五章动、植物或微生物油、脂及其分解产品;精制的食用油脂;动、植物蜡。包括以第一、第二类的动、植物为原料加工得到的动物、植物油脂,油脂的分解产品,混合食用油脂,动物、植物蜡、处理油脂或蜡所生的残渣。增加了微生物油、脂及其分解产品。

动、植物油脂加工产品根据其加工程度归类。初榨、精制动物油脂归入品目 1501 至 1506,初榨、精制植物油脂归入品目 1507 至 1515,化学改性的油脂归入品目 1516、1518,混合食用油脂归入品目 1517,混合非食用油脂归入品目 1518,油脂分解产品(粗甘油)归入品目 1520,动、植物蜡归入品目 1521,残渣归入品目 1522。

4.5.4 第四类食品;饮料、酒及醋;烟草、烟草及烟草代用品的制品;非经燃烧吸用的产品,不论是否含有尼古丁;其他供人体摄入尼古丁的含尼古丁的产品

本类共 9 章,第十六章肉、鱼、甲壳动物、软体动物及其他水生无脊椎动物,以及昆虫

的制品,第十七章以第二类植物为原料加工得到的食品,第十八章可可及可可制品,第十九章谷物、粮食粉、淀粉或乳的制品,第二十章蔬菜、水果、坚果等制品,第二十一章其他杂项食品,第二十二章饮料、酒、醋,第二十三章食品工业的残渣及废料、饲料,第二十四章烟草、烟草及烟草代用品的制品;非经燃烧吸用的产品,不论是否含有尼古丁;其他供人体摄入尼古丁的含尼古丁的产品。

1. 混合食品的归类

根据第十六章章注二的规定,本章的食品按重量计必须含有 20% 以上的香肠、肉、食用杂碎、动物血、昆虫、鱼、甲壳动物、软体动物或其他水生无脊椎动物及其混合物。对于含有两种或两种以上前述产品的食品,则应按其中重量最大的产品归入第十六章的相应品目。例如,猪肉占 15%,牛肉占 20%,马铃薯占 65% 的罐头食品,猪肉和牛肉的占比超过了 20%,所以归入第十六章,而牛肉所占比重最大,所以可归入牛肉食品 1602.5010。

但本条规定不适用于品目 1902 的包馅食品和品目 2103 及 2104 的食品,即不论其中的动物类原料含量是否在 20% 以上,一律不再归入第十六章,而应归入品目 1902、2103、2104。例如,猪肉 30%,白菜 20%,面粉 50% 的水饺,尽管猪肉占比超过了 20%,但是水饺属于 1902 的包馅食品,所以归入品目 1902。

2. 均化食品

子目 1602.10 的"均化食品",是指用肉、食用杂碎、动物血或昆虫经精细均化制成适合供婴幼儿食用或营养用的零售包装食品(每件净重不超过 250 克)。为了调味、保藏或其他目的,均化食品中可以加入少量其他配料,还可以含有少量可见的肉粒、食用杂碎粒或昆虫碎粒。归类时该子目优先于品目 1602 的其他子目。

根据第二十一章章注三的规定,由两种或两种以上的基本配料,如肉、鱼、蔬菜或果实等,经精细均化制成供婴幼儿食用或营养用的零售包装食品,每件不超过 250 克,应归入均化混合食品品目 2104。

4.5.5 第五类矿产品

本类共 3 章,包括原矿及经过一定程度加工的矿产品。第二十五章矿产品,主要包括原产状态的矿产品,或只经过洗涤(包括用化学物质清除杂质而未改变产品结构的)、破碎、磨碎、研粉、淘洗、筛分,以及用浮选、磁选和其他机械物理方法(不包括结晶法)精选过的矿产品,但不包括经过焙烧、煅烧、混合或超过品目所列的加工范围。第二十六章金属矿,该章的矿砂是指冶金工业中提炼贡、品目 2844 的金属及第十四类、第十五类金属的矿物,即使这些矿物不用于冶金工业。该章还包括了含铅汽油的淤渣及焚烧城市垃圾所产生的灰、渣。第二十七章燃料(主要是煤、石油、天然气)及其加工产品。该章产品可以进行化学提取和其他加工,但经化学提取得到的矿物一般是粗产品,如果经进一步化学提纯,则应归入第二十九章。

4.5.6　第六类化学工业及其相关工业产品

本类共 11 章,可分为两个部分,第一部分为第二十八章至第二十九章,主要为单独的已有化学定义的化学品,其中元素和无机化合物归入第二十八章,有机化合物归入第二十九章。第二部分为第三十章至第三十八章,主要按用途分类的化工品。药品归入第三十章,该章还包括用于医疗、外科、牙科或兽医用的某些其他物质或物料;第三十一章肥料,包括通常作天然或人造肥料的绝大多数产品;染料、颜料、油漆、油墨等归入第三十二章,包括用于鞣料及软化皮革的制剂、植物鞣膏、合成鞣料及人造脱灰碱液,也包括植物、动物或矿物着色料及有机合成着色料,以及用这些着色料制成的大部分制剂,还包括清漆、干燥剂及油灰等各种其他制品;精油及香膏、芳香料制品及化妆、盥洗品归入第三十三章;肥皂、有机表面活性剂、洗涤剂、润滑剂、光洁剂、蜡烛等归入第三十四章;蛋白质物质、改性淀粉、胶、酶归入第三十五章;炸药、烟火制品、火柴、易燃制品归入第三十六章;相机及电影用品归入第三十七章;杂项化工产品归入第三十八章。

4.5.7　第七类塑料及其制品;橡胶及其制品

本类共 2 章,是由高分子聚合物组成的塑料和橡胶,以及它们的制品。第三十九章塑料及其制品,第四十章橡胶及其制品。

1. 初级形状塑料的归类

第三十九章章注六规定,品目 3901 至 3914 所称的"初级形状"只限于下列各种形状:
(1) 液状或糊状,包括分散体(乳浊液及悬浮液)及溶液;
(2) 不规则形状的块、团、粉(包括压型粉)、颗粒、粉片及类似的散装形状。

因此,该章的塑料在归类时要注意其加工形状。根据章注规定来判断某种塑料是否属于"初级形状"而确定其是否归入品目 3901 至 3914。

2. 共聚物的归类

第三十九章章注四规定,在该章中,除条文另有规定外,共聚物(包括共缩聚物、共加聚物、嵌段共聚物及接枝共聚物)应按聚合物中重量最大的那种共聚单体单元所构成的聚合物归入相应品目。在本注释中,归入同一品目的聚合物的共聚单体单元应作为一种单体单元对待。如果没有任何一种共聚单体单元重量是最大的,共聚物应按税号顺序归入其可归入的最末一个品目。

例如,由 45% 乙烯,35% 丙烯及 20% 异丁烯的单体单元组成的初级形状的共聚物,由于丙烯和异丁烯的聚合物同属品目 3902,二者的比例超过了乙烯单体单元的含量,所以应归入品目 3902。

4.5.8　第八类生皮、皮革、毛皮及其制品;鞍具及挽具;旅行用品、手提包及类似容器;动物肠线(蚕胶丝除外)制品

本类共 3 章,第四十一章只包括生皮和皮革,不包括制品,其结构按加工程度由低到

高排列;第四十二章大部分是由第四十一章的原料经过进一步加工制得的制品;第四十三章主要包括生毛皮、毛皮、人造毛皮及其制品。

4.5.9　第九类木及木制品;木炭;软木及软木制品;稻草、秸秆、针茅或其他编结材料制品;篮筐及柳条编结品

本类共 3 章,第四十四章主要包括木及其制品,第四十五章主要包括软木及其制品,第四十六章主要包括各种编结材料制品。第四十四章主要按照加工程度由低到高排列,木材原料(不包括竹的原料)在品目 4401 至 4406,经简单锯、削、刨平、端接及制成连续形状的木材归入品目 4407 至 4409,木质碎料板、纤维板、胶合板及强化木等归入品目 4410至 4413,木制品归入品目 4414 至 4421。

4.5.10　第十类木浆及其他纤维状纤维素浆;回收(废碎)纸或纸板;纸、纸板及其制品

本类共 3 章,按加工程度来分,纸浆、废纸归入第四十七章,纸张及其制品归入第四十八章,印刷品归入第四十九章。第四十八章的纸张及其制品按纸的加工程度来排列,未涂布的机制或手工纸归入品目 4801 至 4805,未涂布但经进一步加工的纸归入品目 4806 至4808,经涂布的纸归入品目 4809 至 4811,特定用途的纸及其制品归入品目 4812 至 4823。

涂布纸是指在纸的单面或双面施以涂料,以使纸面产生特殊的光泽或使其适合特定需要。纸制的卫生巾(护垫)及止血塞、婴儿尿布、尿布衬里和类似品则不按材料归类,而应归入品目 9619。

4.5.11　第十一类纺织原料及纺织制品

本类共 14 章,包括纺织纤维、半成品及制成品。第五十章至第五十五章是按纤维类别划分,每章内又按纺织品的加工程度由低到高排列,基本按"纺织纤维-纱线-机织物"的顺序列目。第五十章蚕丝及其机织物,第五十一章羊毛、动物细毛或粗毛及其机织物,第五十二章棉花及其机织物,第五十三章其他植物纺织纤维、纸纱线及其机织物,第五十四章化学纤维长丝及其机织物,第五十五章化学纤维短纤及其机织物。

第五十六章至第六十三章包括以特殊方式或工艺制成的或有特殊用途的半成品,并且除品目 5809 至 5902 外,品目所列产品一般不分纺织原料的性质。第五十六章絮胎、毡呢及无纺织物、绳索及其制品,第五十七章地毯及纺织材料铺地用品,第五十八章特种机织物、刺绣品等,第五十九章浸渍、涂层、包覆或压制的纺织物、工业用纺织制品,第六十章针织物及钩编织物,第六十一章针织或钩编服装,第六十二章非针织或非钩编服装,第六十三章其他纺织制成品。

4.5.12　第十二类鞋、帽、伞、杖、鞭及其零件;已加工的羽毛及其制品;人造花;人发制品

本类共 4 章,第六十四章主要包括各种鞋靴,第六十五章包括各种帽类,第六十六章主要包括雨伞、阳伞、手杖、鞭子等,第六十七章主要包括羽毛制品、人造花和人发制品等。

鞋靴一般按其外底和鞋面的材料归入不同品目。当鞋面和鞋底由不同材料构成时,则鞋面的材料应以占表面面积最大的那种材料为准,而鞋底的材料应以与地面接触最广的那种材料为准。例如,尺寸为26码的旅游鞋,鞋面由皮革和帆布构成,皮革表面积大于帆布面积,鞋底材料为橡胶,则应按鞋底橡胶,鞋面皮革的品目进行归类。

装有冰刀或轮子的滑冰鞋、明显已穿过的旧鞋、石棉制的鞋都不归入第六十四章,对鞋靴的零件进行归类时要注意第六十四章章注二所列的不包括的货品。

旧的帽类、石棉制帽类、玩偶用帽及其他玩具用帽、狂欢节的用品都不属于第六十五章。

4.5.13　第十三类石料、石膏、水泥、石棉、云母及类似材料的制品;陶瓷产品;玻璃及其制品

本类共3章,第六十八章石料、石膏、水泥、石棉等制品,第六十九章主要包括成形后经过烧制的陶瓷产品,第七十章主要包括各种玻璃及其制品。

其中,第六十八章石料、石膏、水泥、石棉等制品,主要来源于第五类所列原料,并且一般只是对第五类的矿产品改变原来的形状,而不改变其原料的性质。品目6812包括石棉织造的服装、鞋帽。第七十章既包括玻璃的半成品(玻璃板、片、球等),也包括玻璃制品。该章的某些玻璃制品虽具专有用途,若已在该章列名,仍归入该章。例如,钟表玻璃,仍归入该章品目7015,而不能按钟表零件归类。

4.5.14　第十四类天然或养殖珍珠、宝石或半宝石、贵金属、包贵金属及其制品、仿首饰、硬币

本类只有1章,第七十一章主要包括珍珠和宝石及其制品、贵金属及其制品,同时也包括仿首饰和硬币。贵金属包括银、金及铂,其中铂指铂族元素,包括铂、铱、锇、钯、铑及钌。只要其中一种贵金属含量达到合金重量的2%,便视为贵金属合金,根据第七十一章章注五的规定,含铂量在2%及以上的合金,按铂合金归类,铂含量不一定为合金中含量最高的贵金属。含金量在2%及以上,但不含铂或按重量计含铂量在2%以下的合金,按合金归类。含银量在2%及以上的其他合金,按银合金归类。

4.5.15　第十五类贱金属及其制品

本类共12章,主要包括贱金属材料及结构较简单的贱金属制品、金属陶瓷及其制品。第七十二章至第八十一章是按金属属性分章的,第七十二章主要包括钢铁锭、板、条杆及丝等,第七十三章主要包括钢铁制品,第七十四章至第八十一章为有色金属、金属陶瓷及其制品,第七十四章铜及其制品,第七十五章镍及其制品,第七十六章铝及其制品,第七十七章为空章,第七十八章铅及其制品,第七十九章锌及其制品,第八十章锡及其制品,第八十一章其他贱金属、金属陶瓷及其制品。

第八十二章至第八十三章是按商品的功能及用途排列的,主要包括特定功能和用途的制成品,其中第八十二章包括贱金属工具等,第八十三章为杂项金属制品。

贱金属与贱金属的合金,含有两种或两种以上贱金属的制品,按所含重量最大的那种

贱金属进行归类。

4.5.16 第十六类 机器、机械器具、电器设备及其零件；录音机及放声机、电视图像、声音的录制和重放设备及其零件、附件

本类共 2 章，第八十四章主要包括非电气的机器、机械器具及其零件，第八十五章主要包括电器电子产品及其零件。

第八十四章的品目 8401 至 8424 主要按商品的功能列目。核反应堆等归入品目 8401，锅炉及其他气体发生器归入品目 8402 至 8405，动力机器归入品目 8406 至 8412，液体泵、气体泵或压缩机归入品目 8413 至 8414，能量的转化机器归入品目 8415 至 8419，其他按功能列名的机器归入品目 8420 至 8424。品目 8425 至 8478 主要按商品的应用行业（或用途）列目。起重与搬运机器归入品目 8425 至 8431，农、林、食品加工机器归入品目 8432 至 8438，造纸、印刷机器归入品目 8439 至 8443，纺织及相关机器归入品目 8444 至 8452，皮革加工机器归入品目 8453，冶金制造机器归入品目 8454 至 8455，机床归入品目 8456 至 8466，办公机器归入品目 8469 至 8473，其他归入品目 8474 至 8478。品目 8479 包括本章其他品目未列名的具有独立功能的机器及机械器具，品目 8480 包括金属锻造用的型箱及阳模，以及模制某些材料用的手工模具或机器模具（锭模除外），品目 8481 至 8484 包括某些可作为机器零件使用或可用做其他章货品零件的通用物品，品目 8486 包括专门用于或主要用于制造半导体单晶柱或圆片、半导体器件、集成电路或平板显示器的机器及装置，以及该章章注九（三）所列的机器及装置，品目 8487 包括其他品目未列名的非电气零件。

第八十五章基本上是按商品的功能排列，电能的生产、变换及储存设备归入品目 8501 至 8504、8506 至 8507，电动机械器具归入品目 8508 至 8510，依靠电性能工作的设备归入品目 8505、8511 至 8518、8525 至 8531、8543，声音、图像录放设备归入品目 8519 至 8522，记录媒体归入品目 8523，电子元器件、电路开关、连接设备归入品目 8532 至 8542、8545，绝缘电导体及绝缘体归入品目 8544、8546 至 8547。

4.5.17 第十七类 车辆、航空器、船舶及有关运输设备

本类共 4 章，包括第八十六章各种轨道车辆；第八十七章其他陆上车辆；第八十八章航空器及航天器；第八十九章船舶及浮动结构体，还包括与运输设备有关的具体列名的货品，如集装箱（8609）、铁道或电车轨道固定装置及附件和机械信号装置（8608）、降落伞（8804）等。

1. 客车、货车的归类

用于载人的机动车辆按座位数分为 10 座及以上的车辆和 10 座以下车辆。10 座及以上的车辆，主要按发动机类型和座位数等因素归入品目 8702 项下的相关子目，座位数包括驾驶员座位和折叠椅座位数。10 座以下的车辆，主要按用途、发动机、气缸容量等因素归入品目 8703 项下的相关子目。

2. 特种车辆的归类

不以载人、载货为主要目的的特种车辆归入品目 8705,如消防车、起重车等。囚车、警车、赛车等仍以载人为主要目的,归入品目 8702 至 8703,不按特种车辆归类,冷藏货车、液罐车、运钞车等仍以载货为主要目的,归入品目 8704。

3. 机动车底盘的归类

只装有发动机的机动车底盘归入品目 8706,装有驾驶室和发动机的机动车底盘按相应的整车归入品目 8702 至 8704,未装有驾驶室和发动机的机动车底盘,按机动车辆的零件归入品目 8708。

4.5.18 第十八类光学、照相、电影、计量、检验、医疗或外科用仪器及设备、精密仪器及设备;钟表;乐器;上述物品的零件、附件

本类共 3 章,第九十章主要包括光学、计量、医疗仪器、精密仪器及设备等,第九十一章主要包括钟表,第九十二章主要包括乐器。

第九十章品目 9001 至 9013 主要是光学仪器设备,其中品目 9001 至 9002 是简单光学元件(分未装配和已装配),品目 9003 至 9005 是简单光学器具,如眼镜、眼镜架、望远镜等,品目 9006 至 9013 复杂光学器具,如照相机、摄影机、显微镜等。品目 9014 至 9017、9028 至 9029 是计量、测绘等仪器及器具,品目 9018 至 9022 是医疗仪器及器械,品目 9023 是专供示范而无其他用途的仪器、装置及模型,品目 9024 至 9027、9030 至 9032 是其他测试分析仪器及自动调节。

4.5.19 第十九类武器、弹药及其零件、附件

本类有 1 章,主要包括供军队、警察或其他有组织的机构(海关、边防等)在陆海空战斗中使用的各种武器,个人自卫、狩猎等用的武器等。装甲战斗车辆不能作为武器归入该章,应按车辆归入品目 8710。弓、箭、钝头击剑等不能作为武器归入该章,而作为运动用品归入第九十五章。

4.5.20 第二十类杂项制品

本类所称的杂项制品是指前述各类、章及品目未包括的货品。本类共 3 章,第九十四章包括家具、寝具、褥垫、弹簧床垫、软座垫及类似的填充制品,未列名灯具及照明装置,发光标志、发光铭牌及类似品,活动房屋等;第九十五章包括各种玩具、运动或游戏用设备等;第九十六章包括雕刻或模塑制品,扫帚、刷子和筛,书写及办公用品,烟具,化妆品用具及其他品目未列名的物品。

4.5.21 第二十一类艺术品、收藏品及古物

本类有 1 章,归入本类货品的最大特点是具有一定的收藏价值,主要包括艺术品和收藏品。例如,完全手工绘制的油画、粉画,完全手工制作的雕版画、印制画、石印画原本,雕

塑品原件,邮票,动物、植物、矿物等的标本和超过 100 年的古物。

本 章 小 结

　　商品归类是指在《商品名称及编码协调制度公约》商品分类目录体系下,以《中华人民共和国进出口税则》为基础,按照《进出口税则商品及品目注释》《中华人民共和国进出口税则本国子目注释》,以及海关总署发布的关于商品归类的行政裁定、商品归类决定的要求,确定进出口货物商品编码的活动。我国进出口商品归类的法规制度包括《海关法》《中华人民共和国行政处罚法》《中华人民共和国行政复议法》《中华人民共和国行政诉讼法》等。

　　商品归类的法律依据有《协调制度公约》商品分类目录体系,《进出口税则》《商品及品目注释》《本国子目注释》商品归类行政裁定、商品归类决定等。《协调制度》系统地列出了国际贸易的货品,将这些货品分为类、章及分章,每类、章或分章都有标题,尽可能确切地列明所包括的货品种类范围。每类、章或分章下面是商品名称及编码表。《协调制度》将货品分为 21 类,97 章。《协调制度》列出了商品归类的总规则及 6 个归类规则,商品归类时需遵循。商品归类的一般方法是先确定品目,再确定子目。

课 后 练 习

一、单选题

1. 以下不可以作为进出口商品归类依据的是(　　　)。
　　A.《中华人民共和国进出口税则》　　　　B. 欧盟约束性预归类网站
　　C.《进出口税则商品及品目注释》　　　　D.《本国子目注释》

2. 加入硼酸(稳定剂)的过氧化氢应归入税目 28.47,依据是(　　　)。
　　A. 归类总规则一　　　　　　　　　　　B. 归类总规则二(一)
　　C. 归类总规则二(二)　　　　　　　　　D. 归类总规则三(二)

3. 将"银锡焊条,金属合金组成:银 6％,锡 94％"下列说法正确的是(　　　)。
　　A. 依据归类总规则一,归入第七十一章
　　B. 依据归类总规则一,归入第八十章
　　C. 依据归类总规则三,归入第七十一章
　　D. 依据归类总规则三,归入第八十章

4. 下列选项符合协调制度所称"通用零件"的是(　　　)
　　A. 专用于汽车的减震弹簧　　　　　　　B. 可用于多种电器的磁珠
　　C. 专用于汽车的正时皮带　　　　　　　D. 可用于多种机器的油封环

5. 下列商品不归入《进出口税则》第二类第七章的是(　　　)
　　A. 青葱　　　　　　B. 大蒜　　　　　　C. 生姜　　　　　　D. 蚕豆

二、判断题

1.《协调制度》目录由最多 6 位数字的商品编码与对应的商品名称组成。   （ ）

2. 国务院制定《中华人民共和国进出口税则》，规定关税的税目、税费和税率。
                                                                        （ ）

3.《协调制度》目录结构，从品目的排列看，一般是原材料先于商品，加工程度低的产品先于加工程度高的产品，列名具体的商品先于列名一般和未列名的商品。   （ ）

4.《协调制度》为了避免各品目所列商品发生交叉归类，需要时在类、章标题下设有类注释、章注释和子目注释。   （ ）

5. 我国《进出口税则》需经海关批准后发布。   （ ）

三、商品归类题

1. 蓝牙耳机。

2. 聚乙烯占 50%，聚氯乙烯占 50% 的混合粒子。

3. 52 度的茅台酒。

4. 电动牙刷头。

5. 雨衣，由涤纶机织物单面涂布聚氯乙烯的面料（涂层可明显看出）制成。

四、综合案例题

1. 2017 年 5 月 19 日，布吉海关发现当事人自 2014 年 5 月 20 日至 2017 年 5 月 19 日期间，以一般贸易方式从皇岗口岸进口的 8482.4000.00 项下的 30 票滚子轴承涉嫌商品编码申报不实。经调查核实，当事人申报归类错误情况涉及货物：滚子轴承，该批轴承应归入商品编码 8482.5000.90 项下。该申报不实行为案值为人民币 152.06 万元，漏缴税款人民币 2.82 万元。

1.《进出口税则》中 8482.4000 对应品目是（   ）。

    A. 滚针轴承   B. 其他滚针轴承

    C. 滚子轴承   D. 滚珠轴承

2.《进出口税则》中 8482.5000.90 对应品目是（   ）。

    A. 滚针轴承   B. 发动机主推进轴用滚子轴承

    C. 滚子轴承   D. 其他圆柱形滚子轴承

3. 案例中归类错误导致的后果包括（   ）

    A. 补缴漏缴纳的税款   B. 海关给予行政处罚

    C. 企业不受影响   D. 承担走私犯罪的刑事责任

五、实训任务

小王任职于某外贸企业，负责一笔向美国纽约 B 公司的出口业务。这笔业务出口商品为：1. 女童套头衫，针织，材料为 100% 涤纶，衣长 40 厘米。无领短袖，未开襟，袖口收紧并缝制蝴蝶结装饰，底部包含橡皮筋并缝制装饰性下摆。

2.白鸭绒冬被,以 100％棉机织物作为面料,以 100％白鸭绒作为填充物,填充量 1150 克,净重 2500 克,尺寸:200 厘米×230 厘米。

3.1.5 升塑料桶装食用调和油,按重量成分含量为:一级精炼大豆油 65％、一级压榨花生油 20％、菜籽油 10％、芝麻香油 5％。

任务 1:请解释为什么要进行商品归类?

任务 2:为小王设计商品归类的流程图。

任务 3:查询出这 3 种商品的归类编码,并说明这 3 种商品归类的方法。

学习成果达成与测评

学号		姓名		项目序号		项目名称	进出口货物商品归类	学时	6	学分	0.2
职业技能等级		中级		职业能力					子任务数		3 个
序号	评价内容		评价标准							分数	
1	商品归类基础		能够简单的描述出货品归类作用和主要依据的法律法规								
2	《协调制度》基础		能根据进出口货物在《协调制度》中找到相应的类、章、品目								
3	商品归类方法		能根据商品归类方法对常见进出口货物进行归类,找到商品编码								
考核评价	项目整体分数(每项评价内容分值为 1 分)										
	指导教师评语										
备注	奖励: 1.按照完成质量给予 1～10 分奖励,额外加分不超过 5 分。 2.每超额完成 1 个任务,额外加分 3 分。 3.巩固提升任务完成优秀,额外加分 2 分。 惩罚: 1.完成任务超过规定时间扣 2 分。 2.完成任务有缺项每项扣 2 分。 3.任务实施报告编写歪曲事实,个人杜撰或有抄袭内容不予评分。										

学习成果实施报告书

题目					
班级		姓名		学号	

　　请简要记述本工作任务学习过程中完成的各项任务,描述任务规划及实施过程,遇到的重难点及解决过程,总结商品归类技巧和注意事项等,字数要求不低于 800 字。

考核评价(按 10 分制)		
教师评语:	态度分数	
	工作量分数	

考评规则

工作量考核标准:

1. 任务完成及时。

2. 操作规范。

3. 实施报告书内容真实可靠,条理清晰,文笔流畅,逻辑性强。

4. 没有完成工作量,扣 1 分,故意抄袭实施报告扣 5 分。

第 **5** 章

进出口税费核算

知识导读

向海关申报纳税、办理有关进出口通关手续是进出口货物收发货人向国家履行的法定义务，也是一项十分复杂、专业性非常强的工作。海关通关一体化改革后，进出口企业按照自行确定的涉税要素向海关申报，由海关分析验证货物品名、数量、禁限等准入属性，通过安全准入风险排查后，按照企业自行申报对应的税款，由企业自行纳税或在企业提供有效担保后放行货物。缴纳税费是报关人员应该具备的报关技能之一。本章中，我们将简要回顾海关税收征管业务制度，介绍原产地与税率确定，进出口税费完税价格确定及进出口税费核算方法。

学习目标

- 了解进出口税费的含义、种类、适用范围
- 理解进出口税费核算过程及相应海关管理规范
- 理解完税价格确定方法
- 熟悉原产地规则及适用税率的选择
- 掌握进出口税费核算步骤及方法

能力目标

- 能运用进出口货物成交价格估价方法确定完税价格
- 能在确定原产地基础上选择使用税率
- 能按步骤及公式核算拟申报的进出口货物税费

素质目标

- 锻炼细心、认真的工匠精神
- 培养树立法治、诚信的社会主义价值观

5.1 进出口税费核算概述

进出口税费是指在进出口环节中由海关依法征收的关税、消费税、增值税等税费。向海关申报纳税、办理有关进出口通关手续是进出口货物收发货人向国家履行的法定义务，

也是一项十分复杂，专业性强的工作。缴纳税费是报关人员应该具备的报关技能之一。

2017年7月1日，全国海关通关作业一体化在全国海关全面实施。改革后，进出口企业按照自行确定的涉税要素向海关申报，由海关分析验证货物品名、数量、禁限等准入属性，通过安全准入风险排查后，按照企业自行申报对应的税款，由企业自行纳税或在企业提供有效担保后放行货物。货物放行后，再由海关分析验证货物归类、价格、原产地等税收属性，由税收征管中心通过批量抽核与现场验估、核查、稽查等手段完成货物放行后的税收征管作业。

进出口税费征收的法律依据主要是《海关法》《关税条例》及其他有关法律、行政法规。进出口税费主要包括以下几种。

5.1.1 关税

关税是进出口商品在经过一国关境时，由海关代表国家，按照国家制定的关税政策和公布实施的税法及进出口税则向进出口货物和物品所征收的一种流转税。

关税是国家税收的重要组成部分，也是世界贸易组织允许缔约方保护其境内经济的一种手段，其基本作用在于体现国家主权，推动国家的经济建设。关税的起征点为人民币50元，低于50元的免征。

1. 关税的征税主体

关税征税主体，又称为关税征收主体。根据《海关法》规定，行使征收关税职能的国家机关是中华人民共和国海关，征收关税是海关的一项主要任务。未经法律的授权，其他任何单位和个人均无权征收关税。

2. 关税征收对象

关税征收对象，又称为关税征收客体。法律规定，作为征收关税的标的物，是进出一国关境的货物或物品，它是区别关税和其他税种的重要标志。

3. 关税纳税义务人

关税纳税义务人，又称关税纳税人或关税纳税主体。我国《关税条例》规定：进口货物的收货人、出口货物的发货人、进出境货物的所有人是关税的纳税义务人。跨境电子商务零售进口商品，消费者（订购者）为纳税义务人。在海关注册登记的跨境电子商务平台企业、物流企业或申报企业作为税款的代收代缴义务人，代为履行纳税义务，并承担相应的补税义务及相关法律责任。

4. 关税的种类

按照不同的分类标准，关税可以进行多种分类。

1）按照货物流向分

按照货物流向可分为进口关税、出口关税、过境关税。

① 进口关税。进口关税是指一国（地区）海关对进入其关境内的货物和物品征收的

关税。是关税中最主要的一种。

② 出口关税。出口关税是指一国(地区)海关对出境的货物和物品征收的关税。为鼓励出口,世界各国一般不征收或仅对少数商品征收出口关税。主要是为了限制和调控某些商品的过度或无序出口。

③ 过境关税。过境关税又称为通过税,是指一国(地区)海关对通过其关境内的货物和物品征收的关税。随着国际贸易的发展,交通条件的便利,目前过境关税已经很少见,大多采取税款担保形式操作,以保障过境货物依法原状运出关境。

2) 按照计征标准或计税方法分

按照计征标准或计税方法分类可分为从价税、从量税、复合税、滑准税。

① 从价税。从价税是以货物、物品的价格作为计税标准,价格和税额成正比的征收关税方式。我国对进出口货物征收关税主要采用从价税计税标准。

从价税计征公式:应纳关税税额=完税价格×进(出)口关税税率

思考案例

某企业进口一批完税价格为 500 万元人民币的女士长袖棉质衬衫,查询海关税则得知进口普通税率为 90%。则需要缴纳的关税为多少元人民币?

【案例分析】 女士衬衫的进口关税属于从价税征收方式,依据《海关法》有关规定进行计算应缴纳税款。应纳关税税额=500×90%=450(万元)。

② 从量税。从量税是以货物、物品的计量单位(如重量、数量、容量等)作为计税标准的征收关税方式。我国目前对冻整鸡及鸡产品、啤酒、石油原油、胶片等进口商品征收从量税。

从量税计征公式:

$$应纳关税税额=完税数(重)量×进(出)口关税税率$$

③ 复合税。复合税是在《税则》中,一个税目中的商品同时使用从价和从量两种计征标准计税,计税时按两者之和作为应征税额的征收关税方式。目前,我国仅对进口货物采用这种计税方式,包括进口价格高于 2000 美元的磁带录像机、磁带放像机,进口价格高于 5000 美元的非特种用途电视摄像机、非特种用途数字照相机、非特种用途摄录一体机等进口商品。

复合税计征公式:

应纳关税税额=完税价格×进口从价关税税率+完税数(重)量×进口从量关税税率

④ 滑准税。滑准税是在《税则》中预先按产品的价格高低分档制定若干不同的税率,然后根据进口商品价格变动而增减税率的征收关税方式。当商品价格上涨时采用较低税率,当商品价格下跌时则采用较高税率,其目的是使该种商品的国内市场价格保持稳定。我国目前仅对关税配额外进口的一定数量棉花适用滑准税形式暂定税率。

3) 按照是否享受优惠分

按照是否享受优惠,进口关税可分为普通关税、优惠关税。

① 普通关税。普通关税又称为一般关税,是指对与本国没有签署贸易或经济互惠等友好协定的国家或地区原产货物征收的非优惠关税。目前我国对非原于适用最惠国待遇税率、协定优惠税率、特惠税率的国家或地区的进口货物,以及无法判明原产地的进口货物,适用普通税率。

② 优惠关税。优惠关税是指对来自特定国家或地区的进口货物在关税方面给予优惠待遇,按照比普通关税税率低的税率征收的关税。优惠关税一般有最惠国待遇关税、协定优惠关税、特定优惠关税、普通优惠关税4种。

- 最惠国待遇关税。我国规定,原产于共同适用最惠国待遇条款的世界贸易组织成员的进口货物、原产于与我国签订含有相互给予最惠国待遇条款的双边贸易协定的国家或地区的进口货物,以及原产于我国关境内的进口货物,适用最惠国待遇关税。

- 协定优惠关税。我国规定,原产于与我国签订含有关税优惠条款的区域性贸易协定的国家或地区的进口货物,适用协定税率。目前,我国对亚太、东盟、中国香港CEPA、中国澳门CEPA、秘鲁、新加坡、智利、巴基斯坦、新西兰、哥斯达黎加、冰岛、瑞士、澳大利亚、韩国、格鲁吉亚等自由贸易协定或优惠安排项下进口货物适用协定优惠关税。

- 特定优惠关税。特定优惠关税又称为特惠税,原产于与我国签订含有特殊关税优惠条款的贸易协定国家或地区的进口货物,适用特惠税率。目前,我国对孟加拉、老挝、缅甸、柬埔寨、埃塞俄比亚等国家部分进口商品实施特惠关税。

- 普通优惠制关税。普通优惠制关税又称普惠制关税,是发达国家对进口原产于发展中国家的工业制成品、半制成品和某些初级产品降低或取消进口关税待遇的一种关税优惠。我国是发展中国家,对进口货物不存在普惠制税率。

4)按照是否根据税则征收分

按照是否根据税则征收,进口关税可分为正税和附加税。

① 正税。正税是按照《税则》中的进口税率征收的关税。正税具有规范性、相对稳定性的特点。进口关税、出口关税、过境关税等都属于正税。

② 附加税。附加税指国家由于特定需要,对货物除征收关税正税之外另行征收的关税,一般具有临时性特点。附加税有反倾销税、反补贴税、保障措施关税、报复性关税等。世界贸易组织不准其成员方在一般情况下随意征收附加税,只有符合世界贸易组织反倾销、反补贴等有关规定的,才可以征收。

- 反倾销税。反倾销税是为抵制外国商品倾销进口,保护国内相关产业而征收的一种进口附加税。根据我国《反倾销条例》规定,凡进口产品以低于其正常价值出口到我国且对我国相关企业造成实质性损害的即为倾销。反倾销税由商务部提出建议,国务院关税税则委员会做出决定,海关负责征收,其税额不超过倾销幅度。我国目前征收的进口附加税主要是反倾销税。

- 反补贴税。反补贴税是指为抵消进口商品在制造、生产和输出时直接或间接接受的任何奖金或补贴而征收的附加税。根据我国《反补贴条例》规定,出口国(地区)政府或任何公共机构提供的为接受者带来利益等的财政资助,以及任何形式的收入或者价格支持的为补贴。进口产品存在补贴,并对已经建立的国内产业造成实质损害或者产生实质损害威胁,或者对建立的国内产业造成实质阻碍,可采取反补贴措施。

- 保障措施关税。保障措施关税是指因进口产品数量增加,对生产同类产品或直接竞争产品的国内产业造成严重损害或严重威胁而征收的关税,包括临时保障措施关税和最终保障措施关税两种。其不分国别,对来自所有国家和地区的同一产品,一般只适用一个税率。

- 报复性关税。报复性关税是指当他国对本国出口货物给予不利或歧视性待遇时,对从该国进口的货物予以报复而征收的一种附加税。《关税条例》规定,任何国家或者地区违反与中华人民共和国签订或者共同参加的贸易协定及相关协定,对中华人民共和国在贸易方面采取禁止、限制、加征关税或者其他影响正常贸易的措施的,对原产于该国家或者地区的进口货物可以征收报复性关税,适用报复性关税税率。征收报复性关税的货物、适用国别、税率、期限和征收办法,由国务院关税税则委员会决定并公布。

5.1.2 进口环节代征税

进口货物、物品在办理海关手续放行后,进入国内流通领域,与国内货物同等对待,需缴纳应征的国内税。进口货物、物品的国内税依法由海关在进口环节征收。目前,进口环节海关代征税主要有增值税、消费税两种,其中增值税征收采用从价计征方式,消费税征收采用从价、从量、复合 3 种计征方式,不同的应征消费税商品的计税方式均有明确规定。多数进口商品仅涉及关税和进口环节税增值税的计算,少数特定范围的商品同时征收消费税。同一商品同时征收关税及进口环节代征增值税和消费税的,先计算关税(如有附加关税先计算附加税再计算进口环节代征税),后计算进口环节消费税,最后计算进口环节增值税。

1. 进口环节增值税

增值税是以商品的生产、流通和劳务服务各个环节所创造的新增价值为课税对象的一种流转税。进口环节增值税是在货物、物品进口时,由海关依法向进口货物的法人或自然人征收的一种增值税。

在中华人民共和国境内销售货物或者提供加工、修理修配劳务及进口货物的单位和个人,为增值税的纳税义务人,应该依照《中华人民共和国增值税暂行条例》缴纳增值税,进口货物由纳税义务人(进口人或者其代理人)向办理进口手续的海关申报纳税。

进口环节增值税税率的调整及增值税的免税、减税项目由国务院规定,任何地区、部门均不得规定免税、减税项目。进口环节增值税的起征点为人民币 50 元,低于 50 元的免征。进口环节增值税的征收管理,适用关税征收管理的规定。

进口环节增值税组成计税价格中包含关税税额和消费税税额(不征收消费税的,消费税额为零。)

$$应纳税额＝增值税组成计税价格×增值税税率$$

其中:增值税组成计税价格＝关税完税价格＋关税税额＋消费税税额

纳税人销售或者进口除适用低税率的货物以外的货物,以及提供加工、修理修配劳务的适用基本税率 13%。适用 9% 低税率的货物有粮食等农产品、食用植物油、食用盐;自来水、暖气、冷气、热水、煤气、石油液化气、天然气、二甲醚、沼气、居民用煤炭制品;图书、报纸、杂志、音像制品、电子出版物；饲料、化肥、农药、农机、农膜；以及国务院规定的其他货物。

2. 进口环节消费税

消费税是以消费品或消费行为的流转额作为课税对象征收的一种流转税。在我国境内生产、委托加工和进口《中华人民共和国消费税暂行条例》（以下简称《消费税暂行条例》）规定的消费品（以下简称"应税消费品"）的单位和个人，以及国务院确定的销售《消费税暂行条例》规定的消费品的其他单位和个人，为消费税的纳税义务人。进口应税消费品的消费税由海关代征，由纳税义务人（进口人或其代理人）在报关进口时向报关地海关申报纳税。

进口环节消费税的起征点为 50 元人民币，低于 50 元的免征。进口环节消费税的征收管理，适用关税征收管理的规定。进口至我国应税消费品的消费税，根据商品的不同有3 种计征方式，从价定率、从量定额、从价定率和从量定额的复合计税。

（1）从价定率方式计算公式

$$消费税应纳税额＝消费税组成计税价格×消费税比例税率$$

其中：消费税组成计税价格＝（关税完税价格＋关税税额）÷（1－消费税比例税率）

（2）从量定额方式计算公式

$$消费税应纳税额＝应征消费税进口数量×消费税定额税率$$

目前，我国对啤酒、黄酒、成品油、生物柴油等进口商品实行从量计征方式。

（3）复合计税方式计算公式

$$消费税应纳税额＝消费税组成计税价格×消费税比例税率＋$$
$$应征消费税进口数量×消费税定额税率$$

其中：消费税组成计税价格＝（关税完税价格＋关税税额＋应征消费税进口数量×消费税定额税率）÷（1－消费税比例税率）

目前，我国对白酒、威士忌、白兰地等烈性酒、香烟等进口商品实行复合计税方式，应缴税款为从价定率与从量定额方式计算出的应缴税款的总和。

消费税的征收范围，主要是根据我国经济社会发展现状和现行消费政策、人民群众的消费结构，以及财政需要，并借鉴国外的同行做法确定的。主要有以下 4 种类型：

① 一些过度消费会对人的身体健康、社会秩序、生态环境等方面造成危害的特殊消费品，如烟、酒、鞭炮、焰火、电池、涂料等；

② 奢侈品，非生活必需品，如贵重首饰及珠宝玉石、化妆品等；

③ 高能耗消费品，如小轿车、气缸容量 250 毫升以上的摩托车等；

④ 不可再生和替代的资源类消费品，如汽油、柴油等。

5.1.3 船舶吨税

按照《中华人民共和国船舶吨税法》的规定，自中华人民共和国境外港口进入境内港口的船舶，应当缴纳船舶吨税。

船舶吨税（简称"吨税"）是由海关在设关口岸对自中华人民共和国境外港口进入境内

港口的船舶(简称"应税船舶")征收的一种使用税,是对船舶使用港口助航设施征收的税款,征收吨税的目的是用于航道设施的建设。

1.计征规定

吨税按照船舶净吨位(指由船籍国或地区政府签发或者授权签发的船舶吨位证明书上标明的净吨位)和吨税执照期限(指按照公历年、日计算的期间,分 1 年、90 天与 30 天期缴纳 3 种)征收。应税船舶负责人在每次申报纳税时,可以自行选择申领一种期限的吨税执照。定期班轮一般选择 1 年期吨税期限为宜,单航程租船运输多选择 30 天期限缴纳吨税。

吨税纳税义务发生时间为应税船舶进入港口的当日。其中,进境后驶达锚地的,以船舶抵达锚地之日起计算;进境后直接靠泊的,以靠泊之日起计算。应税船舶在吨税执照期满后尚未离开港口的,应当申领新的吨税执照,自上一次执照期满的次日起续缴吨税。应税船舶在吨税执照有效期间进入境内其他港口的,免于缴纳吨税。

2.税率设置

吨税的税目、税率依照"吨税税目税率表"执行。吨税设置优惠税率和普通税率,中华人民共和国籍的应税船舶,船籍国(地区)与中华人民共和国签订含有相互给予船舶税费最惠国待遇条款的条约或者协定的应税船舶,使用优惠税率。其他应税船舶使用普通税率,如表 5-1 所示。

表 5-1 吨税税目税率表

税目 (按船舶净吨位划分)	税率(元/净吨)					
	普通税率 (按执照期限划分)			优惠税率 (按执照期限划分)		
	1 年	90 日	30 日	1 年	90 日	30 日
不超过 2000 净吨	12.6	4.2	2.1	9.0	3.0	1.5
超过 2000 净吨,但不超过 10 000 净吨	24.0	8.0	4.0	17.4	5.8	2.9
超过 10 000 净吨,但不超过 50 000 净吨	27.6	9.2	4.6	19.8	6.6	3.3
超过 50 000 净吨	31.8	10.6	5.3	22.8	7.6	3.8
备注	拖船和非机动驳船分别按相同净吨为船舶税的 50% 计征税款					

3.计税公式

$$船舶吨税税额＝船舶净吨位×使用税率(元/净吨)$$

4.吨税执照申领

应税船舶负责人应通过"互联网＋海关"、国际贸易"单一窗口"等关企实务平台登录

"海关船舶吨税执照申请系统"，录入并向海关发送船舶吨税执照申请信息，如实填写"船舶吨税执照申请书"，同时应当交验船舶国籍证书或者海事部门签发的船舶国籍证书收存证明，船舶吨位证明等证明文件。由海关审核确定吨位金额。

在吨税执照有效期内的应税船舶，应税船舶负责人可选择申请验核船舶吨税执照电子信息。选择验核电子信息的，海关运输管理系统将予以自动验核；未选择验核吨税执照电子信息的，应税船舶负责人需要提交纸质船舶吨税执照。海关确认无误的，免于缴纳吨税。

5. 免征吨税

免征吨税的情形主要有：

（1）应纳税额在人民币 50 元以下的船舶；

（2）自境外以购买、受赠、继承等方式取得船舶所有权的初次进口到港的空载船舶；

（3）吨税执照期满后 24 小时内不上下客货的船舶；

（4）非机动船舶（不包括非机动驳船）；

（5）捕捞、养殖渔船；

（6）避难、防疫隔离、修理、终止运营或者拆解，并不上下客货的船舶；

（7）军队、武装警察部队专用或征用的船舶；

（8）警用船舶；

（9）依照法律规定应当予以免税的外国驻华使领馆、国际组织驻华代表机构及其有关人员的船舶；

（10）国务院规定的其他船舶。

对于符合（2）至（4）项免征吨税规定的应税船舶，应税船舶负责人应当向海关提供书面免税申请，申明免税的依据和理由。对于符合（5）至（10）项规定的船舶，应税船舶负责人应当向海关提供海事部门、渔业船舶管理部门或机构出具的具有法律效力的证明文件或者使用关系证明文件，申明免税的依据和理由。

6. 办理担保

应税船舶到达我国境内港口前，应税船舶负责人经海关核准可以办理先行申报手续。应税船舶负责人在缴纳船舶吨税前可申请先行签发船舶吨税执照。这两种情形均需要向海关提供与其依法履行吨税缴纳义务相适应的担保。

船舶吨税担保期限一般不超过 6 个月，特殊情况需要延期的，应当经主管海关核准。应税船舶负责人应当在海关核准的船舶吨税担保期限内履行纳税义务。担保的财产可以是人民币、自由兑换货币；汇票、本票、支票、债券、存单；银行、非银行金融机构的保函；海关依法认可的其他财产、权利。

5.1.4 滞报金

进口货物收货人未按规定期限向海关申报产生滞报的，由海关按规定征收滞报金。滞报金起征点为人民币 50 元，低于 50 元的免征。滞报金的日征金额为进口货物完税价格的万分之五,以人民币"元"为计征单位,不足人民币一元的部分免予计征。因完税价格调整等原因需补征滞报金的,滞报金金额应当按照调整后的完税价格重新计算,补征金额不足人民币 50 元的,免予征收。滞报金仅对进口货物征收。

1. 征收滞报金的具体情形

(1) 未在规定期限向海关申报。

进口货物应自装载货物的运输工具申报进境之日起 14 日内向海关申报,未按规定期限向海关申报的,由海关征收滞报金。

(2) 未按规定期限提交纸质报关单据,撤销后重新申报。

进口货物收货人在向海关传送报关单电子数据申报后,未在规定期限内或核准的期限内提交纸质报关单的,海关予以撤销电子数据报关单处理,进口货物收货人因此重新向海关申报,即产生滞报。滞报金的征收,以运输工具申报进境之日起第 15 日为起征日,以海关重新接受申报之日为截止日。

(3) 未在规定期限内重新发送电子数据报关单,撤销后重新申报。

海关已接受申报的报关单电子数据,人工审核确认需要退回修改的,进出口货物收发货人,受委托的报关企业应当在 10 日内完成修改并重新发送报关单电子数据。超过规定期限的,海关予以撤销电子数据报关单处理,进口货物收货人因此重新向海关申报,即产生滞报。滞报金的征收,以运输工具申报进境之日起第 15 日为起征日,以海关重新接受申报之日为截止日。

(4) 按规定撤销原申报,重新申报。

进口货物收货人申报后依法撤销原报关单电子数据重新申报,因删单重报产生滞报的,以撤销原报关单之日起第 15 日为起征日,以海关重新接受申报之日为截止日。

(5) 超过规定期限未向海关申报,提取变卖申请发还余款。

进口货物因收货人在运输工具申报进境之日起超过 3 个月未向海关申报,被海关提取作变卖处理后,收货人申请发还余款的,滞报金的征收,以自运输工具申报进境之日起 15 日为起征日,以该 3 个月期限最后一日为截止日。

思考案例

我国国内某 A 公司从美国进口机电设备,完税价格为人民币 9 万元,运载进口货物的运输工具于 2022 年 3 月 25 日星期五申报进境,收货人于 4 月 15 日星期五向海关申报,当天被海关接受。公司是否需要交纳滞报金?如果需要,应缴纳多少滞报金?

【案例分析】 根据《海关法》相关规定,该批货物应该在 4 月 8 日前进行货物进口报关,从 4 月 9 日起海关开始收取滞报金。4 月 9 日至 4 月 15 日一共 7 天,每天收取 0.5‰。所以企业报关一定要严格遵守相关法律法规按时向海关申报,否则会给企业带来一定损失。

2. 可以向海关申请减免滞报金的情形

(1) 政府部门规定变更或延迟发证。政府主管部门有关贸易管理规定变更,要求收货人补充办理有关手续或者政府主管部门延迟签发许可证件,导致进口货物产生滞报的。

（2）救灾、公益福利进口物资。产生滞报的进口货物属于政府间或国际组织无偿援助和捐赠用于救灾、社会公益福利等方面的进口物资或其他特殊货物的。

（3）不可抗力。因不可抗力导致收货人无法在规定期限内申报，从而产生滞报的。

（4）海关等部门工作原因。因海关及相关执法部门工作原因致使收货人无法在规定期限内申报，从而产生滞报的。

（5）其他特殊情况经海关批准的。

5.1.5 滞纳金

《关税条例》规定：进出口货物的纳税义务人，应当自海关填发税款缴款书之日起 15 日内向指定银行缴纳税款。逾期缴纳的，海关依法在原应纳税款的基础上，按日加收滞纳税款万分之五的滞纳金。滞纳金按每票货物的关税、进口环节增值税和消费税单独计算，起征点为人民币 50 元，不足人民币 50 元的免予征收。

1. 征收滞纳金的情形

1）常规进出口货物超过规定缴款期限

关税、进口环节增值税、进口环节消费税的纳税义务人，超过了自海关填发税款缴款书之日起 15 日内向指定银行缴纳税款的规定期限，应自规定期限届满之日起至缴清之日止按日征收滞纳金。

2）特殊交易方式进出口货物违反规定程序

租赁进口货物分期支付租金的，纳税义务人应当在每次支付租金后的 15 日内向海关申报办理纳税手续，逾期办理申报手续的，海关除了征收税款外，还应当自申报办理纳税手续期限届满之日起至纳税之日止，按日加收应缴纳税款万分之五的滞纳金。

租赁进口货物自租赁期届满之日起 30 日内，应向海关申请办结海关手续，逾期办理手续的，海关除按照审定进口货物完税价格的有关规定和租期届满后第 30 日该货物使用的计征汇率、税率，审核确定其完税价格，计征应缴纳的税款外，还应当自租赁期限届满后 30 日起至纳税义务人申报纳税之日止按日加征应缴纳税款万分之五的滞纳金。

暂准进出境货物未在规定期限内复运出境或者复运进境，且纳税义务人未在规定期限届满前向海关申报办理进出口及纳税手续的，海关除按照规定征收应缴纳的税款外，还应当自规定期限届满之日起至纳税义务人申报纳税之日止按日加征应缴纳税款万分之五的滞纳金。

3）经批准延期缴税货物逾期缴纳税款

纳税义务人经批准可以在最长 6 个月内延期缴纳税款，6 个月内未缴纳税款的，海关应按照规定征收滞纳金。

4）纳税义务人违反规定造成少征或者漏征税款

进出口货物放行后，海关发现因纳税义务人违反规定造成少征或者漏征税款的，可以自缴纳税款或货物放行之日起 3 年内追征税款，并从缴纳税款或货物放行之日起至海关发现之日止，按日加收少征或者漏征税款万分之五的滞纳金。

因纳税义务人违反规定造成海关监管货物少征或者漏征税款的，海关应当自纳税义务人应缴税款之日起 3 年内追征税款,并自应缴纳税款之日起至海关发现违规行为之日止按日加收少征或者漏征税款万分之五的滞纳金。

思考案例

我国某进出口公司进口一批货物,经海关审核其成交价格总值为 CIF 上海 US＄8000。已知该批货物应征关税税额为人民币 23 240 元,应征增值税税额为人民币 15 328 元。海关于 2022 年 1 月 14 日填发《海关专用缴款书》,该公司于 2022 年 2 月 9 日缴纳税款。请问该公司是否需要交滞纳金? 如果需要缴纳,滞纳金应为多少元?

【案例分析】

滞纳金,是对逾期不履行缴税义务的一种惩罚。根据海关相关法律法规,该进出口公司应在 1 月 29 日前缴纳税款。而该公司在 2 月 9 日才缴纳税款,逾期了 11 天。需要按照每种税种每天 0.5‰缴纳滞纳金。即

$$滞纳金=(23\ 240+15\ 328)\times11\times0.5‰$$

2. 直属海关依法减免税款滞纳金的情形

(1) 纳税义务人经营困难。纳税义务人确因经营困难,自海关填发税款缴款书之日起在规定期限内难以缴纳税款,单证规定期限届满后 3 个月内补缴税款的。

(2) 非纳税义务人原因。因不可抗力或者国家政策调整原因导致纳税义务人自海关填发税款缴款书之日起在规定期限内无法缴纳税款,但在相关情形解除后 3 个月内补缴税款的。

(3) 主动报告并补缴。货物放行后,纳税义务人通过自查发现少缴或漏缴税款并主动补缴的。

(4) 其他。经海关总署认可的其他特殊情形。

5.1.6 缓税利息

加工贸易保税货物在规定的有效期限内(包括经批准延长的期限)全部出口的,不涉及缓税利息缴纳。加工贸易保税料件或制成品内销的,海关除依法征收税款外,还应加征缓税利息。缓税利息缴纳方式、缴纳凭证、缴纳规定等与税款缴纳相同。缓税利息率一般以活期储蓄理论为参考。缓税利息不足 50 元的免予征收。

5.2 进出口税费完税价格确定

我国海关税收征管主要使用从价税计税方式,审定完税价格是海关根据一定的法律规范和判定标准,确定进出口货物海关计税价格的过程。准确认定进出口货物完税价格是贯彻关税政策的重要环节,也是海关依法行政的重要体现。

目前,我国海关核算进出口货物完税价格的法律依据主要分 3 个层次:第一层次是法律层次,即《海关法》,其是确定完税价格的基本法律依据;第二层次是行政法规层次,即《关税条例》,作为《海关法》的配套法规,对估价定义、估计方法、海关和纳税义务人之间的权力义务作了原则性的规定;第三层次是部门规章层次,如海关总署颁布施行的《进出口

货物审价办法》及《中华人民共和国海关审定内销保税货物完税价格办法》(海关总署第211号令,以下简称《内销保税货物审价办法》)。上述审价办法在法律及法规的基础上进一步增强了对完税价格审核确定的指导性和操作性。另外,针对具体估价事宜的海关公告也是海关审价执法依据。

5.2.1 进口货物完税价格审定办法

我国海关核算进口货物完税价格的方法主要有以下几种。

1. 成交价格估价方法

成交价格估价方法是《进出口货物审价办法》规定的第一种估价方法。进口货物成交价格是指卖方向中华人民共和国境内销售该货物时,买方为进口该货物向卖方实付、应付的,并按有关规定调整后的价款总额,包括直接支付的价款和间接支付的价款。需要注意的是,成交价格不完全等同于贸易实际中的发票或合同价格。成交价格还需满足海关的特定含义。

1) 销售行为是否符合规定

成交价格存在的一个重要前提就是买卖双方之间存在销售行为。按照《进出口货物审价办法》,"销售"必须要同时符合:货物实际进入中华人民共和国关境内、货物的所有权和风险由卖方转移给买方、买方为此向卖方支付价款这3个要件。

2) 买卖双方是否符合规定

《进出口货物审价办法》规定,买方是指通过履行付款义务购入货物,并且为此承担风险,享有收益的自然人、法人或者其他组织,其中进口货物的买方是指向中华人民共和国境内购入进口货物的自然人、法人或者其他组织。卖方是指销售货物的自然人、法人或其他组织。其中进口货物的卖方是指向中华人民共和国境内销售进口货物的自然人、法人或其他组织。

《进口货物审价办法》强调,判断"买方""卖方"不应简单地以进口单证上出现的名称为准,而应以其在交易中承担的功能确定。例如,国内最终用户 A 公司直接与国外卖方 B 公司达成交易,并委托国内代理负责报关事宜。根据成交价格和"买方"定义,无论报关单上的经营单位收货单位是否体现 A 公司,海关估价时均应按 A 公司与 B 公司达成交易的价格为基础审核认定成交价格,进而确定完税价格。

3) 合同或发票体现的价格是否规范完整

《进口货物审价办法》的要求,成交价格不仅应包括实付价格,还要包括应付价格,即作为卖方销售进口货物的条件,由买方向卖方或者为履行卖方义务向第三方已经支付或者将要支付的全部款项。实付或应付价格强调的是,只要买方为了获得进口货物,而承担了对应付款义务,则无论支付以何种形式,或者在进口申报时是否支付,都不影响海关的估价结论。例如,进口商向卖方购买一台设备,交易价格为 5000 元人民币。合同约定买方在进口前预付 3000 元人民币,剩余的 2000 元人民币需要在安装以后再对外支付。则实付价格为 3000 元人民币,应付价格为 2000 元人民币,被估货物的完税价格是包括实付价格和应付价格共 5000 元人民币。

另外,成交价格应包括直接支付和间接支付,其中直接支付是指买方直接向卖方支付的款项。间接支付是指买方根据卖方要求将款项全部或者部分支付给第三方,或者冲抵买卖双方之间的其他资金往来的付款方式,包括买方为卖方偿还债务、向权利所有人支付特权使用费等形式。例如,进口商向卖方购买一台设备,交易价格为 5000 元人民币。同时卖方由于过去交易的未结事项,仍欠买方 2000 元人民币。买卖双方约定此次交易价格抵扣过去的欠款后,确定最终的结算价格。买方只需要向卖方直接支付 3000 元人民币。则直接支付为 3000 元人民币,间接支付 2000 元人民币,被估货物的完税价格是包括直接支付和间接支付共 5000 元人民币。

4)调整因素

调整因素指计算完税价格时需要计入或扣除的部分,包括计入项目和扣除项目。

① 计入项目。

下列项目若由买方支付,必须计入完税价格:

——除购货佣金以外的佣金和经纪费;

——与进口货物作为一个整体的容器费;

——包装材料费用和包装劳务费;

——买方以免费或以低于成本价的方式向卖方直接或间接提供的未包括在进口货物的实付或应付价格之中的一些货物或服务(这种货物或服务与进口货物的生产和向中华人民共和国境内销售有关,可按适当比例进行分摊。计入完税价格的包括:进口货物所包含的材料、部件、零件和类似货物价值;在生产进口货物过程中使用的工具、模具和类似货物的价值;在生产进口货物过程中消耗的材料的价值;在境外完成的为生产该进口货物所需的工程设计、技术研发、工艺及制图等工作的价值。);

——特许权使用费;

——返回给卖方的转售收益。

上述所有项目的费用或价值计入完税价格中,必须同时满足 3 个条件:由买方负担,未包括在进口货物的实付或应付价格中,有客观量化的数据资料。如果缺乏客观量化的数据,导致无法确定应计入完税价格的准确金额的,则不应使用成交价格方法而使用其他估价方法确定货物的完税价格。

② 扣除项目。

进口货物的价款中单独列明的下列税收、费用,不计入该货物的完税价格:

——厂房、机械或者设备等货物进口后发生的建设、安装、装配、维修或者技术援助费用,但是保修费用除外;

——货物运抵境内输入地点起卸后发生的运输及其他相关费用、保险费;

——进口关税、进口环节代征税及其他国内税;

——为在境内复制进口货物而支付的费用;

——境内外技术培训及境外考察费用。

此外,同时符合下列条件的利息费用不计入完税价格:

——利息费用是买方为购买进口货物而融资产生的;

——有书面的融资协议;

——利息费用单独列明的；

——纳税义务人可以证明有关利率不高于在融资当时当地此类交易通常具有的利率水平，且没有融资安排的相同或者类似进口货物的价格与进口货物的实付、应付价格非常接近的。

进口货物的价款中单独列明的上述税收、费用，不计入该货物的完税价格，必须同时满足3个条件：有关税收或费用已经包括在进口货物的实付、应付价格中；有关费用是分列的，并且纳税义务人可以向海关提供客观量化的资料；有关费用应在合理范围内。

5）不能作为成交价格的情况

成交价格必须满足一定的条件才能被海关接受，否则不能适用成交价格估价方法。根据规定，不能作为成交价格的有以下4种情况。

① 买方对进口货物的处置和使用受限制。有下列情形之一的，视为对买方处置或者使用进口货物进行了限制：

第一，进口货物只能用于展示或者免费赠送的；

第二，进口货物只能销售给指定第三方的；

第三，进口货物加工为成品后只能销售给卖方或者指定第三方的；

第四，其他经海关审查，认定买方对进口货物的处置或者使用受到限制。

但是以下3种限制并不影响成交价格的成立：国内法律、行政法规规定的限制，对货物转售地域的限制，对货物价格无实质影响的限制。

② 进口货物的价格受到某些条件或因素而导致该货物的价格无法确定。即有下列情形之一的：

第一，进口货物的价格是以买方向卖方购买一定数量的其他货物为条件而确定的；

第二，进口货物的价格是以买方向卖方销售其他货物为条件而确定的；

第三，其他经海关审查，认定货物的价格受到使该货物成交价格无法确定的条件或者因素影响的。

③ 卖方直接或间接从买方获得因转售、处置或使用进口货物而产生的任何收益，除非上述收益能够被合理确定。

④ 买卖双方之间有特殊关系，或虽有特殊关系但不影响成交价格。

第一，买卖双方为同一家族成员；

第二，买卖双方互为商业上的高级职员或董事；

第三，一方直接或间接地受另一方控制；

第四，买卖双方都直接或间接地受第三方控制；

第五，买卖双方共同直接或间接地控制第三方；

第六，一方直接或间接地拥有、控制或持有对方5%以上（含5%）公开发生的有表决权的股票或股份；

第七，一方是另一方的雇员、高级职员或董事；

第八，买卖双方是同一合伙的成员；

此外，买卖双方在经营上相互有联系，一方是另一方的独家代理、经销或受让人，若与以上规定相符，也应当视为有特殊关系。

买卖双方有特殊关系但纳税义务人能证明其成交价格与同时或者大约同时发生的商品价格相近的,或者海关对与货物销售有关情况进行审查,认为符合一般商业惯例的,可以确定特殊关系未对进口货物的成交价格产生影响。

2. 相同及类似货物成交价格估价方法

相同及类似进口货物成交估价方法,即以与被估价货物同时或大约同时向中华人民共和国境内销售的相同货物及类似货物的成交价格为基础,审查确定进口货物完税价格的方法。无法使用成交价格估价方法确认完税价格的货物则可以采用相同及类似进口货物成交估价方法。

1)相同货物和类似货物

相同货物,指与进口货物在同一国家或地区生产的,在物理性质、质量和信誉等所有方面都相同的货物,允许表面的微小差异存在。

类似货物,指与进口货物在同一国家或地区生产的,虽然不是在所有方面都相同,但是却具有相似的特征、相似的组成材料、相同的功能,并且在商业中可以互换的货物。

2)相同及类似货物的时间要素

相同及类似货物必须与进口货物同时或大约同时进口,其中的"同时或大约同时"指在海关接受申报之日的前后各 45 日以内。

3)关于相同及类似货物成交价格估价方法的运用

首先应使用同一生产商生产的相同或类似货物的成交价格,只有在没有同一生产商生产的相同或类似货物的成交价格的情况下,才可以使用同一生产国或地区不同生产商生产的相同或类似货物的成交价格。

其次,应使用和进口货物处于相同商业水平,大致相同数量的相同或类似货物的成交价格,只有在上述条件不满足时,才可采用以不同商业水平和不同数量销售的相同或类似进口货物的价格,但不能将上述价格直接作为进口货物的价格,还须对由此产生的价格方面的差异做出调整。对进口货物与相同或类似货物之间由于运输距离和运输方式不同而在成本和其他费用方面产生的差异应进行调整。

最后,如果有多个相同或类似货物的成交价格,应当以最低的成交价格为基础估定进口货物的完税价格。

3. 倒扣价格估价方法

倒扣价格估价方法即以进口货物、相同或类似进口货物在境内第一环节的销售价格为基础,扣除境内发生的有关费用来估定完税价格。"第一环节"是指有关货物进口后进行的第一次转售,且转售者与境内买方之间不能有特殊关系。当进出口货物不能用成交价格估价方法和相同及类似进口货物成交估价方法确定完税价格时,采用此种方法。

1)倒扣价格估价方法中的销售价格

倒扣价格估价方法中,作为基础的第一环节销售价格应同时符合以下条件:在被估货物进口时或大约同时,将该货物、相同或类似进口货物在境内销售的价格;按照该货物进口时的状态销售的价格;在境内第一环节销售的价格;向境内无特殊关系方销售的价格;按照该价格销售的货物合计销售总量最大。

2) 倒扣价格法的核心要素

① 按进口时的状态销售。

② 必须是在被估货物接受申报之日的前后各 45 天以内转售给国内无特殊关系方的价格。

③ 合计的货物销售总量最大。

3) 倒扣价格法的倒扣项目

确定销售价格后,在使用倒扣价格法时,还必须扣除一些费用,包括:该货物的同级或同种类货物在境内第一环节销售时通常支付的佣金、利润和一般费用;货物运抵境内输入地点之后的运输及其相关费用、保险费;进口关税、进口环节代征税及其他国内税;加工增值额,如果以货物经过加工后在境内转售的,加工后在境内转售的价格作为倒扣价格的基础,必须扣除上述加工增值部分。

4. 计算价格估价方法

计算价格估价方法以发生在生产国或地区的生产成本作为基础的价格。当进出口货物不能用成交价格估价方法、相同及类似进口货物成交估价方法和倒扣价格估价方法确定完税价格时,采用此种方法。

按有关规定采用计算价格法时,进口货物的完税价格由下列各项目的总和构成:

① 生产该货物所使用的料件成本和加工费用;

② 向境内销售同等级或者同种类货物通常的利润和一般费用(包括直接费用和间接费用);

③ 货物运抵中华人民共和国境内输入地点起卸前的运输及其相关费用、保险费。

5. 合理方法

合理方法,是指当海关不能根据成交价格估价方法、相同及类似进口货物成交估价方法、倒扣价格估价方法和计算价格估价方法确定完税价格时,根据公平、统一、客观的估价原则,以客观量化的数据资料为基础审查确定进口货物完税价格的估价方法。

合理方法本身不是一种具体的估价方法,实际运用时,应按顺序合理、灵活使用成交价格估价方法,相同及类似进口货物成交估价方法,倒扣价格估价方法和计算价格估价方法。以上方法都不适用时,只要不违背客观、公平、统计的海关估价原则,就可以采用合理方法。

5.2.2 特殊交易方式进口货物完税价格审定方法

1. 内销保税货物

保税货物内销情形较多,在此仅以较为常见的形式进行介绍,其他情形详见海关总署第 211 号令。海关特殊监管区域、保税监管场所内保税物流货物内销按照以下规定确定完税价格。

以该货物运出海关特殊监管区域、保税监管场所时的内销价格为基础审查确定完税价格,该内销价格包含的能够单独列明的海关特殊监管区域、保税场所内发生的保险费、仓储费和运输及其相关费用,不计入完税价格。

进口料件或者其制成品(包括残次品),来料加工料件或者其制成品(包括残次品)内销的保税货物完税价格不能依照列明的估价方法确定时,应依次按照下列价格估定其完税价格:

① 与该货物同时或者大约同时向中华人民共和国境内销售的相同货物的成交价格;

② 与该货物同时或者大约同时向中华人民共和国境内销售的类似货物的成交价格;

③ 与该货物进口的同时或者大约同时,将该进口货物、相同或者类似进口货物在第一级销售环节销售给无特殊关系买方最大销售总量的单位价格,但应当扣除以下项目:同等级或者同种类货物在中华人民共和国境内第一级销售环节销售时通常的利润和一般费用及通常支付的佣金;进口货物运抵境内输入地点起卸后的运输及其相关费用、保险费;进口关税及国内税收。

④ 按照下列各项综合计算的价格:生产该货物所使用的料件成本和加工费用,向中华人民共和国境内销售同等级或者同种类货物通常的利润和一般费用,该货物运抵境内输入地点起卸前的运输及其相关费用、保险费;

⑤ 以合理方法估定的价格。

2. 暂时进境货物的估价方法

经海关批准的暂时进境货物,应当缴纳税款的,由海关按照本节审定一般进口货物完税价格的规定审查确定完税价格。经海关批准留购的暂时进境货物,以海关审查确定的留购价格作为完税价格。

3. 跨境电子商务零售进口商品的估价方法

跨境电子商务零售进口商品按照实际交易价格作为货物完税价格,实际交易价格包括货物零售价格、运费和保险费。

对于不属于跨境电子商务零售进口的个人物品,以及无法提供交易、支付、物流等电子信息的跨境电子商务零售进口商品,按现行邮递物品进口税规定执行。

5.2.3 出口货物完税价格的审定

出口货物的完税价格由海关以该货物的成交价格为基础审查确定,包括货物运至中华人民共和国境内输出地点装卸前的运输及其相关费用、保险费。

1. 成交价格估价方法

出口货物的完税价格估价方法是《进出口货物审价方法》规定的第一种出口估价方法。出口货物的成交价格,是指该货物出口销售时,卖方为出口该货物应当向买方直接收取和间接收取的价款总额。

2. 其他估价方法

当申报价格不符合出口货物成交价格的定义或者海关对申报价格的真实性或准确性有怀疑时,启动质疑程序,出口商不能做出合理的解释,或者未能在法定的期限内做出合理解释的,不能适用成交价格估价方法确定完税价格,应在磋商后依次使用其他估价方法进行确定。其他估价方法包括如下内容:

① 同时或者大约同时向同一国家或地区出口的相同货物的成交价格;

② 同时或者大约同时向同一国家或地区出口的类似货物的成交价格;

③ 根据境内生产相同或者类似货物的成本、利润和一般费用(包括直接费用和间接费用)、境内发生的运输及其相关费用、保险费计算所得的价格;

④ 按照合理方法估定的价格。

5.2.4 进出口货物完税价格确定过程

《进出口货物审价办法》规定,进口货物的完税价格,由海关以该货物的成交价格为基础审查确定,并且应当包括货物运抵中华人民共和国境内输入地点起卸前的运输及其相关费用、保险费。出口货物的完税价格由海关以该货物的成交价格为基础审查确定,并且应当包括货物运至中华人民共和国境内输出地点装载前的运输及其相关费用、保险费。

确定进出口货物完税价格应从成交价格的审查确定和运输及其相关费用、保险费的审查确定两个方面进行。

1. 不同估价方法的选择适用

1)成交价格方法的审查确定

成交价格审查确定的过程就是成交价格方法的应用过程。进出口单位应按照《进出口货物审价办法》的规定从成交价格的定义及需满足的条件两个角度对合同或发盘价格进行评估。包括前述买方、卖方的规定,销售的概念,实付及应付(含直接及间接支付),价格调整因素等方面。成交价格需满足条件方面的评估主要包括进口货物的处置和使用不受限制,不应受到某些条件或因素的影响,不得获得转售、处置、使用收益,未受特殊关系影响等 4 个方面。

2)其他价格方法的审查确定

当合同或发票价格不能认定为成交价格的,完税价格需另行确定。当不符合成交价格定义、条件的规定,以及缺乏客观量化数量进行调整的,海关启动价格质疑程序,否定成交价格的,使用成交价格以外的方法确定货物完税价格。

依次采用相同及类似货物成交价格估价法、计算价格估价方法直至合理方法等其他估价方法。此时,进出口单位或报关服务企业需待与海关磋商完毕后方知完税价格,进而核算出应缴的税费。

2. 运输及其相关费用、保险费的审查确定

《进出口货物审价办法》规定,进口货物的完税价格应当包括货物运抵中华人民共和国境内输入地点起卸前的运输及其相关费用、保险费。出口货物的完税价格应当包括货物运至中华人民共和国境内输出地点装载前的运输及相关费用、保险费。

3. 主要贸易术语价格转换

我国对进口货物完税价格以 CIF 价格为基础审核确定,如进口货物价格采用其他术语成交,需视情况将其他术语转换为 CIF 术语价格。

我国出口货物完税价格以 FOB 价格为基础审核确定,如出口货物采用其他术语成交,需视情况将其他术语转换为 FOB 术语价格。

但是,按照《进出口货物审价办法》的规定,出口货物完税价格应扣除包含的出口关税税额,不应直接采用 FOB 价格作为出口货物完税价格。

$$出口货物完税价格＝FOB÷(1＋出口关税税率)$$

4. 汇率的适用

进出口货物的成交价格及有关费用以外币计价的,海关按照该货物适用税率之日所适用的计征汇率折合为人民币计算完税价格。完税价格采用四舍五入法计算至分。

海关每月使用的计征汇率为上一个月第三个星期三(第三个星期三为法定节假日的,顺延采用第四个星期三)中国人民银行公布的外币对人民币的基准汇率。

思考案例

2018 年 5 月 A 公司向天津海关申报进口海德堡 GT02 胶印机两台,单价为 CIF5 万美元/台,低于海关掌握的价格。4 月该企业进口的同类商品价格约为 18.6 万美元。海关审定后发现 A 公司与出口公司同为德国海德堡公司的全资子公司,双方特殊关系影响到了成交价格。为此,海关下发了《价格质疑通知书》,将质疑例由书面告知进口商,要求其以书面形式提供相关资料或其他证据,证明买卖双方的特殊关系是否影响成交价格。

请问:1. 如果企业能证明进出口双方特殊关系没有影响价格,该胶印机的完税价格应该是多少?

2. 如果企业不能证明进出口双方特殊关系没有影响价格,该胶印机的完税价格应该是多少? 为什么?

【案例分析】 进口货物完税价格审核时首先采用成交价格估价方法。如果企业能证明进出口双方特殊关系没有影响价格,则海关以成交价格 5 万美元/台计算完税价格。如果企业不能证明进出口双方特殊关系没有影响价格,则海关不能采用成交价格估价方法,需要采用第二种相同及类似货物成交价格估价法。海关掌握的同类商品价格为 18.6 万美元,所以海关可以以 18.6 万美元作为该商品的完税价格。

5. 进出口货物完税价格审查流程

进出口货物完税价格审查主要按图 5-1 所示的进行。

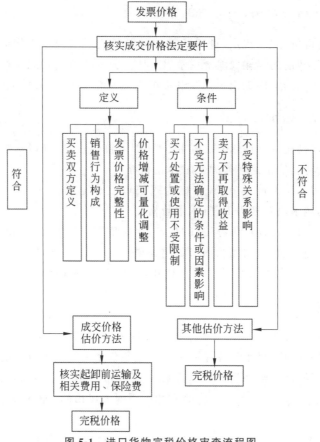

图 5-1　进口货物完税价格审查流程图

5.3　原产地与税率确定

5.3.1　原产地规则

　　原产地规则,又称为"货物原产地规则"。世界贸易组织《原产地规则协议》中将其定义为一国(地区)为确定货物的原产地而实施的普遍适用的法律、法规和行政决定。为了实施关税的优惠或差别待遇、数量限制或与贸易有关的其他措施,海关必须根据原产地规则的标准来确定进口货物的原产国,给以相应的海关待遇。货物的原产地被形象地称为商品的"经济国籍"。原产地的不同决定了进口商品所享受的待遇不同,为适应国际贸易的需要,并为执行本国(地区)关税及非关税方面的贸易措施,进口国(地区)必须对进出口商品的原产地进行认定。为此,各国(地区)以本国(地区)立法形式制定出鉴别货物"国籍"的标准,即原产地规则。

　　我国的原产地认定规则包括的内容,如图 5-2 所示。

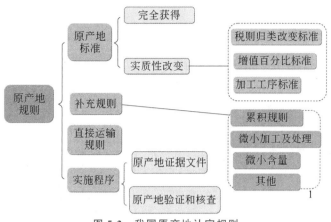

图 5-2　我国原产地认定规则

1. 原产地标准

一般而言,完全在一个国家获得的货物,以该国为原产国,即完全获得;有两个或两个以上国家参与生产、制造的货物,以货物最后发生实质性改变的国家为原产国。进出口货物实质性改变以税则归类改变为基本标准,税则归类改变不能反映实质性改变的,以增值百分比、制造或者加工工序等为补充标准。

1) "完全获得标准"

在一国(地区)生长、开采、收获的动植物和矿物等初级产品,或者完全利用该国(地区)出产的原材料,在该国(地区)境内生产和制造的产品。

2) "实质性改变"

"实质性改变"的基本认定标准为"税则归类改变"。"税则归类改变"标准是指在某一国家(地区)对非该国(地区)原产材料进行制造、加工后,所得货物在《中华人民共和国进出口税则》中的 4 位数级税目归类发生了变化。例如,从 A 国进口面粉(税目号 1101),从 B 国进口黄油(税目号 0405),在 C 国制作成面包(税目号 1905),税目号前 4 位发生了改变,所以判断为此类面包的原产地为 C 国。

税则归类改变标准不适用时,采用补充标准,包括"增值百分比"和"制造或加工工序"。"增值百分比标准"(又称从价百分比标准、增值标准或区域价值成分标准等),即出口产品,在出口国生产中所使用的生产国原材料或部分费用和生产费用的总和,在该产品价格中所占的比例必须达到或超过一定的百分比;或者出口产品在出口国生产中所使用的外国进口原材料或部分价值,在该产品的出厂价格所占的比例不得超过规定的百分比。我国目前实施的部分优惠贸易协定中基本都要求区域价值占比 40% 以上。"制造、加工工序"标准是指在某一国家(地区)进行的赋予制造、加工后所得货物基本特征的主要工序。在确定货物原产地时,应不考虑货物制造过程中使用的能源、工厂、设备、机器和工具的产地;也不考虑虽在制造过程中使用但不构成货物物质成分或组成部件的材料的产地。

2. 补充规则

1）累积规则

累积规则是指允许某个优惠贸易安排的成员方,使用来自另一优惠贸易安排的成员方的非原产的材料而加工产品并不丧失最终产品的优惠待遇。也就是说享受优惠的出口国使用了非出口国原产的部件;这种部件在该出口国进行了进一步加工;但是由此生产的产品并不丧失优惠协议下的优惠待遇。例如,一般而言将中国生产的一台机器出口到另一个国家时,商品需要达到一定的本国增值标准才可以取得中国的"原产资格"从而获得关税优惠。如果这台机器从日本、韩国进口了过多零部件是有可能不能被认作"中国原产"的。而在 RCEP 框架"完全累积"的概念下,即区域内所有成员的原产材料均可累积,在认定"原产资格"时,上述日韩进口零部件便可以"积累"进去,这台机器仍然可以享受优惠待遇。

2）微小加工和处理

微小加工和处理是指使用非原产材料生产货物时,下列操作应当视为不足以赋予该货物原产资格的加工或处理。这种情况包括:为确保货物在运输或储存期间保持良好状态而进行的保存操作;为运输或销售而对货物进行的包装或展示;简单加工,包括过滤、筛选、挑选、分类、磨锐、切割、纵切、研磨、弯曲、卷取或开卷;在货物或其包装上粘贴或印刷标记、标签、标识或其他类似的用于区别的标志;仅用水或其他物质稀释,未实质改变货物的特性;将产品拆分成零件;屠宰动物;简单的涂漆和抛光操作;简单的去皮、去核或去壳;同种类或不同种类货物的简单混合;或者前面所述的两种或两种以上操作的任意组合。

3）微小含量

微小含量规则又称"容忍规则",在某种程度上放宽了税则归类改变的原产地标准。如果货物含有不符合税则归类改变标准的非原产材料,而该非原产材料的占比在一定百分比内,则该货物仍可被认为是原产。

值得注意的是,微小含量规则仅在运用税则归类改变标准来判断货物的原产地时适用。在适用区域价值成分标准判断货物原产资格时,不适用此规则。

3. 直接运输规则

直接运输规则是为了确保所进口的货物确系受惠国的出口货物,为避免货物在运输过程中被加工或替换,货物应由出口国直接运输至进口国。除物流、装卸、仓储及用于适航的操作外,货物在中转地未经实质性加工,并且确保货物处在中转地海关的监管之下,货物经第三方(包括中间缔约方和非缔约方)转运后,不影响货物原产资格。

4. 原产地证书

原产地证书是证明产品原产地的书面文件,是受惠国的产品出口到给惠国时享受关税优惠的重要凭证。《亚太贸易协定》原产地证书所列货物税则号与海关认定的实际进口货物税则号列前 4 位相同;香港 CEPA、澳门 CEPA 项下原产地证书所列货物税则号列与海关认定的实际进口货物税则号列前 6 位相同;其他优惠贸易协定货物,实际税则号列与原产地证书所列货物税则号列前 6 位应当相同。

　　进口原产地证书签发机构在各自由贸易协定或优惠贸易安排中均有明确的规定,进口申报时必须提供指定机构签发的原产地证书。进口货物收货人或者其代理人向海关提交的原产地证书,应当符合相应优惠贸易协定关于证书格式、填制内容、签章、提交期限等规定,并与商业发票、报关单等单证的内容相符。按照规定,我国海关、中国国际贸易促进会及其地方分会有权签发优惠贸易协定项下出口货物原产地证书。原产地证书样图,如图 5-3 所示。

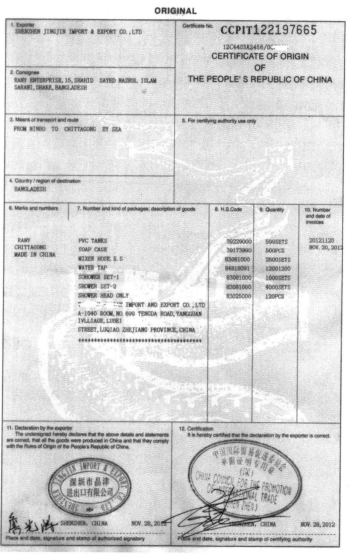

图 5-3　原产地证书

　　一份报关单应当对应一份原产地证书,一份原产地证书应当对应同一批次进口货物。"同一批次进口货物"是指由同一运输工具同时运抵同一口岸,并且属于同一收货人,适用同一提单的进口货物。报关单所列货物数量不得超过原产地证书上该商品的数量。原产地证书"收货人"栏(或"货物运至"栏)所列的收货人应当为中国境内企业。当"收货人"栏(或"货物运至"栏)不是中方实际收货人或者非中国境内企业时,我方境内实际收货人应当出示合同、发票等商业单据,证明其与原产地证书上的收货人存在商业贸易关系。出具货物商业发票的出口商是否为货物原产地的出口商,不影响海关对货物原产地的认定。

5.3.2 优惠原产地规则与非优惠原产地规则

从是否适用优惠贸易协定来分,原产地规则分为两大类:一类为优惠原产地规则,另一类为非优惠原产地规则。

1. 优惠原产地规则

优惠原产地规则是指各国(地区)为了实施各种优惠贸易政策而制定的原产地规则,也称为协定原产地规则。优惠原产地规则主要有两种实施方式:一是通过自主方式授予。例如,欧盟普惠制(GSP),中国对最不发达国家的特别优惠关税待遇;二是通过协定以互惠性方式授予,如《北美自由贸易协定》《中华人民共和国与东南亚国家联盟全面经济合作框架协议》(简称《中国-东盟自由贸易协定》)等。因为优惠原产地规则是用于认定进口货物能否享受比最惠国更优惠待遇的依据,所以其认定标准通常会与非优惠原产地规则不同,其宽严完全取决于成员方。

截至2022年2月,我国已经和30个国家和地区签署22个自由贸易协定及优惠贸易安排。包括《亚太贸易协定》《区域全面经济伙伴关系协定》(简称"RCEP")、《内地与香港关于建立更紧密经贸关系的安排》(简称"香港CEPA")、《内地与澳门关于建立更加紧密经贸关系的安排》(简称"澳门CEPA")、《中国-巴基斯坦自由贸易协定》《中国-智利自由贸易协定》《中国-秘鲁自由贸易协定》《中国-哥斯达黎加自由贸易协定》、对埃塞俄比亚等最不发达国家给予的特别优惠关税待遇等优惠贸易协定。上述优惠贸易协定中均包含有相应的优惠原产地规则。

为加强我国优惠原产地的统一管理,海关总署于2009年1月发布了《优惠原产地管理规定》。《优惠原产地管理规定》与各项自由贸易协定和优惠贸易安排项下的原产地管理办法,初步构成我国优惠原产地管理的基本框架。

货物享受优惠原产地规则时,货物申报进口由进口货物收货人或者其代理人按照海关的申报规定填制"中华人民共和国海关进口货物报关单",申明适用协定税率或者特惠税率。

2. 非优惠原产地规则

非优惠原产地规则,是一国根据实施其海关税则和其他贸易措施的需要,由本国立法自主制定的,因此也称为自主原产地规则。按照世界贸易组织的规定,适用于非优惠性贸易政策措施的原产地规则,其实施必须遵守最惠国待遇原则,即必须普遍地、无差别地适用于所有原产地为最惠国的进口货物。它包括实施最惠国待遇、反倾销和反补贴税、保障措施、数量限制或关税配额、原产地标记或贸易统计、政府采购时所采用的原产地规则。

为了加强我国原产地的统一管理,国务院颁布了《中华人民共和国原产地条例》(以下简称《原产地条例》),依据《原产地条例》,海关总署会同商务部、原国家质检总局发布了《关于非优惠原产地规则中实质性改变标准的规定》(以下简称《实质性改变标准规定》)。《原产地条例》与《实质性改变标准规定》初步构成了我国非优惠进出口货物原产地管理的法制框架。

5.3.3　税率的确定

使用税率的确定与商品归类、货物原产国(地区)的确定关系十分密切,使用税率确定的前提是商品归类、货物原产国(地区)已经确定,并在此基础上运用税率适用的相关规定选择确定最为适合的计征税率。

1. 税率确定涉及的3个基本要素

适用进出口货物税率涉及的因素较多,主要有商品归类确定、原产地规则适用、应用税率适用基本规定。

1)商品归类确定

商品归类是按照归类原则将进出口货物归入恰当的税则号列的行为。根据不同的税则列号确定对应的税率。示例如下:

鲜的去骨牛肉对应的商品归类编号为0201.3000.90,对应的进口最惠国税率为12%,进口普通税率为70%,特惠税率为0,协定税率对应不同的国家有不同的税率。

2)原产地规则的适用

海关为了实施关税的优惠或差别待遇、数量限制或与贸易有关的其他措施,根据原产地规则的标准来确定进口货物的原产国,给以相应的税率。例如,上例中如果鲜的去骨牛肉原产地为澳洲,而我国与澳洲协定税率为3.6%,则该商品适用3.6%的协定税率。

3)税率设置的基本规定

① 税率适用的时间。

按照《关税条例》规定,进出口货物应当适用海关接受该货物申报进口或出口之日实施的税率。确定进出口货物关税税率应首先确定货物被海关接受申报的时间。

② 税率的选用。

——关税正税税率的适用

进口原产于共同适用最惠国待遇条例的WTO成员国货物,进口原产于与我国签订含有相互给予最惠国待遇条款的双边贸易协定国家或地区的货物,以及进口原产于我国境内的货物,适用最惠国税率。

进口原产于与我国签订含有关税优惠条款的贸易协定国家或地区的货物,适用协定税率。

进口原产于与我国签订含有特殊关税优惠条款的贸易协定国家或地区的货物,或者进口原产于我国自主给予特别优惠关税待遇国家或地区的货物,适用特惠税率。

进口上述之外的国家或地区货物,以及进口原产地不明的货物,适用普通税率。

对于同时适用多种税率的进口货物,在选择适用的税率时,适用普通税率的进口货物采用"从高适用"原则,采用其他税率的应当遵循"从低适用"基本原则(见表 5-2)。

表 5-2　同时有两种及以上税率可适用的进口货物最终适用税率汇总表

货物可选用的税率	适 用 税 率
同时适用最惠国税率、进口暂定税率	应当适用暂定税率
同时适用最惠国税率、减征税率	应当适用减征税率
同时适用减征税率、进口暂定税率、协定税率、特惠税率	应当从低适用税率
适用普通税率、进口暂定税率等	适用普通税率
适用关税配额税率、其他税率	关税配额内的,适用关税配额税率,配额税率基础上,还设有暂定税率的,适用暂定税率;关税配额外的,根据具体情况可从低适用不同税率

跨境电子商务零售进口商品根据购买渠道不同适用不同的税率。在跨境电子商务平台购买跨境电子商务零售进口商品的单次交易限值为人民币 5000 元,个人年度交易限值为人民币 26 000 元。在限值以内进口的跨境电子商务零售进口商品,关税税率暂设为 0%;进口环节增值税、消费税按法定应纳税额的 70%征收。超过限制的则按一般贸易征收税费。通过朋友、代购或其他邮政包裹形式直邮进境的按照行邮税征收。

出口货物适用出口税率。当有出口暂定税率时,出口暂定税率的执行优先于出口税率。

——关税附加税税率的适用

国家规定对某种商品征收反倾销等附加关税的,应在选择关税正税税率适用基础上,同时加征附加税。

反倾销、反补贴、保障措施等附加税率适用按照《反倾销条例》《反补贴条例》《保障措施条例》的有关规定执行。

征收报复性关税的货物、适用国别、税率、期限和征收办法,由国务院关税税则委员会决定并公布。

5.4　进出口税费核算

随着全国海关通关作业一体化改革的全面实现,货物通关作业流程已经实现按照进出口企业自行确定的涉税要素向海关申报,由海关分析验证货物品名、数量、禁限等准入属性,通过安全准入风险排查后,在企业按照自行申报对应的税款自行缴税或提供有效担保后放行货物。货物放行后,再由海关分析验证货物归类、价格、原产地等税收属性,通过批量抽核与验估、核查、稽查等手段完成货物放行后的税收征管作业。

在进出口税费征收关系上,税收征管由海关主导型的审核纳税方式向企业自律型自报自缴方式转变,通过建立智能化、便利化、自动化的自主申报模式和事后自我纠错机制,推动企业守法自律。通过实施属地纳税人管理,以企业信用为基础,结合税收风险分析,实施诚信守法便利和失信违法惩戒的差别化税收征收管理。

自报自缴方式的税费征缴方式就需要企业明确进出口税费的核算。以下是进出口税费核算的一般方法。

5.4.1　进出口关税的核算

1. 进口关税的核算

1) 从价税

第一步,根据审定完税价格办法的有关规定,确定应税货物的 CIF 价格;

第二步,根据汇率适用规定,将以外币计价的 CIF 价格折算成人民币(完税价格);

第三步,按照归类原则确定税则归类,将应税货物归入适当的税号;

第四步,根据原产地规则和税率适用规定,确定应税货物所适用的税率;

第五步,按照计算公式正确计算应征税款。

$$进口关税税额＝进口货物完税价格×进口从价税税率$$

思考案例

国内某公司于 2021 年 4 月中旬申报进口韩国产葡萄酒 1 批,成交价格为 FOB 釜山 150 000 美元。该批葡萄酒从釜山运往广州港,运费 2000 美元,保险费 150 美元。则该公司应缴进口关税为多少?(申报时的汇率为 1 美元＝6.5 元人民币)

【案例分析】　根据计算步骤,先计算该批葡萄酒的 CIF 价格,CIF 价＝FOB 价＋运费＋保险费＝152 150 美元;再换算成人民币价格,完税价格＝CIF 美元价×汇率＝988 975 元;商品归类,瓶装葡萄酒归入税号 2204.2100.00;查询海关税则,原产于韩国的货物适用协定税率,2 升以下瓶装葡萄酒适用 2.8% 的税率;最后代入计算公式:

$$应缴关税税额＝988 975×2.8\%＝27 691.3(元)$$

2) 从量税

第一步,按照归类原则确定税则归类,将应税货物归入适当的税号;

第二步,根据原产地规则和税率适用规定,确定应税货物所适用的税率;

第三步,确定其实际进口量;

第四步,按照计算公式正确计算应征税款。

$$进口关税税额＝进口货物数量×单位税额$$

思考案例

国内某企业购进巴西产冻带骨鸡块 100 吨,成交价格为 CIF 上海 7800 港币/吨。请计算该公司应征进口关税。

【案例分析】　根据计算步骤,先进行商品归类,冻带骨鸡块归入税号 0207.1411.00;查询海关税则,冻带骨鸡块适用从量税,巴西产冻带骨鸡块适用最惠国税率 0.6 元/千克;然后,确定实际进口量,100 吨＝100 000 千克;最后带入计算公式:

$$应缴关税税额＝100 000×0.6＝60 000(元)$$

3) 复合关税

第一步,按照归类原则确定税则归类,将应税货物归入适当的税号;

第二步,根据原产地规则和税率适用规定,确定应税货物所适用的税率;

第三步,确定其实际进口量;

第四步,根据审定完税价格的有关规定,确定应税货物的 CIF 价;

第五步,根据汇率适用规定,将外币折算成人民币(完税价格);

第六步,按照计算公式正确计算应征税款。

应征税款=进口货物数量×单位税额+进口货物完税价格×进口从价税税率

思考案例

国内某企业申报进口日本产非特种用途的广播级电视摄像机 20 台,成交价格为 CIF 黄埔 5800 美元/台。请计算该公司应征进口关税。该公司申报时汇率为 1 美元=6.8 元人民币。

【案例分析】 根据计算步骤,先进行商品归类,该批非特种用途的广播级电视摄像机归入税号 8525.8912.00;查询海关税则,该货物适用复合税率,原产于日本的适用最惠国税率 17.5% 或"完税价格不高于 5000 美元/台的,关税税率为单一从价税率 35%;完税价格高于 5000 美元/台的,关税税率为 3%,每台加 9728 元从量税"该批商品完税价格超过 5000 美元/台,按照从低适用原则,从价税率适用 3%;确定该批商品的进口数量为 20 台;计算 CIF 价格,CIF 黄埔 5800 美元/台;再换算成人民币价格,完税价格=CIF 美元价×汇率=5800×6.8=39 440(元);最后带入计算公式:

应缴关税税额=20×9728+39 440×3%=195 743.2(元)

2. 进口附加税的计算

进口附加税包括反倾销税、反补贴税、保障措施关税、报复性关税等,是在关税基础上额外征收的附加税收。其中,反倾销税的计算方法如下:

第一步,根据审定完税价格办法有关规定,确定应税货物的 CIF 价;

第二步,根据汇率适用规定,将以外币计价的 CIF 价换算成人民币(完税价格);

第三步,按照归类原则确定税则归类,将应税货物归入适当的税号;

第四步,根据反倾销税规定,确定应税货物所适用的反倾销税税率;

第五步,按照计算公式正确计算应征反倾销税税款。

反倾销税税额=完税价格×反倾销税税率

思考案例

2022 年 1 月 10 日国内某企业申报进口美国产聚苯醚 50 吨,成交价格为 CIF 广州 4.5 万美元/吨。我国海关自 2022 年 1 月 7 日起对原产于美国的聚苯醚征收反倾销税。请计算应征反倾销税。该公司申报时汇率为 1 美元=6.32 元人民币。

【案例分析】 根据计算步骤先确定应税货物的 CIF 价,CIF 广州 4.5 万美元/吨,共 50 吨,总价=4.5×50=225(万美元);再根据汇率换算成人民币(完税价格),总价=225×6.32=1422(万元);将应税货物归入适当的税号,聚苯醚税则号 3907.2990.90;根据反倾销税规定,确定应税货物所适用的反倾销税税率。我国海关自 2022 年 1 月 7 日起对原产于美国的聚苯醚征收反倾销税,反倾销税税率为 48.6%;按照计算公式正确计算应征反倾销税税款。

反倾销税税额=1422×48.6%=691.09(万元)

反补贴税、保障措施关税、报复性关税等其他附加税征收程序及方法与反倾销税大致相同。

3. 出口关税的计算

第一步,按照归类原则确定税则归类,将应税货物归入适当的税号;

第二步,根据税号,确定应税货物所适用的出口关税税率;

第三步,根据审定完税价格办法有关规定,确定应税货物的成交价格;

第四步,根据汇率适用规定,将以外币计价的完税价换算成人民币;

第五步,按照计算公式正确计算应征出口关税税款。

$$应征出口关税税额=出口货物完税价格×出口关税税率$$

其中,出口货物的完税价格=FOB价/(1+出口关税税率)

思考案例

国内 C 企业从广州出口一批非合金生铁(含磷量大于 0.5%),申报出口量 80 吨,每吨成交价为 FOB 广州 95 美元,其中适用中国银行的外汇折算价位 1 美元=6.32 元人民币,该企业应征出口关税为多少?

【案例分析】 首先将应税货物归入适当的税号,该批非合金生铁归入税号 7201. 2000.00;查询出口关税税率为 20%,出口暂定税率为 25%,根据税率选用原则有暂定税率按暂定税率计算;这里要注意选错税率造成少缴纳关税。确定应税货物的成交价格,FOB 价=80×95=7650(美元);以外币计价的完税价换算成人民币,人民币成交价=7650×6.32=48 348(元);按公式计算应征出口关税税额,应征出口关税税额=[48 348÷(1+25%)]×25%=9669.6(元)。

5.4.2 进口环节代征税的核算

1. 消费税税款的计算

第一步,按照归类原则确定税则归类,将应税货物归入适当的税号;

第二步,根据有关规定,确定应税货物所适用的消费税税率或消费税额;

第三步,根据审定完税价格的有关规定,确定应税货物的 CIF 价格;

第四步,根据汇率适用规定,将外币折算成人民币(完税价格);

第五步,按照计算公式正确计算消费税税额。

实行从价定率办法计算纳税额,采用价内税的计税方法,计算公式为:

$$消费税应纳税额=消费税组成计税价格×消费税比例税率$$

其中,消费税组成计税价格=(关税完税价格+关税税额)/(1-消费税比例税率)

实行从量定额征收的消费税的计算公式为:

$$消费税应纳税额=应征消费税进口数量×消费税定额税率$$

实行从价定率和从量定额复合计税办法计算纳税的组成计税价格,其计算公式为:

$$消费税应纳税额=消费税组成计税价格×消费税比例税率+$$
$$应征消费税进口数量×消费税定额税率$$

其中,消费税组成计税价格＝(关税完税价格＋关税税额＋应征消费税进口数量×消费税定额税率)/(1－消费税比例税率)

思考案例

国内某企业于 2022 年 1 月 27 日申报进口法国产某品牌香水 10 箱,1 箱有 25 瓶,每瓶 50 克,成交价格为 CIF 烟台 20 欧元/瓶。该企业应征进口环节消费税为多少?

【案例分析】 先查询税则,包装标注含量以重量计的香水及花露水归入税号3303.0000.10;原产于法国的香水,适用进口最惠国税率为 3%。消费税税率为完税价大于或等于 10 000 元的适用税率为 15%;完税价小于 10 000 元的适用税率为 0;确定应税货物的 CIF 价格,CIF 总价＝25×10×20＝5000(欧元);根据汇率 1 欧元＝7.12 元人民币,将外币折算成人民币(完税价格),5000×7.12＝35 600(元);按照计算公式计算消费税税额,消费税应纳税额＝[(35 600＋35 600×0.03)/(1－0.15)]×0.15＝6470.82(元)。

2. 增值税税款的计算

第一步,按照归类原则确定税则归类,将应税货物归入适当的税号;
第二步,根据有关规定,确定应税货物所适用的关税税率、增值税税率、消费税税率;
第三步,根据审定完税价格的有关规定,确定应税货物的 CIF 价格;
第四步,根据汇率适用规定,将外币折算成人民币(完税价格);
第五步,按照计算公式正确计算关税税额、消费税税额;
第六步,按照计算公式正确计算增值税税额。

应纳税额＝增值税组成计税价格×增值税税率
增值税组成计税价格＝关税完税价格＋关税税额＋消费税税额

思考案例

国内某企业于 2022 年 2 月 7 日申报进口加拿大产的扫雪机 1 台,申报价格为 CIF 青岛 90 000 美元。该企业应征进口环节增值税为多少?当时汇率为 1 美元＝6.32 元人民币。

【案例分析】 查找税则归类,扫雪机税号为 8430.2000.00;货物适用最惠国税率为10%、增值税税率为 13%,不需要征收消费税;货物的 CIF 价格为 90 000 美元,人民币(完税价格)＝90 000×6.32＝568 800(元);关税税额＝568 800×10%＝56 880(元),无消费税;增值税税额＝(关税完税价格＋关税税额＋消费税税额)×增值税税率＝(568 800＋56 880＋0)×13%＝81 338.4(元)。

5.4.3 跨境电子商务零售进口商品税费的计算

(1) 根据审定完税价格的有关规定,确定应税货物的交易价格;
(2) 根据有关规定,确定应税货物所适用的跨境电商综合税税率或行邮税率;
(3) 按照计算公式正确计算跨境电商综合税或行邮税。

应缴纳税额＝(关税税额＋消费税税额＋增值税税额)×70%
或应缴纳税额＝交易价格×行邮税税率

思考案例

王女士于 2021 年 12 月 17 日通过跨境电商网站从国外购买了 1200 元人民币的奶

粉,于 2022 年 1 月 27 日让国外朋友从海外代购了一瓶 2300 元人民币的香水,香水包装为 50 毫升。王女士两次购买的商品分别需要缴纳多少税?

【案例分析】 王女士通过跨境电商网站购买的奶粉,交易价格为 1200 元;并且购买金额在个人限购额度内,所以关税为 0,增值税税率为 13%,无消费税;应缴纳税额=1200×13%×70%=109.2(元)。王女士通过代购购买的香水,交易价格为 2300 元;通过中国邮政包裹进口,适用行邮税,香水完税价格大于 10 元/毫升的适用税率为 50%;应缴纳税额=2300×50%=1150(元)。

5.4.4 滞报金、滞纳金的核算

滞报金和滞纳金的计算详见 5.1.4 和 5.1.5 相关内容。滞报金计算首先根据审定完税价格的有关规定确定应税货物的 CIF 价格,根据汇率适用规定,将外币折算成人民币价格;然后根据滞报金管理规定确定滞报天数;最后按照计算公式计算滞报金。

滞纳金的计算首先确定滞纳关税、代征税税额;然后根据滞纳金的管理规定,确定滞纳天数;最后按照计算公式分别计算关税、消费税和增值税滞纳金。

5.5 进出口税费缴纳、退补及减免

5.5.1 进出口税费缴纳

进出口税费缴纳是指进出口货物的收发货人或其代理人接到海关对货物应缴纳关税、进口环节增值税、消费税、滞报金、滞纳金等税费所开具的关税和代征税缴款或收费专用票据后,在规定的时间内,到海关指定银行柜台办理缴纳税费手续或者通过电子支付系统向指定银行缴纳税费的行为。海关接受申报后,对于应缴纳税费的货物,报关单位应办理货物税费的缴纳手续。

此处仅详细介绍电子支付系统缴纳方式。进出口货物报关单通过电子审结后,海关业务系统自动向中国电子口岸和支付平台发送税费信息,报关企业登录中国电子口岸或支付平台查阅税费信息,并通过支付平台向商业银行发送税费预扣指令。现场海关收到支付平台转发的银行税费预扣成功回执后,即为企业打印税单,同时,海关业务系统通过支付平台自动向商业银行转发税费实扣通知。税单打印成功后,接受支付平台转发的实扣通知并做实扣操作。现场海关收到实扣成功回执后,海关业务系统自动核注税费,现场海关即可办理放行手续。缴纳流程,如图 5-4 所示。

集中汇总征税是海关对符合条件的进出口纳税义务人在一定时期内多次进出口货物应纳税款实施汇总计征。汇总征税企业应是进出口报关单上的经营单位,并且符合以下条件:

① 是海关税费电子支付系统用户;

② 企业类别为一般认证及以上;

③ 上一自然年的月均纳税次数不低于 4 次;

④ 企业申报符合规范要求,遵守海关税收征管法律法规,纳税及时,为海关征税提供

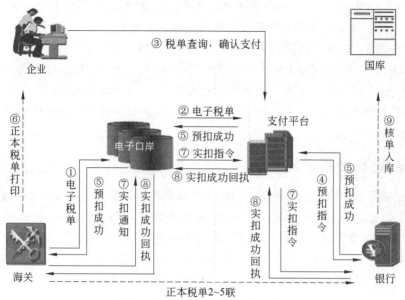

图 5-4　电子缴纳进出口税费流程图

必要的信息；

⑤ 无其他不适合汇总征税的情形。

5.5.2　税款担保

税款担保是海关事务担保的一种，纳税义务人以法定形式向海关承诺在一定期限内履行其纳税义务的行为。纳税义务人在发生以下列举的特殊情形要求海关先放行货物的，应当按照海关初步确定的应缴税款向海关提供足额税款担保。这些情形包括：

① 海关尚未确定商品归类、完税价格、原产地等征税要件的；

② 正在海关办理减免税审核确认手续的；

③ 正在海关办理延期缴纳税款手续的；

④ 暂时进出境的；

⑤ 进境修理和出境加工的，按保税货物实施管理的除外；

⑥ 因残缺、品质不良或规格不符，纳税义务人申报进口或者出口无代价抵偿货物时，原进口货物尚未退运出境或者尚未放弃交由海关处理的，或者原出口货物尚未退运进境的；

⑦ 其他按照有关规定需要提供税款担保的。

除另有规定外，税款担保期限一般不超过 6 个月，特殊情况需要延期的，应当经主管海关核准。税款保函明确规定保证期间的，保证期间应当不短于海关批注的担保期限。

海关税款担保一般采用保证金、银行及非银行金融机构出具连带责任保证保函方式。采用保证金形式办理的担保，一般采取逐票方式。采用银行及非银行金融机构出具保证保函办理的担保，可采取逐票方式，也可采取办理汇总征税及循环担保方式。

5.5.3 进出口税费退补

1. 税款退还

纳税义务人按照规定缴纳税款后,因误征、溢征及其他国家政策调整应予退还的税款可由海关依法退还。这里的退税不包含根据国家鼓励出口政策对出口产品退还已缴纳税款内容。

1) 退税范围

① 多征税款退税,由于某种差错或工作失误,造成海关所征收的税款大于应征税款,不包括由于政策调整导致的征税差异。

② 已缴纳税款的进口货物,因品质或者规格原因原状退货复运出境的。

③ 已缴纳出口关税的货物,因品质或规格原因原状退货复运进境的。

④ 已缴纳出口关税的货物,因故未装运出口申报退关的。

⑤ 散装进出口货物发送短装并已征税放行的,如该货物发货人、承运人、保险公司已对短装部分退还或者赔偿相应货款。

⑥ 因进出口货物残损、品质不良、规格不符等原因或发生上述散装货物短装以外的货物短少情形,由进出口货物的发货人、承运人或保险公司赔偿相应货款的。

2) 退税的期限及要求

海关发现多征税款的,应当立即通知纳税义务人办理退还手续。

纳税义务人自缴纳税款之日起 1 年内提出书面退税申请,并提供相应的证明材料。

海关应当自受理退税申请之日起 30 日内查实并通知纳税义务人办理退还手续。纳税义务人应当自收到通知之日起 3 个月内办理有关退税手续。

退税必须在原征税海关办理。办理退税时,纳税义务人应填写"退税申请表"并凭原进口或出口报关单、原盖有银行收款章的税款缴纳书正本及其他必要单证(如合同、发票、已经赔偿货款的证明文件、税务机关出具证明等)送海关审核。海关同意后,应按原征税或者补税之日所实施的税率计算退税额。

进口环节增值税已予抵缴的,除国家另有规定外不予退还。已征收的滞纳金不予退还。

2. 税款追补

进口货物放行后,海关发现少征或漏征税款的,海关监管货物在海关监管期内因故改变用途按照规定需要补征税款的,应当自纳税义务人缴纳税款之日起 1 年内,由海关补征。

因纳税义务人违犯规定造成少征或者漏征税款的,或者造成海关监管货物少征或漏征税款的。海关应当自缴纳税款之日起 3 年内追征税款。并按规定加收滞纳金。

5.5.4 关税减免

进出口税收减免是指海关按照国家政策、《海关法》和其他有关法律行政法规的规定,对进出口货物的关税和进口环节海关代征税给予减征或免征。进出口税收减免可分为法定减免税、特定减免税和临时减免税。

1. 法定减免税

法定减免税是指按照《海关法》《关税条例》和其他法律、行政法规的规定,进出口货物可以享受的减免关税优惠。海关对法定减免税货物一般不进行后续管理。减征或者免征关税的进出口货物及进出境物品包括:

(1) 关税税额在人民币 50 元以下的一票货物;

(2) 无商业价值的广告品和货样;

(3) 外国政府、国际组织无偿赠送的物资;

(4) 在海关放行前遭受损坏或者损失的货物;

(5) 进出境运输工具装载的途中必需的燃料、物料和饮食用品;

(6) 中华人民共和国缔结或者参加的国际条约规定减征、免征关税的货物和物品;

(7) 法律规定减征、免征关税的其他货物、物品。

进口环节增值税或消费税税额在人民币 50 元以下的一票货物也应免征。

2. 特定减免税

特定减免税是指海关根据国家规定,对特定地区、特定用途和特定企业给予的减免税和进口环节海关代征税的优惠,也称政策性减免税。特定减税或者免税的范围和办法由国务院规定,海关根据国务院的规定单独或会同国务院其他主管部门制定具体实施办法加以贯彻执行。为配合全国增值税转型改革,规范税制,国家对部分进口税收优惠政策进行相应调整。

目前实施特定减免税的项目主要有:外商投资项目投资额度内进口自用设备;外商投资企业自有资金项目;国内投资项目进口自用设备;贷款项目进口物资;重大技术设备;支持科技创新税收优惠政策;救灾捐赠物资;扶贫慈善捐赠物资;残疾人专用品;集成电路项目进口物资;海上石油、陆上石油项目进口物资;远洋渔业项目进口自捕水产品;无偿援助项目进口物资;科技重大专项进口;新型显示器件生产企业;勘探开发煤层气;种子种源;中储粮;公益收藏;国内航空公司进口飞机;动漫开发生产用品等 21 项。

3. 临时减免税

临时减免税是指法定减免税和特定减免税以外的其他减免税。国务院根据某个单位、某类商品、某个时期或某批货物的特殊情况和需要,给予特别的临时性减免税优惠,如汶川地震灾后重建进口物资。为支持和帮助汶川地震受灾地区积极开展生产自救、重建家园,自 2008 年 7 月 1 日起,对受灾地区企业、单位,或支援受灾地区重建的企业、单位,进口国内不能满足供应并直接用于灾后重建的大宗物资、设备等,3 年内免征进口关税和进口环节增值税。

临时减免税一般必须在货物进出口前,向所在地海关提出书面申请,并随附必要的证明资料,经所在地海关审核后,转报海关总署或海关总署会同国家税务总局、财政部审核批准。

5.5.5 税收保全、强制措施与纳税争议

1. 税收保全

进出口货物的纳税义务人在规定的纳税期限内有明显的转移、藏匿其应税货物及其他财产迹象的,海关可以要求纳税义务人在海关规定的期限内提供海关认可的担保。纳税义务人不能在海关规定的期限内按照海关要求提供担保的,经直属海关关长或其授权的隶属海关关长批准,海关应当采取税收保全措施。

1)暂停支付存款

海关书面通知纳税义务人开户银行或者其他金融机构(以下统称"金融机构")暂停支付纳税义务人相当于应纳税款的存款。纳税义务人在规定的纳税期限内缴纳税款的,海关书面通知金融机构解除对纳税义务人相应存款实施的暂停支付措施。

纳税义务人在规定的纳税期限内未缴纳税款的,海关书面通知金融机构从暂停支付的款项中扣缴相应税款。海关确认金融机构已扣缴税款的,书面告知纳税义务人。

2)暂扣货物或财产

因无法查明纳税义务人账户、存款数额等情形不能实施暂停支付措施的,书面通知(随附扣留清单)纳税义务人扣留其价值相当于应纳税款的货物或者其他财产。货物或者其他财产本身不可分割,又没有其他财产可以扣留的,被扣留货物或者其他财产的价值可以高于应纳税款。

纳税义务人在规定的纳税期限内缴纳税款的,海关书面通知纳税义务人解除扣留措施,随附发还清单,办理确认手续后将有关货物、财产发还纳税义务人。

2. 强制措施

进出口货物的纳税义务人、担保人自规定的纳税期限届满之日起超过 3 个月未缴纳税款或经海关总署批准延期缴纳税款的,自延期缴税时限届满之日起超过 3 个月仍未缴纳税款的,经直属海关关长或其授权的隶属海关关长批准,依次采取下列强制措施:

(1)书面通知金融机构从其存款中扣缴税款;

(2)将应税货物依法变卖,以变卖所得抵缴税款;

(3)扣留并依法变卖其价值相当于应纳税款的货物或者其他财产,以变卖所得抵缴税款。

实施强制措施的,海关书面通知金融机构从纳税义务人、担保人的存款中扣缴相应税款,同时书面告知纳税义务人、担保人。海关采取强制措施时,对纳税义务人未缴纳的税款滞纳金同时强制执行。

海关决定以应税货物、被扣留的价值相当于应纳税款的货物或者其他财产变卖并抵缴税款的,书面告知纳税义务人、担保人。变卖所得不足以抵缴税款的,海关继续采取强制措施抵缴税款的差额部分;变卖所得抵缴税款及扣除相关费用后仍有余款的,应当发还纳税义务人、担保人。

无法采取税收保全措施、强制措施,或者采取税收保全措施、强制措施仍无法足额征

收税款的,海关依法向人民法院申请强制执行,并按照法院要求提交相关材料。纳税义务人、担保人对海关采取税收保全措施、强制措施不服的,可以依法申请行政复议或者提起行政诉讼。

3. 纳税争议及解决

纳税争议是指当事人对海关做出的具体征税行政行为不服而发生的争议,包括对海关确定纳税义务人、完税价格、商品归类、原产地及计征税率或汇率、减征或免征税款、补税、退税、征收滞纳金、计征方式及纳税地点等行政行为不服的争议。纳税义务人对海关在征税程序上的其他行为有异议的,如关税强制措施、税收保全措施不属于纳税争议,而应当视为不服海关其他行政行为的行政争议。

发生纳税争议时,适用海关行政复议制度,由做出该具体行政行为海关的上一级海关作为复议机关对申请人的复议做出审理并给出决定。

5.5.6 缓税利息

对于内销的加工贸易保税料件或制成品,海关除依法征收税款外,还需要征收缓税利息。缓税利息的利率为中国人民银行公布的活期存款利率,海关根据中国人民银行最新公布的活期存款利率随时调整并公布执行。

对于实行保证金台账实转(包括税款保付保函)管理的加工贸易手册项下的保税货物,在办理内销征税手续时,如果海关征收的缓税利息大于对应台账保证金的利息,应由中国银行在海关税款缴款书上签注后退单。由海关重新开具两份缴款书,一份将台账保证金利息全额转为缓税利息;另一份将台账保证金利息不足部分单开海关税款缴款书,企业另行缴纳。

保税料件或制成品经批准内销的,计息期限的起征日期为内销料件或制成品所对应的加工贸易合同项下首批料件进口之日,至海关填发税款缴款书之日;加工贸易 E 类电子账册项下,则为内销料件或制成品所对应电子账册最近一次核销之日(若没有核销日期的,则为电子账册的首批料件进口之日)至海关填发税款缴款书之日。

本 章 小 结

进出口税费是指在进出口环节中由海关依法征收的关税、船舶吨位税、消费税、增值税、滞报金、滞纳金等。关税是进出口商品在经过一国关境时,由海关代表国家,按照国家制定的关税政策和公布实施的税法及进出口税则向进出口货物和物品所征收的一种流转税。关税根据不同分类标准可以分为进口关税、出口关税、过境税;从价税、从量税、复合税、滑准税;普通关税、优惠关税;正税、反补贴税、反倾销税等。进口环节代征税包括消费税与增值税。

要计算进出口税费首先要确定进出口商品的完税价格。进出口商品的完税价格审定以成交价格为基础。不能确定成交价格时,依次采用相同及类似货物成交价格估价法、计算价格估价方法直至合理方法等其他估价方法。其次,需要按照海关税则选择适用的税率。确定适用税率最重要的是找到进出口货物的原产地。确定原产地有完全获得标准和实质性改变标准。实质性改变标准分为税则归类改变标准、区域价值成分标准、制造加工工序标准等。原产地规则有优惠原产地规则和非优惠原产地规则两种。最后，根据进出口税费计算公式计算出应缴纳的进出口税费。

进出口货物的收发货人或其代理人接到海关对货物应缴纳关税、进口环节增值税、消费税、滞报金、滞纳金等税费所开具的关税和代征税缴款书等收费专用票据后，在规定的时间内向指定银行缴纳税费。

课 后 练 习

一、单选题

1. 关税的征收主体为（   ）。

    A. 国家　　　　　　　B. 海关总署　　　　　C. 国家税务总局　　　D. 财政部

2. 出口涉及需要征税的货物，应该缴纳的税金包括（   ）。

    A. 关税　　　　　　　　　　　　　　　　B. 关税、增值税

    C. 关税、增值税、消费税　　　　　　　　D. 关税、增值税、消费税、反倾销税

3. 进出口货物实质性改变标准以（   ）为基本标准，如果该标准不能反映实质性改变的，以从价百分比等作为补充标准。

    A. 完全获得　　　　　　　　　　　　　　B. 制造或加工工序

    C. 税则归类改变　　　　　　　　　　　　D. 产品特定原产地

4. 原产于优惠贸易协定成员国或者地区的货物，经过其他国家或者地区运输至中国境内，若符合直接运输规则，不能（   ）。

    A. 换装运输工具　　　　　　　　　　　　B. 临时储存

    C. 通风干燥　　　　　　　　　　　　　　D. 改换包装

5. 某批进口货物合同成交方式为 FOB KOBE 2000 美元，保费 10 美元，海运费 20 美元、该批货物完税价格应该为（   ）。

    A. 2000 美元　　　　B. 2010 美元　　　　C. 2220 美元　　　　D. 2230 美元

二、多选题

1. 以下项目属于法定减免税情形的是（   ）。

    A. 单票货物关税税额在人民币 50 元以下的

    B. 某外商企业进口投资额度内的一台自用大型设备

    C. 某科研机构进口的一批科研用残疾人专用商品

    D. 无商业价值的广告品和货样

2. 关于进口环节海关代征税的表述，正确的有（   ）。

    A. 主要有增值税、消费税两种

    B. 均采用从价计征方式

C. 起征点均为 50 元

D. 进口货物如果有消费税,应先计算消费税,再计算增值税

3. 进出口货物放行后,海关发现( )税款,应当自缴纳税款或者货物放行之日起一年内,向纳税义务人补征。

A. 少征　　　　　　B. 多征　　　　　　C. 稽征　　　　　　D. 漏征

4. 进入我国关境内的( ),属于关税征收对象。

A. 货物　　　　　　　　　　　　B. 物品

C. 运载货物的运输工具　　　　　D. 人员

5. 我国规定,( )有权签发出口货物原产地证书。

A. 海关　　　　　　　　　　　　B. 中国国际贸易促进会及其地方分会

C. 制造商　　　　　　　　　　　D. 出口商

三、判断题

1. 关税可以分为正税和进出口环节代征税。 ( )

2. 我国对进口关税设置最惠国税率、协定税率、特惠税率、关税配额税率、普通税率。 ( )

3. 同时适用 ITA 税率、协定税率的商品,应适用 ITA 税率征税。 ( )

4. 《审价办法》规定,进口货物的完税价格,由海关以该货物的成交价为基础审查确定,并且应当包括货物运抵中华人民共和国境内输入地点起卸前的运输及相关费用、保险费(或保费、保险费用)。 ( )

5. 跨境电子商务零售进口商品按照实际交易价格作为货物完税价格,实际交易价格包括货物批发价格、运费和保险费。 ( )

四、综合案例题

1. 国内某公司从产地印度尼西亚进口红皮紫红肉火龙果 25CTN,装箱规格 10KG/CTN, Per kg CNY 20 CIF Shuanghai,货物经新加坡中转,二程船于 2020 年 10 月 10 日申报进境。次日,国内公司凭发票、箱单、原产地申明等资料向我国海关申报报关单电子数据,经海关现场查验后,企业向海关缴纳足额保证金后,先行提货。2020 年 10 月 20 日,该公司凭新加坡出具的正本优惠原产地证向海关申请销保手续。(2020 年真题)

1. 该批火龙果如可以享受协定税率,则所指的协定简称是( )。

A. APEC　　　　B. CEPA　　　　C. ECFA　　　　D. ACFTA

2. 该批火龙果如可以享受协定税率,以下说法正确的有( )。

A. 企业向海关申报时,应提供新加坡海关出具的未加工证明

B. 企业向海关申报时,应同时向海关进行原产地资格补充申报

C. 企业向海关申报时,无须提供新加坡海关出具的未加工证明

D. 企业向海关申报时,应确保申报的原产地与实际货物外包装上的产地标识相符

3. 该批鲜火龙果进口关税最惠国税率为 20%,协定关税税率为 0%,进口普通税率为 80%,进口环节增值税税率为 9%,进口环节消费税税率为 0%,向海关申请担保时,需要

缴纳保证金约(　　)元。

  A. 5000×0%
         B. 5000×9%

  C. 5000×(20%＋9%＋20%×9%)
   D. 5000×(80%＋9%＋80%×9%)

五、实训任务

  报关员小王负责公司进口德国产压模成型机的进口报关业务,该压模成型机成交条件为 CIF 青岛,装载该货物的运输工具于 2021 年 3 月 27 日申报进境,该企业于 4 月 3 日申报,当日生成报关单。货物的发票显示如下:总价 EUR1100000,运保费 EUR7000,卖方佣金 EUR18000,进口公司设备调试费 EUR4000,剩余为设备金额。关税税率为 5%,增值税税率为 13%。

  任务 1:请帮小王查询一下该产品适用哪种税率? 并说明适用税率涉及要素主要有哪些?

  任务 2:请帮小王确定一下该票货物适用的汇率为哪个? 海关按成交价格法审定完税价格,请计算应缴纳税费。

  任务 3:请帮小王设计一下税费缴纳的流程。

学习成果达成与测评

学号		姓名		项目序号		项目名称	进出口商品税费核算	学时	6	学分	0.2
职业技能等级	中级		职业能力					子任务数		3个	
序号	评价内容		评价标准						分数		
1	原产地与税率适用		能够根据原产地规则选择进出口商品适用税率								
2	完税价格及税费计算		能根据不同方法审定进出口货物完税价格并计算出进出口税费								
3	税费缴纳		能简述进出口商品税费缴纳流程及注意事项								
考核评价	项目整体分数(每项评价内容分值为 1 分)										
	指导教师评语										

备注	奖励： 1. 按照完成质量给予 1～10 分奖励,额外加分不超过 5 分。 2. 每超额完成 1 个任务,额外加分 3 分。 3. 巩固提升任务完成优秀,额外加分 2 分。 惩罚： 1. 完成任务超过规定时间扣 2 分。 2. 完成任务有缺项每项扣 2 分。 3. 任务实施报告编写歪曲事实,个人杜撰或有抄袭内容不予评分。

学习成果实施报告书

题目					
班级		姓名		学号	
任务实施报告					

请简要记述本工作任务学习过程中完成的各项任务,描述任务规划及实施过程,遇到的重难点及解决过程,总结商品归类技巧和注意事项等,字数要求不低于 800 字。

考核评价(按 10 分制)		
教师评语：	态度分数	
	工作量分数	
考评规则		

工作量考核标准：
1. 任务完成及时。
2. 操作规范。
3. 实施报告书内容真实可靠,条理清晰,文笔流畅,逻辑性强。
4. 没有完成工作量,扣 1 分,故意抄袭实施报告扣 5 分。

第 6 章

进出口通关流程

知识导读

随着国际经济形势不断变化,国内宏观调控及产业转型升级不断向前迈进,进出口通关流程的管理日趋专业化、精细化及规范化,与此同时,执法部门的监管力度不断加大。这对报关员来说,及时掌握各项规定和规避风险,如何帮助企业快速、高效清关提出了较高的要求。本章中,我们将介绍一般进出口货物、保税货物和跨境电商货物的通关流程。

学习目标

- 了解通关流程的 3 个阶段
- 了解一般进出口货物的范围
- 了解保税货物的类型

能力目标

- 熟练保税货物的报关业务操作
- 掌握一般进出口货物的申报
- 掌握跨境电商货物报关的业务流程

素质目标

- 树立守法经营的理念
- 培养诚实守信和爱岗敬业的职业素养

6.1 通关流程概述

通关流程是指进出口货物的收发货人,运输负责人,物品的所有人或其专业代理人按照海关的规定,办理货物、物品、运输工具进出境及相关海关事务的手续及步骤。

通关流程中的 3 个阶段:前期阶段、货物进出境阶段、后续阶段。不同类别的进出境货物对应不同的通关阶段,有着不同的货物通关程序,如表 6-1 所示。

表 6-1　通关流程

货物类别	通 关 程 序		
	前期阶段 （货物在进出境前办理）	进出口阶段 （货物在进出境申报时办理）	后续阶段 （货物在进出境后需继续办理才能结关）
一般进出口货物	无	进出口申报 ↓ 配合查验 ↓ 缴纳税费 ↓ 提取或装运货物	无
保税进出口货物	备案、申请登记手册		保税货物核销申请
特定减免税货物	特定减免税申请和申领免税证明		解除海关监管申请
暂准进出境货物	展览品备案申请		暂准进出境货物的销案申请
其他进出境货物（以出料加工货物为例）	出料加工备案		办理销案手续

1. 前期阶段

前期阶段即货物在进出关境之前,向海关办理备案手续的过程。并不是所有货物都要经过这个阶段。主要适用于保税进出口货物、特定减免税货物、暂准进出境货物中的展览品及其他进出境货物中的部分货物。

2. 进出口阶段

进出口阶段包括 4 个环节,从进出口货物收发货人来说,流程如下。

(1)进出口申报:进出口货物收发货人或其代理人在海关规定期限内,按照海关规定的形式,向海关报告进出口货物的情况,提请海关按其申报的内容放行进出口货物的工作环节。

(2)配合查验:申报进出口的货物经海关决定查验时,进出口货物的收发货人或者办理进出口申报具体手续的报关员应到达查验现场,配合海关查验货物,并负责按照海关的要求搬移、开拆或重封被查验货物的工作环节。

(3)缴纳税费:接到海关发出的税费缴纳通知书后,进出口货物的收发货人或代理人,向海关指定的银行办理税费款项的缴纳手续,由银行将税费款项缴入海关专门账户的工作环节。

(4)提取或装运货物:提取进口货物或装运出口货物。在办理了上述手续后海关决定放行,凭海关加盖放行章的出口装货凭证或进口提货凭证到货物出境地或者进境地的港区、机场、车站、邮局等地的海关监管仓库办理离境手续或者提取货物。

3. 后续阶段

根据海关对保税货物、特定减免税货物、暂准进出口货物等的监管要求,进出口货物收发货人或其代理人在货物进出境储存、加工、装配、使用后,在规定的期限内按照规定的要求向海关办理上述进出口货物核销、销案、申请解除监管手续的过程。

6.2　一般进出口货物通关流程

6.2.1　一般进出口货物概述

1. 一般进出口货物含义

一般进出口货物是指在进出口环节缴纳了应征的进出口税费并办结了所有必要的海关手续,海关放行后不再进行监管,可以直接进入生产和消费领域流通的进出口货物。

"一般"一词是海关业务的一种习惯用语,其本身并无特别含义,用它作为一种海关结关制度的标志,主要是容易和其他结关制度区别开来。

2. 一般进出口货物的基本特征

1) 进出境时缴纳进出口税费

"进出口环节"是指进口货物办结海关手续以前,出口货物已向海关申报尚未装运离境时,处于海关监管之下的状态。在这一环节,一般进出口货物的收发货人应当按照《海关法》和其他有关法律、行政法规的规定,向海关缴纳关税、海关代征税、规费及其他费用。

2) 进出口时提交相关的许可证件

货物进出口时受国家法律、行政法规管制并需要申领进出口许可证件,进出口货物收发货人或其代理人应当向海关提交相关的进出口许可证件。

3) 海关放行即为结关

海关征收了全额的税费,审核了相关的进出口许可证件,并对货物进行实际查验(或做出不予查验的决定)以后,按规定签章放行。这时,进出口货物收发货人或其代理人才能办理提取进口货物或者装运出口货物的手续。对一般进出口货物来说,海关放行即意味着海关手续已经全部办结,海关不再监管,可以直接进入生产和消费领域流通。

3. 一般进出口货物的范围

海关监管货物按货物进境、出境后是否复运出境、复运进境,可以分为两大类:一类是进境、出境后不再复运出境、复运进境的货物,称为实际进出口的货物;另一类是进境、出境后还将复运出境、复运进境的货物,称为非实际进出口的货物。

实际进出口的货物,除特定减免税货物外,都属于一般进出口货物的范围,主要有以下货物:一般贸易进口货物;一般贸易出口货物;转为实际进口的保税货物、暂准进境货物,转为实际出口的暂准出境货物;易货贸易、补偿贸易进出口货物;不批准保税的寄售代销贸易货物;承包工程项目实际进出口货物;外国驻华商业机构进出口陈列用的样品;外国旅游小批量订货出口的商品;随展览品进境的小卖品;免费提供的进口货物,如外商在经济贸易活动中赠送的进口货物,外商在经济贸易活动中免费提供的试车材料等,我国在境外的企业或机构向国内单位赠送的进口货物。

6.2.2 一般进出口货物的报关业务操作

一般进出口货物的报关程序没有前期阶段和后续阶段,只有进出口阶段,由 4 个环节构成,即进出口申报、配合查验、缴纳税费、提取货物。

1. 进出口申报概述

一般进出口货物申报是指在一般进出口货物进出口时,进出口货物收发货人或受委托的报关企业,依照《海关法》及有关法律、行政法规的要求,在规定的期限、地点,采用电子数据报关单和纸质报关单形式,向海关报告实际进出口货物的情况,并接受海关审核的行为。

1)申报地点

① 进口货物应当在进境地海关申报。

② 出口货物应当在出境地海关申报。

③ 经过收发货人申请,海关同意,进口货物可在指运地申报;出口货物可在启运地申报。指运地是指进口转关运输货物运抵报关的地点。例如,货物从深圳进口,按规定应该在进境深圳海关申报,但是经收发货人申请,海关同意后,进口货物转到南昌海关申报进口。其中,深圳是进境地,南昌是指运地。启运地是指出口转关运输货物报关发运的地点。

④保税货物、特定减免税货物、暂准进境货物,因故改变使用目的从而改变货物的性质为一般进口货物时,要向货物所在地主管海关申报。

⑤ 经电缆、管道及其他特殊方式进出境的货物应按海关的规定定期向指定的海关申报。

第①②种情况属于一般情况下货物申报的地点。

第③种情况属于转关运输的情况下,货物申报的地点。转关运输,指进出口货物在海关监管下,从一个海关运至另一个海关办理海关手续的行为。

2)申报期限

进口货物的收货人或其代理人应当自载运该货的运输工具申报进境之日起 14 天内(从运输工具申报进境之日的第二天开始计算,下同)向海关办理进口货物的通关申报手续。若进口货物自装载货物的运输工具申报进境之日起超过 3 个月仍未向海关申报的,其进口货物由海关提取变卖处理。所得价款在扣除运输、装卸、存储等费用和税款后,尚有余款的,自货物变卖之日起一年内经收货人申请,予以发还;逾期无人申请的,上缴国库。确属误卸或者溢卸的进境货物除外。

进口货物的收货人未按照规定期限向海关申报的,由海关按照规定征收滞报金。滞报金起收日期为运输工具进境之日起的第 15 天;转关运输货物为货物抵达指运地之日起的第 15 天。滞报金的每日征收率为进口货物完税价格的 0.5%。起征点为人民币 50 元。

出口货物的申报期限为货物运抵海关监管区后至装货的 24 小时以前。如果在这一规定的期限之前没有向海关申报的,海关可以拒绝接受通关申报。

经电缆、管道或其他特殊方式进出境的货物,进出口货物收发货人或其代理人按规定定期申报。

3）申报日期

申报日期是指申报数据被海关接受的日期。报关员以电子数据报关单方式申报后，海关计算机系统接受申报数据时记录的日期即为申报日期，该日期将反馈给原数据发送单位，或公布于海关业务现场，或通过公共信息系统发布。电子数据报关单经过海关计算机检查被退回的，视为海关不接受申报，进出口货物收发货人或其代理人应当按照海关的要求修改后重新申报，申报日期为海关接受重新申报的日期。海关已接受申报的电子数据报关单，送人工审核后，需要对部分内容进行修改的，进出口货物收发货人或其代理人应当按照海关规定进行修改并重新发送，申报日期仍为海关原接受申报的日期。

实施无纸化通关后，一般不再需要提供纸质报关单，如遇特殊情况，报关员仍需打印纸质报关单接受检查。

2. 进出口申报程序

一般进出口货物的报送流程，如图 6-1 所示。

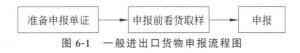

图 6-1　一般进出口货物申报流程图

1）准备申报单证

准备申报的单证是报关人员开始进行申报工作的第一步，是整个报关工作能否顺利进的关键一步，申报单证主要分为报关单和随附单证两大类，其中随附单证包括基本单证和特殊单证。

报关单是由报关员按照海关规定格式填制的申报单，是指进出口货物报关单或者带有进出口货物报关单性质的单证，如特殊监管区域进出境备案清单、进出口货物集中申报清单、ATA 单证册、过境货物报关单、快件报关单等。一般来说，任何货物的申报，都必须有报关单（见图 6-2）。

基本单证是指进出口货物的货运单据和商业单据，主要有进口提货单据、出口装货单据商业发票、装箱单等。一般来说，任何货物的申报，都必须有基本单证。

特殊单证主要有进出口许可证件、加工贸易手册（包括纸质手册、电子账册和电子化手册）、特定减免税证明、作为有些货物进出境证明的原进出口货物报关单证、原产地证明书、贸易合同等。某些货物的申报，必须有特殊单证。比如，租赁贸易货物进口申报，必须有租赁合同，而别的货物进口申报则不一定需要贸易合同，所以贸易合同对于租赁贸易货物申报来说是一种特殊单证。

进出口货物收发货人或其代理人应向报关员提供基本单证和特殊单证，报关员审核这些单证后据以填制进出口报关单。

准备申报单证的原则是：单证必须齐全、有效、合法；填制报关单必须真实、准确、完整；报关单与随附单证数据必须一致。

2）申报前看货取样

进口货物的收货人向海关申报前，为了确定货物的品名、规格、型号、归类等，可以向

中华人民共和国海关出口货物报关单

预录入编号：　　海关编号：　　　　　　　　　　（XX海关）

境内发货人	出境关别		出口日期		申报日期		备案号
境外收货人	运输方式		运输工具名称及航次号		提运单号		
生产销售单位	监管方式		征免性质		许可证号		
合同协议号	贸易国(地区)		运抵国(地区)		指运港		离境口岸
包装种类	件数	毛重(千克)	净重(千克)	成交方式	运费	保费	杂费
随附单证及编号							
标记唛码及备注							
项号　商品编号　商品名称及规格型号		数量及单位　单价/总价/币制　原产国(地区)　最终目的国(地区)　境内货源地　征免					
	价格影响确认：　　　　　支付特许权使用费确认：						
报关人员　　报关人员证号	兹申明对以上内容承担如实申报、依法纳税责任					海关批注及签章	
申报单位	申报单位(签章)						

图 6-2　出口货物报关单

海关提出查看货物或者提取货样的书面申请。海关审核同意的，派员到场实际监管。查看货物或提取货样时，海关开具取样记录和取样清单；提取货样的货物涉及动植物及其产品，以及其他须依法提供检疫证明的，应当按照国家的有关法律规定，在取得主管部门签发的书面批准证明后提取。提取货样后，到场监管的海关关员与报关人员在取样记录和取样清单上签字确认。

3）申报

《海关法》规定：办理进出口货物的海关申报手续，应当采用纸质报关单和电子数据报关单的形式。电子数据报关单和纸质报关单均具有法律效力。

进出口货物收发货人或其代理人可以选择终端申报方式、委托电子数据交换方式、自行电子数据交换方式、网上申报方式等4种电子申报方式中的一种，将报关单内容录入海关电子计算机系统，生成电子数据报关单。接收到海关发送的接受申报信息后，即表示电子申报成功；接收到海关发送的不接受申报信息后，则应根据提示的问题进行修改，并重新申报。

纸质报关单申报形式是指进出口货物的收发货人、受委托的报关企业，按照海关的规定填制纸质报关单，备齐随附单证，向海关当面递交的申报方式。进出口货物收发货人或其代理人应当自接到海关"现场交单"或"放行交单"通知之日起10日内，持打印的纸质报关单及随附单证并签名盖章，到货物所在地海关提交书面单证并办理相关手续。

进出口货物的收发货人、受委托的报关企业应当以电子数据报关单形式向海关申报，与随附单证一并递交的纸质报关单的内容应当与电子数据报关单一致；特殊情况可经海关同意后,允许先采用纸质报关单申报、电子数据事后补报的形式,补报的电子数据应当与纸质报关单内容一致。在向未使用海关信息化管理系统作业的海关申报时,可以采用纸质报关单申报形式。

4)修改申报内容或撤销申报

海关接受申报后,申报内容不得修改,报关单证不得撤销;确有正当理由的,经海关批准,可以修改或撤销申报。关于修改或撤销申报主要有以下两种情况。

① 进出口货物收发货人要求修改或撤销。进出口货物收发货人或其代理人确有以下正当理由的,可以向原接受申报的海关申请修改或者撤销进出口货物报关单:由于报关人员操作或书写错误造成申报差错,并且未发现有走私违规或者其他违法嫌疑的;出口货物放行后,装运、配载等因素造成原申报货物全部或部分退关、变更运输工具的;进出口货物在装载、运输、存储过程中,溢短装、不可抗力的灭失、短损等造成原申报数据与实际货物不符的;根据国际惯例先行采用暂时价格成交、实际结算时按商检品质认定或国际市场实际价格付款方式需要修改原申报单据的;计算机、网络系统等方面的原因导致电子数据申报错误的;其他特殊情况经海关核准同意的。

海关已经决定布控、查验的进出口货物,以及涉及有关案件的进出口货物的报关单在"办结"前不得修改或撤销。申请修改或撤销进出口货物报关单的,应提交"进出口货物报关单修改/撤销申请表"(见表6-2),并提交下列单证:可以证明进出口实际情况的合同、发票、装箱单等相关单证;外汇管理、国税、检验检疫、银行等部门出具的单证;应税货物的"海关专用缴款书"、用于办理收付汇和出口退税的进出口货物报关单明联等海关出具的相关单证。

表6-2 进出口货物报关单修改/撤销申请表

编号:xx海关〔   年〕   号

报关单编号		报关单类别	□进口	□出口
经营单位名称		申请事项	□修改	□撤销
报关单位名称				

修改/撤销内容

报关单数据项(进口/出口)		原 填 报 内 容	应 当 填 报 内 容
需按审查程序办理的项目	商品编号		
	商品名称及规格型号		
	币　　制		
	单　　价		
	总　　价		
	原产国(地区)/最终目的国(地区)		
	贸易方式(监管方式)		
	成交方式		

其他项目			

修改或者撤销原因：

兹声明以上申请理由和申请内容无讹，随附证明资料真实有效，如有虚假，愿承担法律责任。

申请人签字：　　　　　申请日期：　　　　　　申请单位(公章)：

海关批注：

经审查，上述申请符合/不符合《中华人民共和国海关进出口货物报关单修改和撤销管理办法》第　　条第　　款的规定，我关同意/不同意 修改/撤销。

海关印章：　　　　　　年　　月　　日

② 海关发现报关单需要修改或撤销。海关发现进出口货物报关单需要进行修改或撤销，但进出口货物收发货人或其代理人未提出申请的，海关应当予以通知，海关在进出口货物收发货人或其代理人填写的"进出口货物报关单修改/撤销确认书"，确认进出口货物报关单修改或撤销的内容后，对报关单进行修改或撤销。

因修改或撤销进出口货物报关单导致需要变更、补办进出口许可证件的，进出口货物收发货人或其代理人应当向海关提交相应的进出口许可证件。

3. 配合查验

1）海关查验

海关查验是指海关依法确定进出境货物的性质、价格、数量、原产地、货物状况等是否与报关填报内容相符，对货物进行实际核查的执法行为。

海关查验应当在海关监管区内实施；特殊情况下，如因货物易受温度、静电、粉尘等自然因素的影响，不宜在海关监管区内实施查验，海关可以派员到监管区外进行查验。

当海关决定查验时，会以书面通知的形式提前通知进出口货物收发货人或其代理人，约定查验的时间。查验时间一般约定在海关正常工作时间内。对于危险品或鲜活、易腐、易烂、易失效、易变质等不宜长期保存的货物，以及因其他特殊情况需要紧急查验放行的货物，经进出口货物收发货人或其代理人申请，海关可以优先实施查验。

海关实施查验可以彻底查验，也可以抽查。彻底查验是指对一票货物逐件开拆包装，查验货物实际状况；抽查是指按照一定比例有选择地对一票货物中的部分货物进行查验。查验操作可以分为人工查验和设备查验，海关可以根据货物情况确定具体的查验方式。

海关可以对已查验货物进行复验。有下列情形之一的，海关可以复验：①经初次查验未能查明货物的真实属性，需要对已查验货物的某些性状做进一步确认的；②货物涉嫌走私违规，需要重新查验的；③进出口货物收发货人对海关查验结论有异议，提出复验要求并经过海关同意的；④其他海关认为必要的情形。

在进出口货物收发货人或其代理人不在场的情况下，有下列情形之一的，海关可以径行开验：①进出口货物有违法嫌疑的；②海关通知查验，但进出口货物收发货人或其代理人届时未到场的。

2）配合检查

海关查验货物时，进出口货物收发货人或其代理人应当到场，配合海关查验。进出口货物收发货人或其代理人应当做好以下工作：①负责搬运货物、开箱、封箱；②如实回答查验人员的询问及提供必要的资料；③协助海关提取需要作进一步检验、化验或鉴定的货样，收取海关出具的取样清单；④确认查验结果，在《海关进出境货物查验记录单》上签字。

在查验过程中，或者证实海关在径行开验过程中，因海关查验人员的责任造成被查验货物损坏的，进出口货物收发货人或其代理人可以要求海关赔偿。以下情况不属于海关赔偿范围：①进出口货物收发货人或其代理人搬运货物、开箱、封箱或保管不善造成损坏的；②易腐、易失效货物在海关正常工作时间内变质失效的；③海关查验时产生的正常磨损；④在海关查验之前已经损坏的或海关查验之后发生的损坏；⑤不可抗力造成货物的损坏、损失。

4. 缴纳税费

在海关接受申报后，进出口货物收发货人或其代理人应办理货物税费的缴纳手续。缴纳税费是指进出口货物收发货人或其代理人接到海关的税费缴纳通知书后，向海关指定的银行办理税费款项的缴纳手续。

在税费缴纳过程中，进出口货物收发货人或其代理人先将报关单及随附单证提交给货物进出境地指定海关，海关对报关单进行审核，对需要查验的货物先由海关查验，然后核对计算机计算的税费，开具税款缴款书和收费单据。进出口货物收发货人或其代理人凭海关签发的税款缴款书和收费单据在限定的时间（收到缴款书后 15 日内）向指定银行缴纳税费，或在网上进行电子支付。

5. 提取货物

1）海关放行和货物结关

海关放行：相关手续办完后，海关对进出口货物做出结束海关进出境现场监管决定，允许进出口货物离开海关监管场所的工作环节。

货物结关：已办结所有的海关手续，结束海关监管。对于一般进出口货物而言，海关放行即等于结关；对于非一般进出口货物而言，海关放行不等于结关，海关在一定时期内继续进行监管。

2）提取或装运货物：凭单办理取货（进口）或装运（出口）

进口：进口货物收货人凭加盖有"海关放行章"的进口提货凭证（提单、运单等）提取进口货物。

出口：出口货物收货人或者其代理人，凭着加盖"海关放行章"的出口货物装货凭证办理货物装运手续。

3）申请签发报关单证明联和办理其他证明手续

需要海关签发证明的,可以向海关提出申请,海关在签发证明的同时通过电子口岸执法系统向有关单位传送相关数据进行备案。常见证明如下:进口付汇证明、出口收汇证明、出口收汇核销单、出口退税证明、进口货物证明书。

6.3 保税货物通关流程

6.3.1 保税货物概述

1. 保税货物的含义

保税货物是指经海关批准未办理纳税手续进境,在境内储存、加工、装配后复运出境的货物。保税制度在国际贸易中的广泛应用,使这一制度涉及的保税货物成为进出口货物中的一项重要内容。

保税货物包括保税物流、保税加工和保税服务3种方式。①保税物流是指经营者经海关批准,将未办理纳税手续进境的货物从供应地运送到需求地的服务型经营行为,包括进口货物在口岸与海关特殊监管区域及海关保税监管场所之间、海关特殊监管区域与海关保税监管场所内部、海关特殊监管区域与海关保税监管场所之间、境内区外出口货物与海关特殊监管区域及海关保税监管场所之间的物流。保税物流包括储存、配送、分拨、运输、简单流通加工、中转转运、展示等业务。保税物流从物流移动的范围来看属于国内物流,但从业务操作模式上看具有明显的国际物流特点;②保税加工是指经营者经海关批准,对未办理纳税手续进境的货物,进行实质性加工或装配,以及相关配套业务的生产性经营行为。在产业链上体现为来料加工、进料加工等形式;③保税服务包括保税检疫维修、保税拍卖、保税展示交易、保税研发等。

2. 保税货物的基本特征

① 暂时进出口时暂缓办理纳税手续。保税货物须在海关监管之下在境内进行特定的加工、储存,在适用不同的海关事务担保后,在进境时可以享有暂免缴纳进口环节各项税费的待遇。保税货物进境后主要用于临时储存或加工出口产品的,原则上复出口前并不投入境内的经济循环。因此,对暂时进口储存或加工的货物,在尚未决定其最终去向时,在关税征收上采取暂缓办理的措施。这种暂免纳税不同于关税的免纳,因为保税货物的税收暂免是以将来的复运出境为前提的,若保税货物在特定时间内没有履行复运出境的义务,那么保税货物仍然应履行缴纳关税的义务。

② 原则上免受进出口管制。除国家需实施特别经济保护或货物进口有悖于国家安全、公共卫生、社会文化、道德的要求以外,保税货物进出口通常不适用贸易的禁限措施。但货物的最终去向确定为内销或超过规定的储存、加工时限的,不仅有征收关税的要求,同时也必须按一般进口贸易申领国家进出口管制的许可证件。

③ 进出境报关现场放行后,货物尚未结关。保税货物因暂时进出口而未办理纳税手续和未提交进出口管制的证件。因此,在办妥保税货物进出境报关现场的海关放行手续时,其报关手续仍未完结,这些货物仍属海关监管货物范围,并在加工、储存直至核销结案

期间,报关人员还须继续承担办结报关手续的义务。

④ 在货物的最终去向确定时,办理相应的报关手续。保税货物虽然原则上须复运出口,但实际上还有内销、结转保税等经济用途。在货物的最终去向确定时,无论其去向如何,报关人员均应按这些货物所确定的进出境经济用途办理相应的报关手续。

⑤ 核销后结案。核销是指对海关放行后仍属于海关监管范围的货物,报关单位应履行法律规定的义务,在海关规定的时限内向海关申请核销,由海关核销结案后,结束海关监管的过程。暂时进出口加工或储存的货物复出口或办理最终报关手续后,海关的监管才能解除,报关手续才算完结。

6.3.2 保税加工货物的报关业务操作

海关对保税加工货物的监管模式有两大类,分别是物理围网的监管模式和非物理围网的监管模式。

物理围网监管,是指海关对专门划定区域内开展保税加工业务实施封闭式管理。目前,该模式主要适用于出口加工区、保税港区、综合保税区等海关监管特殊区域内企业开展加工贸易。在该模式下,海关对保税加工企业实行联网监管,以企业为海关监管单元,以核查企业电子底账作为海关监管的主要手段,不实行银行保证金台账管理等海关事务担保措施。

非物理围网,是指海关针对经营企业的不同情况分别以电子化手册和电子账册作为海关监管手段的管理模式。这种监管方式又分为两种:一种是针对大型企业的,以建立电子账册为主要标志,以企业为单元进行管理,海关对以电子账册作为海关监管手段的保税加工企业以企业作为监管单元实行联网监管,除特殊情况外,一般不实行银行保证金台账管理等海关事务担保措施;另一种是针对中小企业的,以建立电子化手册为主要标志,海关对电子化手册作为海关监管手段的保税加工企业,以保税加工手册作为监管单元,实行银行保证金台账管理等海关事务担保措施。

1. 电子账册管理下的加工贸易货物的报关程序

电子账册是海关以企业为管理单元为联网建立的电子底账,企业通过数据交换平台或者其他计算机网络方式向海关报送能满足海关监管要求的物流、生产经营等数据,海关对数据进行核对、核算,并结合实物进行核查。电子账册管理下的加工贸易货物的报关程序主要经过 3 个环节:备案→货物报关→核销。

1)备案

电子账册管理下的加工贸易货物报关需对经营范围电子账册和便捷通关电子账册进行备案。

企业凭商务主管部门的批准证,通过网络向海关办理"经营范围电子账册"备案,备案内容为经营单位名称和代码、加工单位名称和代码、批准证件编号、加工生产能力、加工贸易进口料件和成品范围(商品编码前 4 位)。

企业的经营范围、加工能力等发生变更时,经商务主管部门批准后,企业可通过网络向海关申请变更。最大周转金额、核销期限等需要变更时,企业应向海关提交书面申请,海关批准后,由海关直接变更。

企业可通过网络向海关办理"便捷通关电子账册"备案手续,备案内容包括企业基本情况表、料件成品部分及单耗关系。其他部分可以同时备案,也可以分阶段申请备案,但是料件的备案必须在相关料件进口前备案,成品和单耗关系最迟应在相关成品出口前备案。

"便捷通关电子账册"的基本情况表内容、料件成品发生变化的,包括料件、成品品种、单损耗关系的增加等,只要未超出经营范围和加工能力,企业不必报商务主管部门审批,可以通过网络直接向海关申请变更。

2) 货物报关

电子账册下的加工贸易货物报关包括进出境报关、深加工结转报关和其他加工贸易货物报关。

① 进出境报关。联网企业进出口加工贸易货物,应使用企业内部的计算机,采用计算机原始数据形成报关清单,经中国电子口岸自动归并后生成报关单,向海关申报。联网企业备案的进口料件和出口成品等内容,是货物进出口时与企业实际申报货物进行核对的电子底账,因此申报数据与备案数据应当一致。联网企业在异地报关的,应按照异地报关分册备案的料件、成品填制电子数据报关单,通过网络向口岸海关申报。报关单"备案号"栏填写分册号,其他内容按"报关单填制规范"填写。

② 深加工结转报关与纸质手册管理下的加工贸易货物结转报关程序相同。

③ 其他加工贸易货物报关。联网企业以内销、结转、退运、放弃、销毁等方式处理保税进口料件、成品、副产品、残次品、边角料和受灾货物的报关手续与纸质手册管理下的其他加工贸易货物报关程序相同。后续缴纳税款时,同样要缴纳缓税利息。

3) 核销

海关对联网企业实行定期或周期性的核销制度。一般规定180天为一个报核周期。首次报核期限,从电子账册建立之日起180天后的30天内;以后报核期限,从上次报核之日起180天后的30天内。联网企业报核分预报核和正式报核两个步骤。

2. 电子化手册管理下的加工贸易货物的报关程序

电子化手册管理是以企业的单个加工合同为单元实施对加工贸易货物的监督,是加工贸易计算机联网监管的另一种监管模式。

电子化手册管理的特点是以合同(订单)为单元进行管理。商务主管部门审批每份加工贸易合同(订单),海关根据合同(订单)建立电子底账,企业根据合同(订单)的数量建立多个电子化手册;企业通过网络向商务主管部门和海关申请办理合同审批和合同备案、变更等手续;纳入加工贸易银行保证金台账管理制度;纳入电子化手册的加工贸易货物进口时全额保税;无须电子化调度手册,凭身份认证卡实现全国口岸的报关。

电子化手册的建立同样要经过加工贸易经营企业的联网监管申请和审批、加工贸易业务的申请和审批、建立电子化手册和商品归并关系3个步骤,基本程序同电子账册。

电子化手册商品归并关系的建立是针对联网企业的所有料号级加工贸易货物的,是一项基础性预备工作。归并关系一经海关审核,即产生企业以后所有向海关申报的 HS

编码级的基础数据,不需要对每个电子化手册都进行申报审核。

电子化手册商品归并原则与"便捷通关电子账册"商品归并原则一致。

海关审核通过企业提交的预归类、预归并关系后,企业将申报地海关、企业内部编号、经营单位、加工单位、主管海关、管理对象等基本信息,以及保税进口料件和出口成品的序号、货号、中文品名、计量单位、法定单位等企业料号级物料数据传送到电子口岸数据中心海关对数据进行审核,审核通过后,系统自动向企业发送回执。

企业接收回执后,再将包括归并关系列表、归并后物料信息、归并前物料信息列表等数据在内的料件归并关系和成品归并关系发送至电子口岸,海关予以审核,审核通过后建立电子底账。

电子化手册管理下的加工贸易货物的报关程序同样要经过3个环节:备案→进出口报关→报核和核销。

1)备案

电子化手册的备案分为按合同常规备案和分段式备案两种。

① 按合同常规备案。按合同常规备案除不申领纸质手册以外,其他要求同纸质手册管理基本一样。

② 分段式备案。分段式备案是指将电子化手册的相关内容分为合同备案和通关备案两个部分分别备案,通关备案的数据建立在合同备案数据的基础上。

合同备案环节的备案内容由3个部分组成,即表头数据、料件表和成品表。

表头数据包括企业及企业合同的基本信息,如经营单位、加工单位、手册类型、主管海关、商务主管部门、贸易方式、征免性质、加工贸易业务批准证编号、进口合同、备案进口总额、进口币制、备案出口总额、出口币制、加工种类、有效期限、管理对象等内容。

料件表包括料件序号、商品编号、商品名称、申报计量单位、法定计量单位、申报数量、申报单价、总价、币制等内容。

成品表包括成品序号、商品编号、商品名称、申报计量单位、法定计量单位、申报数量、申报单价、总价、币制等内容。

电子化手册备案时,海关审核要求与原纸质手册的审核要求完全一致:审核企业的备申请内容与商务主管部门出具的"加工贸易业务批准证"是否相符,备案申请数量是否超出了商务主管部门确定的加工生产能力,企业的相关申请是否符合法律、行政法规的规定。电子化手册审核通过后,系统自动生成手册编号。

③ 备案变更。备案变更包括合同备案变更和通关备案变更。企业办理合同备案变更手续应当通过电子口岸向主管海关发送合同备案变更数据,并提供企业的变更申请与商务主管部门出具的"加工贸易业务批准证变更证明"及相关单证材料。如果通关备案已通过,则合同备案变更通过后,系统将对通关备案的数据自动进行变更。

2)进出口报关

电子化手册方式下联网监管企业的加工贸易货物报关与原纸质手册方式一样,适用进出口报关阶段程序的,也有进出境货物报关、深加工结转货物报关和其他加工贸易货物报关3种情形。

① 进出境货物报关。首先,是报关清单的生成。企业在加工贸易货物进出境报关

前,应从企业管理系统导出料号级数据生成归并前的报关清单,或通过电子口岸电子化手册系统按规定格式录入当次进出境的料号级清单数据,并向电子口岸数据中心报送。其次,是报关单的生成。数据中心按归并关系和其他合并条件,将企业申报的清单生成报关单。企业通过中小企业模式联网监管系统的报关申报系统调出清单所生成的报关单信息后,将报关单上剩余各项填写完毕,即可生成完整的报关单,向海关进行申报。

如属异地报关的,本地企业将报关单补充完整后,将报关单上传,由异地报关企业下载报关单数据,进行修改、补充后向海关申报。

对于报关单的修改、撤销,异地报关的报关单被退单,且涉及修改表体商品信息的,应由本地企业从清单开始修改,并重新上传报关单,异地下载后重新申报;如仅需修改表头数据的,则可在异地直接修改报关单表头信息后,直接向海关申报。

有关许可证管理和税收征管的规定与纸质手册管理下的加工贸易货物进出境报关程序一样,可参照纸质手册部分的有关内容。

② 深加工结转货物报关。电子化手册管理下的加工贸易深加工结转货物报关与原纸质手册管理下的加工贸易深加工结转货物报关程序相同。

③ 其他加工贸易货物报关。电子化手册管理下的联网企业以内销、结转、退运、放弃、销毁等方式处理保税进口料件、成品、副产品、残次品、边角料和受灾货物的报关手续,与原纸质手册管理下的其他加工贸易货物报关程序相同。

后续缴纳税款时,同样要缴纳缓税利息(边角料除外)。缓税利息计息的起始日期为内销料件或者制成品所对应的加工贸易合同项下电子化手册记录的首批料件进口之日,截止日为海关签发税款缴款书之日。

3)报核和核销

海关对电子化手册核销的基本目的是掌握企业在某个电子化手册下所进口的各项加工贸易保税料件的使用、流转、损耗的情况,确认是否符合以下的平衡关系:

进口保税料件(含深加工结转进口)＝出口成品折料(含深加工结转出口)＋内销料件
＋内销成品折料＋剩余料件＋损耗-退运成品折料

海关核销除了对书面数据进行必要的核算外,还会根据实际情况采取盘库的方式进行核对。

电子化手册采用的是以企业合同(订单)为单元的管理方式。一个企业可以有多个电子化手册。海关根据加工贸易合同的有效期限确定核销日期,对实行电子化手册管理的联网企业进行定期核销管理,即对电子化手册按照对应的合同(订单)项下加工贸易进出口情况进行平衡核算。报核和核销的大体程序如下。

① 报核。企业通过电子口岸数据中心向主管海关传送报核表头、报关单、进口料件、出口成品、单损耗等5方面的报核数据。

② 核销。海关对报核的电子化手册进行数据核算,核对企业报核的料件、成品进出口数据与海关底账数据是否相同,核实企业申报的成品单损耗与实际耗用量是否相符,企业内销征税情况与实际内销情况是否一致。

③ 结案。海关对通过核销核算的电子化手册进行结案处理,并打印结案通知书交付企业。

6.3.3　保税物流货物的报关业务操作

1. 保税物流货物概述

保税物流货物是指经海关批准未办理纳税手续进境,在境内进行分拨、配送或储存后复运出境的货物,也称作保税仓储货物;已办结海关出口手续尚未离境,经海关批准存放在海关保税监管场所或海关特殊监管区域的货物,带有保税物流货物的性质。

1)保税物流货物的特征

① 进境时暂缓缴纳进口关税和进口环节海关代征税,复运出境免税,内销应缴纳进口关税和进口环节海关代征税,不征收缓税利息。

② 进出境时除国家另有规定外,免予交验进出口许可证件;内销时应交验进出口许可证件。

③ 进境海关现场放行并未解除海关监管,进境后必须进入海关保税监管场所或特殊监管区域,运离这些场所或区域必须办理结关手续。

2)保税物流货物的范围

① 进境经海关批准进入海关保税监管场所或特殊监管区域,保税储存后转口境外的货物。

② 已经办理出口报关手续,尚未离境,经海关批准进入海关保税监管场所或特殊监管区域储存的货物。

③ 经海关批准进入海关保税监管场所或特殊监管区域保税储存的加工贸易货物,供应国际航行船舶和航空器的油料、物料和维修用零部件,供维修外国产品所进口寄售的零配件,外商进境暂存货物。

④ 经海关批准进入海关保税监管场所或特殊监管区域保税的其他未办结海关手续的进境货物。

3)保税物流货物的管理

保税物流监管模式的主要形态有海关保税监管场所和海关特殊监管区域。海关保税监管场所是指经海关批准设立的,准予在保税状态下储存货物的仓库和场所,目前包括保税仓库、出口监管仓库、保税物流中心(A型)和保税物流中心(B型);海关特殊监管区域包括保税区、出口加工区、保税物流园区、保税港区、综合保税区及珠澳跨境工业区珠海园区、中哈霍尔果斯国际边境合作中心中方配套区等。海关对保税物流货物的管理,主要可以归纳为以下方面。

① 设立审批。保税物流货物必须存放在经过法定程序审批设立的保税监管场所或者特殊监管区域。保税监管场所要经过海关或海关会同有关部门审批,并核发批准证书,凭批准证书设立及存放保税物流货物;保税物流园区、保税区、保税港区要经过国务院审批,凭国务院同意设立的批复设立,并经海关等部门联合验收合格才能进行保税物流货物的运作。未经法定程序审批同意设立的任何场所或区域都不得存放保税物流货物。

② 准入保税。保税物流货物通过准予进入保税监管场所或特殊监管区域来实现保税。海关应当依法监管这些场所或者区域,按批准存放范围准予货物进入这些场所或者

区域,不符合规定存放范围的货物不准进入。

③ 纳税暂缓。凡是进境进入保税物流监管场所或者特殊监管区域的保税物流货物,在进境时都可以暂不办理进口纳税手续,在运离时办理征免税,但不需要同时征收缓税利息。而保税加工货物(特殊监管区域内的加工贸易货物和边角料除外)内销征税时要征收缓税利息。

④ 监管延伸。对保税物流货物的监管延伸可分为监管地点延伸和监管时间延伸。

监管地点延伸,是指进境货物从进境地海关监管现场,已办结海关出口手续尚未离境的货物从出口申报地海关现场,分别延伸到保税监管场所或特殊监管区域。

监管时间延伸有以下几种情况:保税仓库存放保税物流货物的时间是 1 年,可申请延长,延长的时间最长为 1 年;出口监管仓库存放保税物流货物的时间是 6 个月,可申请延长,延长的时间最长为 6 个月;保税物流中心(A 型)存放保税物流货物的时间是 1 年,可申请延长,延长的时间最长为 1 年;保税物流中心(B 型)存放保税物流货物的时间是 2 年,可申请延长,延长的时间最长为 1 年;保税物流园区、保税区、保税港区存放保税物流货物的时间没有限制。

⑤ 运离结关。除暂准运离(维修、测试、展览等)需要继续监管以外,每一批货物运离保税监管场所或特殊监管区域,都必须根据货物的实际流向办结海关手续。

2. 保税物流货物的报关程序

1) 保税仓库储存货物

保税仓库是指经海关批准设立的专门存放保税货物及其他未办结海关手续的仓库。经海关核准,进口货物(尚未确定最终去向或待复出口)可以暂缓缴纳进口关税存入专门仓库,并在规定期限内复运出口或办理正式进口手续或用作保税加工。但在货物存储期间必保持货物的原状,除允许在海关监管下进行一些以储存和运输为目的的简单处理外,不得进行任何加工。

保税仓库所存保税货物,应于每月前 5 日内向海关办理核销手续,并将上月转存货物的收付、存等情况列表报送当地海关核销。保税货物出库批量少、批次频繁时,经海关批准,可定期集中办理报关手续。

保税仓库货物的报关管理主要涉及以下内容:保税仓库所存货物的储存期限为 1 年,如因特殊情况需要延长储存期限,应向主管海关申请延期,经海关批准可以延长,延长的期限最长不超过 1 年;保税仓库所存货物,是海关监管货物,未经海关批准并按规定办理有关手续,任何人不得出售、转让、抵押、质押、留置、移作他用或者进行其他处置;货物在仓库储存期间发生损毁或者灭失,除不可抗力原因外,保税仓库应当依法向海关缴纳损毁、灭失货物的税款,并承担相应的法律责任;保税仓库货物可以进行包装、分级分类、加刷唛码、分拆、拼装等简单加工,不得进行实质性加工;保税仓库经营企业应于每月 5 日之前以电子数据和书面形式向主管海关申报上一个月仓库收、付、存情况,并随附有关的单证,由主管海关核销。

① 进仓报关。货物在保税仓库所在地进境时,除国家另有规定外,免交进口许可证,由收货人或其代理人办理进口报关手续,海关进境现场放行后货物存入保税仓库。

货物在保税仓库所在地以外其他口岸入境时,经海关批准,收货人或其代理人可以按照转关运输的报关程序办理手续,也可以直接在口岸海关办理异地传输报关手续。

② 出仓报关。保税仓库货物出库可能出现进口报关和出口报关两种情况。根据货物出库情况保税仓库可以逐一报关,也可以集中报关。出仓报关的具体规定为:保税仓库货物出库用于加工贸易的,按加工贸易货物的报关程序办理进口报关手续;保税仓库货物出库用于可以享受特定减免税的特定地区、特定企业、特定用途的,按特定减免税货物的报关程序办理进口报关手续;保税仓库货物出库进入国内市场或者用于境内其他方面的,按一般进口货物的报关程序办理进口手续;保税仓库货物为转口或退运到境外而出库的,按一般出口货物的报关程序办理出口报关手续,免缴出口关税,免交验出口许可证件。

2) 保税物流中心货物

保税物流中心是专门从事保税仓储物流业务的海关监管场所,有保税物流中心(A型)和保税物流中心(B型)之分。其报关程序按进出中心的流向有所不同。保税物流中心(A型)是指根据海关批准,由中国境内企业法人经营,专门从事保税仓储物流业务的海关监管场所。保税物流中心(A型)按服务范围可以分为公用型和自用型。保税物流中心(B型)是指经海关批准,由中国境内一家企业法人经营,多家企业进入并从事保税仓储物流业务的海关集中监管场所。

保税物流中心的功能既包含了保税仓库的功能,又包含了出口监管仓库的功能,是"两仓"功能的整合、优化和提升,顺应了现代物流的发展要求。保税物流中心既可以存放进口货物,也可以存放出口货物,还可以开展多项增值服务。

保税物流中心存放货物的范围为:国内出口货物、转口货物和国际中转货物、外商暂存货物、加工贸易进出口货物、供应国际航行船舶和航空器的物料和维修用零部件、供维修外国产品所进口寄售的零配件、未办理海关手续的一般贸易进口货物、经海关批准的其他未办结海关手续的货物。

海关对进出保税物流中心货物的报关程序分成两类:一是保税物流中心与境外之间进出货物的报关;二是保税物流中心与境内之间进出货物的报关。

① 保税物流中心与境外之间进出的货物报关。保税物流中心与境外之间的进出口货物,应向保税物流中心主管海关办理相关手续,保税物流中心与口岸不在同一主管海关的,经主管海关批准,可以在口岸海关办理相关手续。

保税物流中心与境外之间进出口货物,除实行出口被动配额管理和我国参加或者缔结的国际条约及国家另有明确规定的以外,不实行进出口配额、许可证管理。

从境外进入物流中心内的货物,凡属于规定存放范围内的货物予以保税;属于保税物流中心企业进口自用的办公用品、交通运输工具、生活消费品等,以及物流中心开展综合物流服务所需进口的机器、装卸设备、管理设备等,按照进口货物的有关规定和税收政策办理相关手续。

② 保税物流中心与境内之间的进出货物报关。保税物流中心内货物出中心或入中心与境内区域之间的进出货物报关略有不同。

保税物流中心内货物运往所在关区外,或者跨越关区提取物流中心内货物,可以在保税物流中心主管海关办理报关手续。其中保税物流中心的货物出中心进入关境内其他地区视同进口,按照货物进入境内的实际流向和实际状态填制进口货物报关单,办理进口报关手续。

货物从境内进入保税物流中心视同出口,应按照规定缴纳出口关税,办理出口报关手续。属于许可证管理的商品,企业在办理出口报关手续时,还应当向海关出具有效的出口许可证件。

3) 保税区货物

保税区货物报关可分为进出境报关和进出区报关。进出境报关采用报关制和备案制相结合的运行机制,即保税区与境外之间的进出境货物,属于自用的,采取报关制,填写进出口报关单;属于非自用的,采取备案制,填写进出境备案清单。进出区报关要根据不同的情况按不同的报关程序报关。

① 保税加工货物进出区的报关。资物进区,按出口报关,需提交《加工贸易手册》或者《加工贸易电子账册》,填写出口报关单,并提供有关的许可证件,海关不签发出口货物报关单退税证明联。货物出区,应按进口报关,按不同的流向填写不同的进口货物报关单。

保税加工货物进出区报关的具体规定:出区进入国内市场的,按一般进口货物报关,填写进口货物报关单,并提供有关的许可证件;出区用于加工贸易的,按加工贸易货物报关,填写加工贸易进口货物报关单,并提供《加工贸易手册》或者《加工贸易电子账册》;出区用于可以享受特定减免税企业的,按特定减免税货物报关,提供"进出口货物征免税确认通知书"和有关的许可证件,免缴进口关税。

② 进出区外发加工货物的报关。保税区货物外发到区外加工,或区外货物发到保税区加工,需经主管海关核准;进区时应当提交外发加工合同,向保税区海关备案,加工出区后核销,不填写进出口货物报关单,不缴纳税费;出区外发加工的,须由区加工企业在其所在地海关办理加工贸易备案手续,需建立银保证金台账的,应当设立台账;加工期限最长为 6 个月,有特殊情况的,经海关批准可以延长,延长的最长期限是 6 个月;备案后按加工贸易货物出区进行报关。

③ 进出区设备的报关。不管是施工设备还是投资设备,进出区均需向保税区海关备案,设备进区不填写报关单。从国外进口的设备已征进口关税的不退进口关税;设备退出区外的,不必填写报关单,但要报保税区海关核销结案。

6.4　跨境电子商务货物通关流程

跨境电商狭义上是指 B2C 跨境电商或零售跨境电商,指的是分属于不同关境的交易主体借助计算机网络达成交易、进行支付结算,并采用快件、小包等方式通过跨境物流将商品送达消费者手中的交易过程。

跨境电商广义上包括 B2C 和 B2B 跨境电商。B2B 电商是指分属不同关境的交易主体,通过电子商务的手段将传统进出口贸易中的展示、洽谈和成交环节电子化,并通过跨境物流送达商品、完成交易的一种国际商业活动。

总的来说,跨境电商是跨境电子商务的简称,是指不同关境的交易主体,以互联网为媒介,经电子商务平台达成交易、进行支付结算,并通过跨境物流营运者送达商品,完成交易的一种国际贸易商业活动。

从政府监管角度可将跨境电商分为批发和零售两类。因为批发类跨境电商仍属于传统贸易,应按现有相关贸易政策进行监管,所以以下主要介绍零售跨境电商的进出口报关。

1. 跨境电商零售进出口货物报关业务操作

海关应对跨境电商零售进出口商品及其装载容器、包装物按照相关法律法规实施检疫,并根据相关规定实施必要的监管措施。除特殊情况外,海关跨境电子商务零售进出口商品申报清单(简称"申报清单")、"进(出)口货物报关单"应当采取通关无纸化作业方式进行申报。跨境电商零售企业零售进出口商品前,应当分别通过国际贸易"单一窗口"或跨境电子商务通关服务平台向海关传输交易、支付、物流等电子信息,并对数据真实性承担相应责任。零售商品进出口时,应提交"申报清单"。

1)报关操作管理规定

① 进口报关操作。直购进口商品及适用网购保税进口(监管方式代码为1210)政策的商品,按照个人自用进境物品监管,不执行有关商品首次进口许可批件、注册或备案要求。但对相关部门明令暂停进口的疫区商品和对出现重大质量安全风险的商品启动风险应急处置时除外。

直购进口模式下,邮政企业、进出境快件运营人可以接受跨境电商平台企业或跨境电商境内代理人、支付企业的委托,在承诺承担相应法律责任的前提下,向海关传输交易、支付等电子信息。直购进口业务采取"清单核放"方式办理报关手续,其通关流程与网购保税进口业务通关流程的差异主要是少了入境入区报关及电子账册管理,其余流程及监管要求相同。

网购保税进口业务通关流程,如图6-3所示。

② 出口报关操作。一般跨境电商零售商品出口时,跨境电商企业或其代理人应提交"申报清单",采取"清单核放、汇总申报"方式办理报关手续,报关流程,如图6-4所示;跨境电商综合试验区内符合条件的跨境电商零售商品出口,可采取"清单核放、汇总统计"方式办理报关手续。

以"清单核放、汇总统计"方式报关的通关流程与"清单核放、汇总申报"方式的差异主要是不需要以汇总方式形成"出口货物报关单"。

特殊区域出口,跨境电商企业可充分利用海关特殊区域或保税监管场所"入区退税"的政策优势,其通关流程与一般出口的差异主要是出口退税手续办理时间提前。

③ 申报清单填制要求。除特殊情况外,《申报清单》《中华人民共和国海关进(出)口货物报关单》应当采取通关无纸化作业方式进行申报。《申报清单》的修改或者撤销,参照《中华人民共和国海关进(出)口货物报关单》修改或者撤销有关规定办理。《申报清单》与《中华人民共和国海关进(出)口货物报关单》具有同等法律效力。

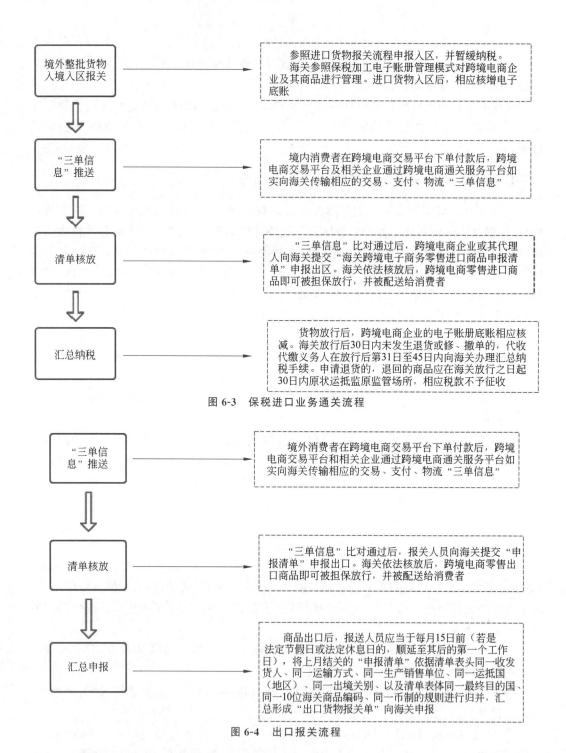

图 6-3　保税进口业务通关流程

图 6-4　出口报关流程

2) 税收征管规定

根据《财政部海关总署国家税务总局关于跨境电子商务零售进口税收政策的通知》（财关税〔2016〕18号）的有关规定,跨境电子商务零售进口商品按照货物征收关税和进口环节增值税、消费税,完税价格为实际交易价格,包括商品零售价格、运费和保险费。

订购人为纳税义务人。在海关注册登记的电子商务企业、电子商务交易平台企业或物流企业作为税款代收代缴义务人,代为履行纳税义务。代收代缴义务人应当如实、准确向海关申报跨境电子商务零售进口商品名称、规格型号、税则号列、实际交易价格及相关费用等税收征管要素。跨境电子商务零售进口商品的申报币制为人民币。为审核确定跨境电子商务零售进口商品的归类、完税价格等,海关可以要求代收代缴义务人按照有关规定进行补充申报。海关对满足监管规定的跨境电子商务零售进口商品按时段汇总计征税款,代收代缴义务人应当依法向海关提交足额有效的税款担保。海关放行后 30 日内未发生退货或修撤单的,代收代缴义务人在放行后第 31 至第 45 日内向海关办理纳税手续。

3) 物流监控

跨境电商零售进出口商品可采用"跨境电商"模式进行转关。其中,跨境电商综合试验区所在地海关可将转关商品品名以总运单形式录入"跨境电子商务商品一批",并需随附转关商品详细电子清单。

网购保税进口商品可在海关特殊监管区域或保税物流中心(B 型)间流转,按有关规定办理流转手续。以"网购保税进口"(监管方式代码为 1210)海关监管方式进境的商品,不得转入适用"网购保税进口 A"(监管方式代码为 1239)的城市继续开展跨境电子商务零售进口业务。网购保税进口商品可在同一区域(中心)内的企业间进行流转。

跨境电商企业不得进出口涉及危害口岸公共卫生安全、生物安全、进出口食品和商品安全、侵犯知识产权的商品及其他禁限商品,同时应当建立健全商品溯源机制并承担质量安全主体责任。

4) 退货管理

在跨境电子商务零售进口模式下,允许电子商务企业或其代理人申请退货,退回的商品应当在海关放行之日起 30 日内原状运抵原监管场所,相应税款不予征收,并调整个人年度交易累计金额。

在跨境电子商务零售出口模式下,退回的商品按照现行规定办理有关手续。

5) 其他事项

在海关注册登记的电子商务企业、电子商务交易平台企业、支付企业、物流企业等应当接受海关后续管理。

以保税模式从事跨境电子商务零售进口业务的,应当在海关特殊监管区域和保税物流中心(B 型)内开展,除另有规定外,参照《关于跨境电子商务零售进出口商品有关监管事宜的公告》规定监管。

2. 跨境电子商务零售进口税收政策

1) 征税的种类及纳税义务人

跨境电子商务零售进口商品按照货物征收关税和进口环节增值税、消费税;实际交易价格(包括货物零售价格、运费和保险费)作为完税价格。

购买跨境电子商务零售进口商品的个人作为纳税义务人;电子商务企业、电子商务交易平台企业或物流企业可作为代收代缴义务人。

2）适用范围

跨境电子商务零售进口税收政策适用于从其他国家或地区进口的、《跨境电子商务零售进口商品清单》范围内的以下商品。

① 所有通过与海关联网的电子商务交易平台交易，能够实现交易、支付、物流电子信息"三单"比对的跨境电子商务零售进口商品。

② 未通过与海关联网的电子商务交易平台交易，但快递、邮政企业能够统一提供交易、支付、物流等电子信息，并承诺承担相应法律责任进境的跨境电子商务零售进口商品。

③ 不属于跨境电子商务零售进口的个人物品及无法提供交易、支付、物流等电子信息的跨境电子商务零售进口商品，按现行规定执行。

3）交易限额

跨境电子商务零售进口商品的单次交易限值为人民币 5000 元，个人年度交易限值为人民币 26 000 元。在限值以内进口的跨境电子商务零售进口商品，关税税率暂设为 0%；进口环节增值税、消费税取消免征税额，暂按法定应纳税额的 70%征收。超过单次限值、累加后超过个人年度限值的单次交易，以及完税价格超过 5000 元限值的单个不可分割商品，均按照一般贸易方式全额征税。

4）进口税率

为完善进境物品进口税收政策，经国务院批准，国务院关税税则委员会于 2016 年 3 月 16 日颁布《关于调整进境物品进口税有关问题的通知》（税委会〔2016〕2 号）对现行《中华人民共和国进境物品进口税率表》进行调整，该调整自 2016 年 4 月 8 日起实施，《国务院关税税则委员会关于调整进境物品进口税税目税率的通知》（税委会〔2011〕3 号）自本通知实施之日起废止。

5）退货

跨境电子商务零售进口商品自海关放行之日起 30 日内退货的，可申请退税，并相应调整个人年度交易总额。

6）身份认证

跨境电子商务零售进口商品购买人（订购人）的身份信息应进行认证；未进行认证的，购买人（订购人）身份信息应与付款人一致。

7）注意事项

海关总署等部门在制定新税收政策时，并未将保税进口和直邮进口区别对待。

有关跨境电子商务零售进口税收新政策制定后，行邮税并未取消。行邮税继续存在于原有的适用领域中，即对"入境旅客行李物品和个人邮递物品"的征税。区别跨境电商商品和"入场旅客行李物品和个人邮递物品"的关键是三单对接，即是否向监管机构推送了订单、运单、支付单信息。这同时意味着，有不少人可能会继续使用原有的灰色海淘通道，以享受行邮税之便。显然，海关为了保护进口跨境电商企业的合法利益，将加大对行邮通道的查验。

进口跨境电商的完税价格是商品的零售价格，其中包括运费、保险费。根据新规定，进口环节增值税、消费税暂按法定应纳税额的 70%征收，主要是因为进口跨境电商的完税价格使用的是零售价格，而一般贸易模式使用的是 CIF 价格（FOB 价格＋运费＋保费）。

本 章 小 结

通关流程是指进出口货物的收发货人，运输负责人，物品的所有人或其专业代理人按照海关的规定，办理货物、物品、运输工具进出境及相关海关事务的手续及步骤。通关流程包括 3 个阶段：前期阶段、货物进出境阶段、后续阶段。不同类别的进出境货物对应不同的通关阶段，有着不同的货物通关程序。其中，一般进出口货物的报关程序没有前期阶段和后续阶段，只有进出口阶段，即进出口申报、配合查验、缴纳税费、提取或装运货物；保税货物和跨境电子商务货物的通关流程均包含了 3 个阶段。

课 后 练 习

一、单选题

1. 提前申报出口货物，应于货物运抵海关监管场所前（　　）内向海关申报。
    A. 3 日　　　　　　B. 5 日　　　　　　C. 7 日　　　　　　D. 10 日
2. 进口货物应自装载货物的运输工具申报进境之日起（　　）内向海关申报，超过（　　）仍未向海关申报的，货物由海关提取并依法变卖。
    A. 15 日；3 个月　　　　　　　　B. 14 日；3 个月
    C. 15 日；1 个月　　　　　　　　D. 14 日；1 个月
3. 海关审结电子数据报关单后，报关人员应当自接到海关现场交单通知之日起（　　）内，向货物所在地海关递交纸质单证并办理相关海关手续。
    A. 7 日　　　　　　　　　　　　B. 7 个工作日
    C. 10 日　　　　　　　　　　　　D. 10 个工作日
4. 天津静海区某公司（主管：静海海关 0218）从天津新港（主管：新港海关 0202）进口一精密仪器。用于安装在其河北省石家庄市的工厂内（主管：廊加工区 0409）。因该设备查验需在无静电环境进行。若企业想采用提前报关方式办理转关手续，须经（　　）批准后，方可办理。
    A. 静海海关 0218　　　　　　　　B. 新港海关 0202
    C. 廊加工区 0409　　　　　　　　D. 以上海关都可以
5. 关于配合海关查验过程中发生的货物损坏索赔的表述，正确的是（　　）。
    A. 由于海关工作人员责任造成货物损坏的，可要求海关赔偿货物的直接和间接经济损失
    B. 海关赔偿的范围包括海关在验之前或之后发生的损失或损坏
    C. 海关赔偿的范围应包括货物在在验过程中出现的正常磨损
    D. 海关赔偿的范围不包括易腐、易失效货物在海关正常的工作时间内造成的变质或失效

二、多选题

1. 下列货物中,可适用集中申报的有( )。
   A. 时事报刊
   B. 鲜花
   C. 公路口岸进境的保税货物
   D. 供食用的活鱼

2. 海关复验有下列几种情形( )。
   A. 货物涉嫌走私违规,需要重新查验的
   B. 初次查验时,进出口货物收发货人或其代理人不在场
   C. 海关对经初次查验未能查明货物的真实属性,需要对已查验货物的某些性状做进一步确认的
   D. 进出口货物收发货人对海关查验结论有异议,提出复验要求并经海关同意而再次进行查验的

3. 关于损坏货物索赔,以下说法正确的是( )。
   A. 对于查验过程中由于海关工作人员责任造成的货物损失
   B. 海关赔偿的范围包括进出口货物的直接经济损失和间接经济损失
   C. 因报关人员搬移的原因造成的损失,不在海关赔偿范围内
   D. 在查验过程中突发地震造成货物灭失的,不在海关赔偿范围内

4. 以下情况属于海关不予放行进出口货物的有( )。
   A. 包装不良,继续运输足以造成海关监管货物丢失的
   B. 违反海关和其他进出境管理的法律、法规,非法进出境的
   C. 单证不齐或应税货物未办理纳税手续,且又未提供担保的
   D. 尚有其他未了手续尚待处理的(如违规罚款未交的)

5. 某企业出口到新加坡的照相机,因品质不良被退回修理。退回修理货物进境时,企业向海关申请了为期 6 个月的担保并交纳了保证金。企业在照相机复运出境后办理担保销案时应( )。
   A. 自担保到期后 30 日内向海关提出申请
   B. 提供修理物品进口报关单和修理物品出口报关单
   C. 提供海关"保证金收据"
   D. 向海关开具发票

三、判断题

1. 一般进出口货物经海关放行实际运离关境后,方视为结关。 ( )
2. 从境外进入综合保税区,供区内企业和行政管理机构自用的交通运输工具、生活消费用品,海关按照有关规定免征进口关税和进口环节海关代征税。 ( )
3. 所有货物进出口报关都要经过前期的备案阶段。 ( )
4. 经电缆、管道等特殊方式进出境的货物,无须向海关申报。 ( )

5. 电子化手册加工贸易深加工结转货物报关与原纸质手册管理下的加工贸易深加工结转货物报关程序相同。　　　　　　　　　　　　　　　（　　）

四、综合案例题

2016 年 7 月 1 日,装载货物船舶申报进境,T 公司于 7 月 7 日向海关发送电子数据。次日,因海关对其申报货物的商品归类有疑问,人工退单要求补充商品信息。企业提供资料后,7 月 18 日人工审核通过,但需现场海关查验进一步确认。7 月 19 日,经查验核实,海关认定申报商品编码正确,企业缴纳税费后,海关放行该货物。8 月 1 日,企业接到海关通知,根据后期统计核查结果,要求修改报关数量及单位。

1. 案例中海关接受申报的日期为（　　）。
A. 2016 年 7 月 7 日　　　　　　　　　B. 2016 年 7 月 8 日
C. 2016 年 7 月 18 日　　　　　　　　D. 2016 年 7 月 19 日

2. 报关人员在配合海关查验时,应履行的义务有（　　）。
A. 提供查验人员往返交通工具
B. 搬移、开拆与重封查验货物
C. 提供相关资料,回答海关查验人员询问
D. 填写查验记录,并在查验记录单上签字确认

3. 该货物滞报（　　）天。
A. 0　　　　　　　　B. 1　　　　　　　　C. 2　　　　　　　　D. 3

五、实训任务

深圳丰泽于有限公司(统一社会信用代码为 512800507763397825)于 2021 年 7 月 2 日出口姜油一批,委托深圳运和报关代理有限公司进行填单申报工作。该批货物经盐田货运码头离境。

任务 1：设计出口报关流程。
任务 2：办理出口报关手续。

学习成果达成与测评

学号		姓名		项目序号		项目名称	进出口通关流程	学时	6	学分	0.2
职业技能等级		中级		职业能力					子任务数		3 个
序号	评价内容		评价标准							分数	
1	报关流程		能简述跨境电商货物的报关流程								

考核评价	项目整体分数(每项评价内容分值为 1 分)	
	指导教师评语	
备注	奖励: 1. 按照完成质量给予 1~10 分奖励,额外加分不超过 5 分。 2. 每超额完成 1 个任务,额外加分 3 分。 3. 巩固提升任务完成优秀,额外加分 2 分。 惩罚: 1. 完成任务超过规定时间扣 2 分。 2. 完成任务有缺项每项扣 2 分。 3. 任务实施报告编写歪曲事实,个人杜撰或有抄袭内容不予评分。	

学习成果实施报告书

题目					
班级		姓名		学号	
任务实施报告					
请简要记述本工作任务学习过程中完成的各项任务,描述任务规划及实施过程,遇到的重难点及解决过程,总结商品归类技巧和注意事项等,字数要求不低于 800 字。					
考核评价(按 10 分制)					
教师评语:			态度分数		
			工作量分数		

考评规则
工作量考核标准：
1. 任务完成及时。
2. 操作规范。
3. 实施报告书内容真实可靠,条理清晰,文笔流畅,逻辑性强。
4. 没有完成工作量,扣 1 分,故意抄袭实施报告扣 5 分。

第 **7** 章
进出口货物报关单

知识导读

进出口货物报关单数据录入与申报在关务工作中的重要性不言而喻,关检融合后报关单填制规范的调整频繁,作业要求更加明确、细致、严谨、规范。深刻理解进出口货物报关单各项目的录入规范、设置意义、填制要求和变化,完成进出口货物报关单草单录入、复核及单一窗口申报,是关务员需掌握的基本技能。本章将从进出口货物报关单概述、进出口货物报关单栏目填制规范及录入等方面介绍进出口货物报关单数据录入与申报等内容。

学习目标

- 了解进出口货物报关单在国际贸易中的作用
- 理解进出口货物收发货人应尽的申报义务
- 掌握报关单的类别、用途、法律效力
- 掌握进出口报关单填制的规则和方法

能力目标

- 初步掌握进出口货物报关单填制的规则和方法
- 能熟练填制进出口货物报关单
- 能审核并纠正已填制报关单的错误

素质目标

- 锻炼细心、耐心、责任心的"三心"工匠精神
- 培养树立法治、诚信的社会主义价值观

7.1　进出口货物报关单概述

7.1.1　报关单的含义和类别

1. 报关单的含义

进出口货物报关单是指进出口货物的收发货人或其代理人,按照海关规定的格式对

进出口货物实际情况,作出书面申请,以此要求海关对其货物按适用的海关制度办理通关手续的法律文书。由报关单的定义可知,报关单是办理通关手续的法律文书,明确了报关单的用途和法律地位。报关单的定义还表明报关单要按照海关规定的格式填写,这种海关规定的格式是本章需要学习的主要内容。

2. 报关单的类别

(1)报关单按进出口的状态分为:进口货物报关单和出口货物报关单。

(2)按表现形式分为:纸质报关单与电子数据报关单。纸质报关单与电子数据报关单具有同等法律效力。

进口货物收货人或者其代理人可以自行选择"通关无纸化"方式或者"有纸报关"方式申报:

① 选择"通关无纸化"方式申报的,进口人应当以电子方式向海关提交原产地证明、商业发票、运输单证和未再加工证明文件等单证正本。

进口人以电子方式提交的原产地单证内容应当与其持有的纸质文件一致。进口人应当按照海关有关规定保存原产地单证纸质文件。海关认为有必要时,进口人应当补充提交原产地单证纸质文件。

② 选择"有纸报关"方式申报的,进口人在申报进口时提交原产地单证纸质文件。

(3)按海关监管方式分:进料加工进(出)口货物报关单;来料加工及补偿贸易进(出)口货物报关单;一般贸易及其他贸易进(出)口货物报关单等。

(4)按用途分:报关单录入凭单、预录入报关单、报关单证明联。

报关单录入凭单:指申报单位按报关单的格式填写的凭单,用作报关单预录入的依据。该凭单的编号规则由申报单位自行决定。

预录入报关单:指预录入单位按照申报单位填写的报关单凭单录入、打印由申报单位向海关申报,海关尚未接受申报的报关单。

报关单证明联:指海关在核实货物实际进出境后按报关单格式提供的,用作进出口货物收发货人向国税、外汇管理部门办理退税和外汇核销手续的证明文件。

在实际操作中,提交电子数据报关单大多采用委托预录入申报的形式,由报关单位的报关员手工填写报关单预录入凭单(草单)的各个栏目,然后交给预录入单位,预录入单位凭此单预录入。预录入单位预录入后打印一份由委托预录入的报关员审核,有错误就修改,直到确认无误后提交,向海关申报(传输电子数据进入海关的报关自动化系统)。这个经确认无误录入并提交到海关计算机系统中的报关单就是预录入报关单。海关计算机系统对报关单进行逻辑性、规范性审核,通过审核的计算机自动接受申报,并记录接受申报的时间,发出接受申报的信息。此项处理构成报关员向海关申报及海关接受申报的法律行为。海关接受申报的报关单,称为电子数据报关单,报关员凭以打印纸质报关单签名盖章连同随附单证向现场海关递交。

如果电子申报未通过海关计算机系统的规范性审核,海关不接受申报,计算机系统会自动退回并发布信息要求报关员修改。报关员修改后再次提交,海关计算机系统再次对报关单进行逻辑性、规范性审核,通过审核的计算机自动接受申报。

报关单证明联是另外打印的一份纸质报关单,作为一个证明文件用于到政府其他部门办理有关手续。对于出口退税证明联报关单右上方印有"出口退税专用"字样,用作企业向税务部门办理退税手续。而进口付汇证明联在报关单的右上方印有"付汇证明联"字样;出口收汇证明联是在报关单右上方印有"收汇核销联"字样,所以,出口货物报关单收汇证明联也称为出口货物报关单收汇核销联。报关单的证明联在海关签发时都要加盖海关验讫章。目前,进出口货物报关单可通过中国电子口岸向海关申报,实现了进出口货物报关单在各行政管理部门的数据联网核查。进出口货物收发货人或其代理人使用中国电子口岸平台,在网上直接向海关、外贸、外汇、工商、税务等政府管理机关申办进出口手续,办理过程可凭电子数据进行相关作业。纸质报关单证明联在流通中已经减少,可以在必要时再向海关申请。

7.1.2 报关单的样式

1. 单一窗口录入界面

单一窗口录入界面如图 7-1 所示。

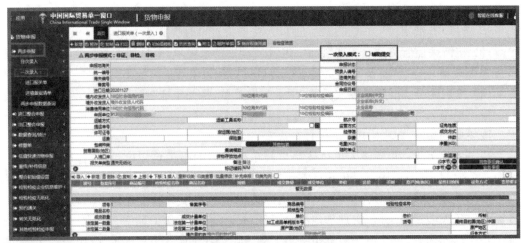

图 7-1 单一窗口录入界面

2. 纸质报关单样式

纸质报关单如图 7-2 和图 7-3 所示。

7.1.3 报关单录入与申报的相关规定

1. 报关单录入与申报的相关要求

根据《海关法》的规定,进口货物的收货人、出口货物的发货人应当向海关如实申报,交验进出口许可证件和有关单证。进口货物的收货人应当自运输工具申报进境之日起14 日内,出口货物的发货人除海关特准的外应当在货物运抵海关监管区后、装货的 24 小时以前,向海关申报。而办理进出口货物的海关申报手续,应当采用纸质报关单和电子数据

中华人民共和国海关进口货物报关单

预录入编号：					海关编号：			
境内收货人		进境关别		进口日期		申报日期		备案号
境外发货人		运输方式		运输工具名称及航次号		提运单号		货物存放地点
消费使用单位		监管方式		征免性质		许可证号		启运港
合同协议号		贸易国（地区）		启运国（地区）		经停港		入境口库
包装种类		件数	毛重（千克）	净重（千克）	成交方式	运费	保费	杂费
随附单证及编号								
标记唛码及备注								

项号	商品编号	商品名称及规格型号	数量及单位	单价/总价/币制	原产国（地区）	最终目的国[地区]	境内目的地	征免

特殊关系确认：	价格影响确认：	支付特许权使用费确认：		自报自缴
申报人员　申报人员证号　电话		兹申明对以上内容承担如实申报、依法纳税之法律责任		海关批注及签章
申报单位（签章）		申报单位（签章）		

图 7-2　中华人民共和国海关进口货物报关单

中华人民共和国海关出口货物报关单

预录入编号：					海关编号：		
境内发货人		出境关别		出口日期		申报日期	备案号
境外收货人		运输方式		运输工具名称及航次号		提运单号	
生产销售单位		监管方式		征免性质		许可证号	
合同协议号		贸易国（地区）		运抵国（地区）		指运港	离境口岸
包装种类		件数	毛重（千克）	净重（千克）	成交方式	运费	保费	杂费
随附单证及编号							
标记唛码及备注							

项号	商品编号	商品名称及规格型号	数量及单位	单价/总价/币制	原产国（地区）	最终目的国[地区]	境内货源地	征免

特殊关系确认：	价格影响确认：	支付特许权使用费确认：		自报自缴
申报人员　申报人员证号　电话		兹申明对以上内容承担如实申报、依法纳税之法律责任		海关批注及签章
申报单位（签章）		申报单位（签章）		

图 7-3　中华人民共和国海关出口货物报关单

报关单的形式。

《中华人民共和国海关进出口货物申报管理规定》(海关总署第 103 号令)进一步阐述了"申报"的要求，申报是指进出口货物的收发货人、受委托的报关企业，依照《海关法》及有关法律、行政法规和规章的要求，在规定的期限、地点，采用电子数据报关单或者纸质报关单形式,向海关报告实际进出口货物的情况,并且接受海关审核的行为。进口货物的收货人、受委托的报关企业应当自运输工具申报进境之日起 14 日内向海关申报。进口转关运输货物的收货人、受委托的报关企业应当自运输工具申报进境之日起 14 日内,向进境地海关办理转关运输手续,有关货物应当自运抵指运地之日起 14 日内向指运地海关申报。出口货物发货人、受委托的报关企业应当在货物运抵海关监管区后、装货的 24 小时以前向海关申报。超过规定时限未向海关申报的,海关按照《中华人民共和国海关征收进口货物滞报金办法》征收滞报金。申报日期是指申报数据被海关接受的日期。不论以电子数据报关单方式申报或者以纸质报关单方式申报,海关以接受申报数据的日期为接受申报的日期。电子数据报关单经过海关计算机检查被退回的,视为海关不接受申报,进出口货物收发货人、受委托的报关企业应当按照要求修改后重新申报,申报日期为海关接受重新申报的日期。海关已接受申报的报关单电子数据,人工审核确认需要退回修改的,进出口货物收发货人、受委托的报关企业应当在 10 日内完成修改并且重新发送报关单电子数据,申报日期仍为海关接受原报关单电子数据的日期;超过 10 日的,原报关单无效,进出口货物收发货人、受委托的报关企业应当另行向海关申报,申报日期为海关再次接受申报的日期。

2. 海关对报关单录入申报不实的处罚

根据《中华人民共和国海关行政处罚实施条例》(国务院令第 420 号)第十五条:进出口货物的品名、税则号列、数量、规格、价格、贸易方式、原产地、启运地、运抵地、最终目的地或者其他应当申报的项目未申报或者申报不实的,分别依照下列规定予以处罚,有违法所得的,没收违法所得:

(一)影响海关统计准确性的,予以警告或者处 1000 元以上 1 万元以下罚款;

(二)影响海关监管秩序的,予以警告或者处 1000 元以上 3 万元以下罚款;

(三)影响国家许可证件管理的,处货物价值 5%以上 30%以下罚款;

(四)影响国家税款征收的,处漏缴税款 30%以上 2 倍以下罚款;

(五)影响国家外汇、出口退税管理的,处申报价格 10%以上 50%以下罚款。

第十六条规定:进出口货物收发货人未按照规定向报关企业提供所委托报关事项的真实情况,致使发生本实施条例第十五条规定情形的,对委托人依照本实施条例第十五条的规定予以处罚。

报关企业、报关人员对委托人所提供情况的真实性未进行合理审查,或者因工作疏忽致使发生本实施条例第十五条规定情形的,可以对报关企业处货物价值 10%以下罚款,暂停其 6 个月以内从事报关业务或者执业;情节严重的,撤销其报关注册登记、取消其报关从业资格。

3. 归类差错和申报不实的认定区别与联系

(1)两者相同点。

① 归类差错和申报不实都发生在进出口申报环节。

② 都表现为当事人申报的商品编码与海关最后认定不一致,且当事人申报错误。

③ 海关都会采取一定行政执法措施。

（2）两者不同点。

① 归类差错当事人没有主观过失，主要由于申报过程中的程序性疏漏或技术性差错导致，海关不能按违规行为给予行政处罚。

② 申报不实属违规行为，当事人存在主观过失，海关将依据相关法律、规定给予行政处罚。

③ 因归类差错造成税款少征或漏征的，海关自税款或者货物、物品放行之日起 1 年，向纳税义务人补征；由于当事人申报不实造成税款少征或者漏征的，海关在 3 年内可以追征。

注意：由于操作、书写失误出现的商品归类错误，纳税义务人虽然也具备违反了规定义务的某些特征，但并没有主观上的过错，可以认定为归类差错。由于进出口商品特征较为复杂，或《税则》及相关注释、归类决定没有具体列名，纳税义务人或其代理人按照自己的理解进行商品归类，但海关审核认为其归类错误，虽然有证据证明纳税义务人没有偷逃税款或逃避国家关于禁、限制货物、物品管理规定的主观故意，但纳税义务人具有比较明显的主观过错，海关可以认定构成了申报不实的违规行为。

4. 进出口货物报关单录入与申报的单位

《中华人民共和国海关报关单位备案管理规定》（海关总署第 253 号令）明确规定了报关单位需要在海关备案登记后才能在中华人民共和国关境内办理报关业务。报关单位是指按照本规定在海关备案的进出口货物收发货人、报关企业。进出口货物收发货人、报关企业申请备案的，应当取得市场主体资格；其中进出口货物收发货人申请备案的，还应当取得对外贸易经营者备案。进出口货物收发货人、报关企业已办理报关单位备案的，其符合前款条件的分支机构也可以申请报关单位备案。其他可以从事非贸易性进出口活动的单位，如境外企业、新闻、经贸机构、文化团体等依法在中国境内设立的常驻代表机构，少量货样进出境的单位，国家机关、学校、科研院所、红十字会、基金会等组织机构，接受捐赠、礼品、国际援助或者对外实施捐赠、国际援助的单位，按照国家有关规定需要从事非贸易性进出口活动的，应当办理临时备案。报关根据实施人不同，可以分为自理报关和代理报关两种情况。如果属于代理报关，申报时需向海关提交报关委托书/报关委托协议。

思考案例

某公司是一家从事保鲜果蔬生产加工的出口企业，其委托报关行以一般贸易的方式出口一批保鲜包菜、保鲜西兰花。报关单项下第 01 项商品"保鲜包菜"申报数量 13 660千克，第 02 项商品"保鲜西兰花"申报数量 3000 千克。经现场查验，报关单项下第 01 项商品"保鲜包菜"实际数量为 5200 千克，与申报不符。此外还有保鲜白萝卜未申报，数量为 9000 千克。

【案例分析】 申报不实是进出口活动中典型的违法行为。根据《中华人民共和国海关法》的规定，进出口货物的收发货人应当向海关如实申报。海关根据上述申报，执行国家贸易管制政策、征收税款、开展贸易统计等。企业漏报、虚报、伪报等申报不实行为，同时违反了《中华人民共和国海关行政处罚实施条例》和《中华人民共和国进出境动植物检疫法实施条例》的规定,构成违法竞合,择一重处。本案例中的发货人应依法办理动植物、动植物产品和其他检疫物的出境申报手续,如实提供其真实情况。

处罚依据:根据《中华人民共和国进出境动植物检疫法实施条例》第五十九条规定:有下列违法行为之一的,由口岸动植物检疫机关处 5000 元以下的罚款:

（一）未报检或者未依法办理检疫审批手续或者未按检疫审批的规定执行的;

（二）报检的动植物、动植物产品和其他检疫物与实际不符的。

有前款第(二)项所列行为,已取得检疫单证的,予以吊销。

根据《中华人民共和国海关行政处罚实施条例》第十五条规定:出口货物的品名、税则号列、数量、规格、价格、贸易方式、原产地、启运地、运抵地、最终目的地或者其他应当申报的项目未申报或者申报不实的,分别依照下列规定予以处罚,有违法所得的,没收违法所得:

（一）影响海关统计准确性的,予以警告或者处 1000 元以上 1 万元以下罚款;

（二）影响海关监管秩序的,予以警告或者处 1000 元以上 3 万元以下罚款;

（三）影响国家许可证件管理的,处货物价值 5％以上 30％以下罚款;

（四）影响国家税款征收的,处漏缴税款 30％以上 2 倍以下罚款;

（五）影响国家外汇、出口退税管理的,处申报价格 10％以上 50％以下罚款。

7.2　海关对进出口货物报关单填制的一般要求

7.2.1　报关单填制的法律依据

进出口货物收发货人或其代理人应按照《中华人民共和国海关法》《中华人民共和国海关进出口货物申报管理规定》《进出口货物申报项目录入指南》《中华人民共和国海关统计商品目录》(以下简称《统计目录》)《规范申报目录》等有关规定要求向海关申报,并对申报内容的真实性、准确性、完整性和规范性承担相应的法律责任。

7.2.2　报关单填制的原则

（1）单证相符,即所填报关单各栏目的内容必须与合同、发票、装箱单、提单及批文等随附单据相符。

（2）单货相符,即所填报关单各栏目的内容必须与实际进出口货物的情况相符,不得伪报、瞒报、虚报。

（3）与舱单相符,即所填报关单的境内收发货人、运输工具、提单号、件数、毛重等必须与舱单数据相符。

7.2.3　分单分项填报情况

1. 分单填报情况

不同运输工具、不同航次、不同提运单、不同监管方式、不同备案号、不同征免性质的货物,均应分不同的进出口货物报关单填报。一份报关单对应一份原产地证明,一份原产地证明应当对应同一批次货物。享受和不享受协定税率或者特惠税率(以下统称"优惠税率")的同一批次进口货物可以在同一张报关单中申报。"同一批次"进口货物是指由同一运输工具同时运抵同一口岸,并且属于同一收货人,使用同一提单的进口货物。对于客观原因(集装箱货物因海河联运需大船换小船、因海陆联运需分车运输,陆路运输集装箱货物需大车换小车,以及其他多式联运情况下同一批次货物在中转地需要分拆由多个小型运输工具进行中转运输的情况等)导致有关进口货物在运抵中国关境(运抵口岸)前必须分批运输的情况,不影响同一批次的认定。同一批次出口货物比照上述规定进行审核认定。

2. 分项填报情况

一份报关单所申报的货物如有以下情况须分单填报:商品编码不同的、商品名称不同的、计量单位不同的、原产国(地区)/最终国(地区)不同的、币制不同的、征免性质不同的等。

7.3 进出口货物报关单填制规范

1. 预录入编号

预录入编号是指预录入报关单的编号,一份报关单对应一个预录入编号,由系统自动生成,不需要申报单位填报。

报关单预录入编号为 18 位,其中第 1～4 位为接受申报海关的代码(海关规定的《关区代码表》中相应海关代码),第 5～8 位为录入时的公历年份,第 9 位为进出口标志("1"为进口,"0"为出口;集中申报清单"I"为进口,"E"为出口),后 9 位为顺序编号。

2. 海关编号

海关编号是指海关接受申报时给予报关单的编号,一份报关单对应一个海关编号,由系统自动生成,不需要申报单位填报。

报关单海关编号为 18 位,其中第 1～4 位为接受申报海关的代码(海关规定的《关区代码表》中相应海关代码),第 5～8 位为海关接受申报的公历年份,第 9 位为进出口标志("1"为进口,"0"为出口;集中申报清单"I"为进口,"E"为出口),后 9 位为顺序编号。

3. 境内收发货人

填报在海关备案的对外签订并执行进出口贸易合同的中国境内法人、其他组织名称及编码。编码填报 18 位法人和其他组织统一社会信用代码;没有统一社会信用代码的,填报其在海关的备案编码。

标记唛码及备注的填报要求如下。

(1)进出口货物合同的签订者和执行者非同一企业的,填报执行合同的企业。

(2)外商投资企业委托进出口企业进口投资设备、物品的,填报外商投资企业,并在标记唛码及备注栏注明"委托某进出口企业进口",同时注明被委托企业的18位法人和其他组织统一社会信用代码。

（3）有代理报关资格的报关企业代理其他进出口企业办理进出口报关手续时，填报委托的进出口企业。

（4）海关特殊监管区域收发货人填报该货物的实际经营单位或海关特殊监管区域内经营企业。

（5）免税品经营单位经营出口退税国产商品的，填报免税品经营单位名称。

4. 进出境关别

根据货物实际进出境的口岸海关，填报海关规定的《关区代码表》中相应口岸海关的名称及代码。

特殊情况填报要求如下：进口转关运输货物填报货物进境地海关名称及代码，出口转关运输货物填报货物出境地海关名称及代码。按转关运输方式监管的跨关区深加工结转货物，出口报关单填报转出地海关名称及代码，进口报关单填报转入地海关名称及代码。在不同海关特殊监管区域或保税监管场所之间调拨、转让的货物，填报对方海关特殊监管区域或保税监管场所所在的海关名称及代码。其他无实际进出境的货物，填报接受申报的海关名称及代码。

5. 进出口日期

进口日期填报运载进口货物的运输工具申报进境的日期。进出口日期为8位数字，顺序为年（4位）、月（2位）、日（2位）。如运载进口货物的运输工具申报进境的日期为2022年5月6日，则进口日期应填报为20220506。出口日期是指运载出口货物的运输工具办结出境手续的日期，在申报时免予填报。无实际进出境的货物，填报海关接受申报的日期。

6. 申报日期

申报日期是指海关接受进出口货物收发货人、受委托的报关企业申报数据的日期。以电子数据报关单方式申报的，申报日期为海关计算机系统接受申报数据时记录的日期。以纸质报关单方式申报的，申报日期为海关接受纸质报关单并对报关单进行登记处理的日期。申报日期为8位数字，顺序为年（4位）、月（2位）、日（2位）。本栏目在申报时免予填报。

7. 备案号

填报进出口货物收发货人、消费使用单位、生产销售单位在海关办理加工贸易合同备案或征、减、免税审核确认等手续时，海关核发的《加工贸易手册》、海关特殊监管区域和保税监管场所保税账册、《征免税证明》或其他备案审批文件的编号。

一份报关单只允许填报一个备案号，如一批进出口货物中，同时有备案商品和非备案商品，应分开填写报关单。如货物未进行以上的备案，则该项目免予填报。具体填报要求如下。

(1) 加工贸易项下货物,除少量低值辅料按规定不使用《加工贸易手册》及以后续补税监管方式办理内销征税的外,填报《加工贸易手册》编号。

使用异地直接报关分册和异地深加工结转出口分册在异地口岸报关的,填报分册号;本地直接报关分册和本地深加工结转分册限制在本地报关,填报总册号。

加工贸易成品凭《征免税证明》转为减免税进口货物的,进口报关单填报《征免税证明》编号,出口报关单填报《加工贸易手册》编号。

对加工贸易设备、使用账册管理的海关特殊监管区域内减免税设备之间的结转,转入和转出企业分别填制进、出口报关单,在报关单"备案号"栏目填报《加工贸易手册》编号。

(2) 涉及征、减、免税审核确认的报关单,填报《征免税证明》编号。

(3) 减免税货物退运出口,填报《中华人民共和国海关进口减免税货物准予退运证明》的编号;减免税货物补税进口,填报《减免税货物补税通知书》的编号;减免税货物进口或结转进口(转入),填报《征免税证明》的编号;相应的结转出口(转出),填报《中华人民共和国海关进口减免税货物结转联系函》的编号。

(4) 免税品经营单位经营出口退税国产商品的,免予填报。

8. 境外收发货人

出口报关单填写境外收货人,境外收货人通常指签订并执行出口贸易合同中的买方或合同指定的收货人,进口报关单填写境外发货人,境外发货人通常指签订并执行进口贸易合同中的卖方。

填报境外收发货人的名称及编码。名称一般填报英文名称,检验检疫要求填报其他外文名称的,在英文名称后填报,以半角括号分隔;对于 AEO 互认国家(地区)企业的,编码填报 AEO 编码,填报样式为:"国别(地区)代码+海关企业编码"。例如:新加坡 AEO 企业 SG123456789012(新加坡国别代码+12 位企业编码);非互认国家(地区)AEO 企业等其他情形,编码免予填报。

特殊情况下无境外收发货人的,名称及编码填报"NO"。

9. 运输方式

运输方式包括实际运输方式和海关规定的特殊运输方式。前者指货物实际进出境的运输方式,按进出境所使用的运输工具分类;后者指货物无实际进出境的运输方式,按货物在境内的流向分类。根据货物实际进出境的运输方式或货物在境内流向的类别,按照海关规定的《运输方式代码表》选择填报相应的运输方式(表 7-1)。

(1) 特殊情况填报。

① 非邮件方式进出境的快递货物,按实际运输方式填报。

② 进口转关运输货物,按载运货物抵达进境地的运输工具填报;出口转关运输货物,按载运货物驶离出境地的运输工具填报。

③ 不复运出(入)境而留在境内(外)销售的进出境展览品、留赠转卖物品等,填报"其他运输"(代码 9)。

表 7-1　运输方式代码表

代　码	中　文　名　称	代　码	中　文　名　称
0	非保税区	9	其他方式运输
1	监管仓库	H	边境特殊海关作业区
2	水路运输	T	综合试验区
3	铁路运输	W	物流中心
4	公路运输	X	物流园区
5	航空运输	Y	保税港区
6	邮件运输	Z	出口加工区
7	保税区	L	旅客携带
8	保税仓库	G	固定设施运输

④ 进出境旅客随身携带的货物,填报"旅客携带"(代码 L)。

⑤ 以固定设施(包括输油、输水管道和输电网等)运输货物的,填报"固定设施运输"(代码 G)。

(2) 无实际进出境货物。

① 境内非保税区运入保税区货物和保税区退区货物,填报"非保税区"(代码 0)。

② 保税区运往境内非保税区货物,填报"保税区"(代码 7)。

③ 境内存入出口监管仓库和出口监管仓库退仓货物,填报"监管仓库"(代码 1)。

④ 保税仓库转内销货物或转加工贸易货物,填报"保税仓库"(代码 8)。

⑤ 从境内保税物流中心外运入中心或从中心运往境内中心外的货物,填报"物流中心"(代码 W)。

⑥ 从境内保税物流园区外运入园区或从园区内运往境内园区外的货物,填报"物流园区"(代码 X)。

⑦ 保税港区、综合保税区与境内(区外)(非海关特殊监管区域、保税监管场所)之间进出的货物,填报"保税港区/综合保税区"(代码 Y)。

⑧ 出口加工区、珠澳跨境工业区(珠海园区)、中哈霍尔果斯边境合作中心(中方配套区)与境内(区外)(非海关特殊监管区域、保税监管场所)之间进出的货物,填报"出口加工区"(代码 Z)。

⑨ 境内运入深港西部通道港方口岸区的货物,以及境内进出中哈霍尔果斯边境合作中心中方区域的货物,填报"边境特殊海关作业区"(代码 H)。

⑩ 经横琴新区和平潭综合试验区(以下简称"综合试验区")二线指定申报通道运往境内区外或从境内经二线指定申报通道进入综合试验区的货物,以及综合试验区内按选择性征收关税申报的货物,填报"综合试验区"(代码 T)。

⑪ 海关特殊监管区域内的流转、调拨货物,海关特殊监管区域、保税监管场所之间的流转货物,海关特殊监管区域与境内区外之间进出的货物,海关特殊监管区域外的加工贸易余料结转、深加工结转、内销货物,以及其他境内流转货物,填报"其他运输"(代码 9)。

例如,南宁一家企业将其保税仓库内存放的机电产品转为内销货物,通过公路运输到南宁市内,应填写进口报关单办理进口手续,报关单运输方式栏目正确填报应为"保税仓库"(代码8),而非公路运输(代码5)。

10. 运输工具名称及航次号

填报载运货物进出境的运输工具名称或编号及航次号。填报内容应与运输部门向海关申报的舱单(载货清单)所列相应内容一致。

1) 运输工具名称具体填报要求

(1) 直接在进出境地或采用全国通关一体化通关模式办理报关手续的报关单填报要求如下。

① 水路运输:填报船舶编号(来往港澳小型船舶为监管簿编号)或者船舶英文名称。

② 公路运输:启用公路舱单前,填报该跨境运输车辆的国内行驶车牌号,深圳提前报关模式的报关单填报国内行驶车牌号+"/"+"提前报关"。启用公路舱单后,免予填报。

③ 铁路运输:填报车厢编号或交接单号。

④ 航空运输:填报航班号。

⑤ 邮件运输:填报邮政包裹单号。

⑥ 其他运输:填报具体运输方式名称,如管道、驮畜等。

(2) 转关运输货物的报关单填报要求如下。

① 进口。

A. 水路运输:直转、提前报关填报"@"+16位转关申报单预录入号(或13位载货清单号);中转填报进境英文船名。

B. 铁路运输:直转、提前报关填报"@"+16位转关申报单预录入号;中转填报车厢编号。

C. 航空运输:直转、提前报关填报"@"+16位转关申报单预录入号(或13位载货清单号);中转填报"@"。

D. 公路及其他运输:填报"@"+16位转关申报单预录入号(或13位载货清单号)。

E. 以上各种运输方式使用广东地区载货清单转关的提前报关货物填报"@"+13位载货清单号。

② 出口。

A. 水路运输:非中转填报"@"+16位转关申报单预录入号(或13位载货清单号)。如多张报关单需要通过一张转关单转关的,运输工具名称字段填报"@"。

中转货物,境内水路运输填报驳船船名;境内铁路运输填报车名(主管海关4位关区代码+"TRAIN");境内公路运输填报车名(主管海关4位关区代码+"TRUCK")。

B. 铁路运输:填报"@"+16位转关申报单预录入号(或13位载货清单号),如多张报关单需要通过一张转关单转关的,填报"@"。

C. 航空运输:填报"@"+16位转关申报单预录入号(或13位载货清单号),如多张报关单需要通过一张转关单转关的,填报"@"。

D. 其他运输方式:填报"@"+16位转关申报单预录入号(或13位载货清单号)。

（3）采用"集中申报"通关方式办理报关手续的，报关单填报"集中申报"。

（4）免税品经营单位经营出口退税国产商品的，免予填报。

（5）无实际进出境的货物，免予填报。

2）航次号具体填报要求

（1）直接在进出境地或采用全国通关一体化通关模式办理报关手续的报关单

① 水路运输：填报船舶的航次号。

② 公路运输：启用公路舱单前，填报运输车辆的 8 位进出境日期〔顺序为年（4 位）、月（2 位）、日（2 位），下同〕。启用公路舱单后，填报货物运输批次号。

③ 铁路运输：填报列车的进出境日期。

④ 航空运输：免予填报。

⑤ 邮件运输：填报运输工具的进出境日期。

⑥ 其他运输方式：免予填报。

（2）转关运输货物的报关单

① 进口。

A. 水路运输：中转转关方式填报"@"＋进境干线船舶航次。直转、提前报关免予填报。

B. 公路运输：免予填报。

C. 铁路运输："@"＋8 位进境日期。

D. 航空运输：免予填报。

E. 其他运输方式：免予填报。

② 出口。

A. 水路运输：非中转货物免予填报。中转货物：境内水路运输填报驳船航次号；境内铁路、公路运输填报 6 位启运日期〔顺序为年（2 位）、月（2 位）、日（2 位）〕。

B. 铁路拼车拼箱捆绑出口：免予填报。

C. 航空运输：免予填报。

D. 其他运输方式：免予填报。

（3）免税品经营单位经营出口退税国产商品的，免予填报。

（4）无实际进出境的货物，免予填报。

11. 提运单号

填报进出口货物提单或运单的编号。一份报关单只允许填报一个提单或运单号；一票货物对应多个提单或运单时，应分单填报。具体填报要求如下。

1）直接在进出境地或采用全国通关一体化通关模式办理报关手续的

（1）水路运输：填报进出口提单号。如有分提单的，填报进出口提单号＋"＊"＋分提单号。

（2）公路运输：启用公路舱单前，免予填报；启用公路舱单后，填报进出口总运单号。

（3）铁路运输：填报运单号。

（4）航空运输：填报总运单号＋"_"＋分运单号，无分运单的填报总运单号。

（5）邮件运输：填报邮运包裹单号。

2）转关运输货物的报关单

（1）进口。

① 水路运输：直转、中转填报提单号。提前报关免予填报。

② 铁路运输：直转、中转填报铁路运单号。提前报关免予填报。

③ 航空运输：直转、中转货物填报总运单号＋"_"＋分运单号。提前报关免予填报。

④ 其他运输方式：免予填报。

⑤ 以上运输方式进境货物,在广东省内用公路运输转关的,填报车牌号。

（2）出口。

① 水路运输：中转货物填报提单号;非中转货物免予填报;广东省内汽车运输提前报关的转关货物,填报承运车辆的车牌号。

② 其他运输方式：免予填报。广东省内汽车运输提前报关的转关货物,填报承运车辆的车牌号。

3）采用"集中申报"通关方式办理报关手续的,报关单填报归并的集中申报清单的进出口起止日期〔按年（4 位）、月（2 位）、日（2 位）〕

4）无实际进出境的货物,免予填报

12. 货物存放地点

填报货物进境后存放的场所或地点,包括海关监管作业场所、分拨仓库、定点加工厂、隔离检疫场、企业自有仓库等。

13. 消费使用单位/生产销售单位

（1）消费使用单位填报已知的进口货物在境内的最终消费、使用单位的名称,包括：①自行进口货物的单位;②委托进出口企业进口货物的单位。

（2）生产销售单位填报出口货物在境内的生产或销售单位的名称,包括：①自行出口货物的单位;②委托进出口企业出口货物的单位;③免税品经营单位经营出口退税国产商品的,填报该免税品经营单位统一管理的免税店。

（3）减免税货物报关单的消费使用单位/生产销售单位应与《中华人民共和国海关进出口货物征免税证明》（以下简称《征免税证明》）的"减免税申请人"一致;保税监管场所与境外之间的进出境货物,消费使用单位/生产销售单位填报保税监管场所的名称（保税物流中心（B 型）填报中心内企业名称）。

（4）海关特殊监管区域的消费使用单位/生产销售单位填报区域内经营企业（"加工单位"或"仓库"）。

（5）编码填报要求：①填报 18 位法人和其他组织统一社会信用代码;②无 18 位统一社会信用代码的,填报"NO"。

（6）进口货物在境内的最终消费或使用,以及出口货物在境内的生产或销售的对象为自然人的,填报身份证号、护照号等有效证件号码及姓名。

14. 监管方式

监管方式是以国际贸易中进出口货物的交易方式为基础,结合海关对进出口货物的征税、统计及监管条件综合设定的海关对进出口货物的管理方式。其代码由 4 位数字构成,前两位是按照海关监管要求和计算机管理需要划分的分类代码,后两位是参照国际标准编制的贸易方式代码。根据实际对外贸易情况按海关规定的《监管方式代码表》(表 7-2)选择填报相应的监管方式简称及代码。一份报关单只允许填报一种监管方式。

表 7-2 监管方式代码表

代　码	中 文 名 称	代　码	中 文 名 称
0110	一般贸易	1239	保税电商 A
0130	易货贸易	1300	修理物品
0200	料件销毁	1371	保税维修
0214	来料加工	1427	出料加工
0245	来料料件内销	1500	租赁不满 1 年
0255	来料深加工	1523	租赁贸易
0258	来料余料结转	1616	寄售代销
0265	来料料件复出	1741	免税品
0300	来料料件退换	1831	外汇商品
0314	加工专用油	2025	合资合作设备
0320	不作价设备	2210	对外投资
0345	来料成品减免	2225	外资设备物品
0400	边角料销毁	2439	常驻机构公用
0420	加工贸易设备	2600	暂时进出货物
0444	保区进料成品	2700	展览品
0445	保区来料成品	2939	陈列样品
0446	加工设备内销	3010	货样广告品
0456	加工设备结转	3100	无代价抵偿
0466	加工设备退运	3339	其他进出口免费
0500	减免设备结转	3410	承包工程进口
0513	补偿贸易	3422	对外承包出口
0544	保区进料料件	3511	援助物资
0545	保区来料料件	3611	无偿军援
0615	进料对口	3612	捐赠物资

代 码	中 文 名 称	代 码	中 文 名 称
0642	进料以产顶进	3910	军事装备
0644	进料料件内销	4019	边境小额
0654	进料深加工	4039	对台小额
0657	进料余料结转	4139	对台小额商品交易市场
0664	进料料件复出	4200	驻外机构运回
0700	进料料件退换	4239	驻外机构购进
0715	进料非对口	4400	来料成品退换
0744	进料成品减免	4500	直接退运
0815	低值辅料	4539	进口溢误卸
0844	进料边角料内销	4561	退运货物
0845	来料边角料内销	4600	进料成品退换
0864	进料边角料复出	5000	料件进出区
0865	来料边角料复出	5010	特殊区域研发货物
1039	市场采购	5014	区内来料加工
1139	国轮油物料	5015	区内进料加工货物
1200	保税间货物	5033	区内仓储货物
1210	保税电商	5034	区内物流货物
1215	保税工厂	5100	成品进出区
1233	保税仓库货物	5300	设备进出区
1234	保税区仓储转口	5335	境外设备进区

特殊情况下加工贸易货物监管方式填报要求如下。

(1) 进口少量低值辅料(即 5000 美元以下,78 种以内的低值辅料)按规定不使用《加工贸易手册》的,填报"低值辅料"。使用《加工贸易手册》的,按《加工贸易手册》上的监管方式填报。

(2) 加工贸易料件转内销货物,以及按料件办理进口手续的转内销制成品、残次品、未完成品,填制进口报关单,填报"来料料件内销"或"进料料件内销";加工贸易成品凭《征免税证明》转为减免税进口货物的,分别填制进、出口报关单,出口报关单填报"来料成品减免"或"进料成品减免",进口报关单按照实际监管方式填报。

(3) 加工贸易出口成品因故退运进口及复运出口的,填报"来料成品退换"或"进料成品退换";加工贸易进口料件因换料退运出口及复运进口的,填报"来料料件退换"或"进料料件退换";加工贸易过程中产生的剩余料件、边角料退运出口,以及进口料件因品质、规格等原因退运出口且不再更换同类货物进口的,分别填报"来料料件复出""来料边角料复出""进料料件复出""进料边角料复出"。

（4）加工贸易边角料内销和副产品内销,填制进口报关单,填报"来料边角料内销"或"进料边角料内销"。

（5）企业销毁处置加工贸易货物未获得收入。销毁处置货物为料件、残次品的,填报"料件销毁";销毁处置货物为边角料、副产品的,填报"边角料销毁"。

企业销毁处置加工贸易货物获得收入的,填报为"进料边角料内销"或"来料边角料内销"。

（6）免税品经营单位经营出口退税国产商品的,填报"其他"。

15. 征免性质

根据实际情况按海关规定的《征免性质代码表》选择填报相应的征免性质简称及代码,持有海关核发的《征免税证明》的,按照《征免税证明》中批注的征免性质填报。一份报关单只允许填报一种征免性质。

加工贸易货物报关单按照海关核发的《加工贸易手册》中批注的征免性质简称及代码填报。特殊情况填报要求如下。

（1）加工贸易转内销货物,按实际情况填报（如一般征税、科教用品、其他法定等）。

（2）料件退运出口、成品退运进口货物填报"其他法定"。

（3）加工贸易结转货物,免予填报。

（4）免税品经营单位经营出口退税国产商品的,填报"其他法定"。

16. 许可证号

填报进（出）口许可证、两用物项和技术进（出）口许可证、两用物项和技术出口许可证（定向）、纺织品临时出口许可证、出口许可证（加工贸易）、出口许可证（边境小额贸易）的编号。免税品经营单位经营出口退税国产商品的,免予填报。一份报关单只允许填报一个许可证号,如业务不涉及上述许可证,则本栏目留空。

17. 启运港

填报进口货物在运抵我国关境前的第一个境外装运港。根据实际情况,按海关规定的《港口代码表》填报相应的港口名称及代码,未在《港口代码表》列明的,填报相应的国家名称及代码。货物从海关特殊监管区域或保税监管场所运至境内区外的,填报《港口代码表》中相应海关特殊监管区域或保税监管场所的名称及代码,未在《港口代码表》中列明的,填报"未列出的特殊监管区"及代码。其他无实际进境的货物,填报"中国境内"及代码。

18. 合同协议号

填报进出口货物合同（包括协议或订单）编号。未发生商业性交易的免予填报。免税品经营单位经营出口退税国产商品的,免予填报。

19. 贸易国(地区)

发生商业性交易的进口填报购自国(地区),出口填报售予国(地区)。未发生商业性交易的填报货物所有权拥有者所属的国家(地区)。按海关规定的《国别(地区)代码表》选择填报相应的贸易国(地区)中文名称及代码。

20. 启运国(地区)/运抵国(地区)

启运国(地区)填报进口货物从起始发出直接运抵我国,或者在运输中转国(地区)未发生任何商业性交易的情况下运抵我国的国家(地区)。

运抵国(地区)填报出口货物离开我国关境直接运抵,或者在运输中转国(地区)未发生任何商业性交易的情况下最后运抵的国家(地区)。

不经过第三国(地区)转运的直接运输进出口货物,以进口货物的装货港所在国(地区)为启运国(地区),以出口货物的指运港所在国(地区)为运抵国(地区)。

经过第三国(地区)转运的进出口货物,若在中转国(地区)发生商业性交易,则以中转国(地区)作为启运/运抵国(地区)。

按海关规定的《国别(地区)代码表》选择填报相应的启运国(地区)或运抵国(地区)的中文名称及代码。

无实际进出境的货物,填报"中国"及代码。

例如,一家中国公司从澳大利亚购买铁矿石,如果直接运往中国,启运国(地区)填写"澳大利亚"。即使中国是通过新加坡某公司购买源自澳大利亚的铁矿石,则启运国(地区)应填写"澳大利亚"。但如果该批货物在新加坡中转,中国公司又是通过新加坡某公司购买源自澳大利亚的铁矿石,则启运国(地区)应填写"新加坡"。

21. 经停港/指运港

经停港填报进口货物在运抵我国关境前的最后一个境外装运港。

指运港填报出口货物运往境外的最终目的港;最终目的港不可预知的,按尽可能预知的目的港填报。

根据实际情况,按海关规定的《港口代码表》选择填报相应的港口名称及代码。经停港/指运港在《港口代码表》中无港口名称及代码的,可选择填报相应的国家名称及代码。

无实际进出境的货物,填报"中国境内"及代码。

22. 入境口岸/离境口岸

入境口岸填报进境货物从跨境运输工具卸离的第一个境内口岸的中文名称及代码;采取多式联运跨境运输的,填报多式联运货物最终卸离的境内口岸中文名称及代码;过境货物填报货物进入境内的第一个口岸的中文名称及代码;从海关特殊监管区域或保税监管场所进境的,填报海关特殊监管区域或保税监管场所的中文名称及代码。其他无实际进境的货物,填报货物所在地的城市名称及代码。

离境口岸填报装运出境货物的跨境运输工具离境的第一个境内口岸的中文名称及代

码;采取多式联运跨境运输的,填报多式联运货物最初离境的境内口岸中文名称及代码;过境货物填报货物离境的第一个境内口岸的中文名称及代码;从海关特殊监管区域或保税监管场所离境的,填报海关特殊监管区域或保税监管场所的中文名称及代码。其他无实际出境的货物,填报货物所在地的城市名称及代码。

入境口岸/离境口岸类型包括港口、码头、机场、机场货运通道、边境口岸、火车站、车辆装卸点、车检场、陆路港、坐落在口岸的海关特殊监管区域等,按海关规定的《国内口岸编码表》选择填报相应的境内口岸名称及代码。

23. 包装种类

填报进出口货物的所有包装材料,包括运输包装和其他包装。运输包装指提运单所列货物件数单位对应的包装,其他包装包括货物的各类包装,以及植物性铺垫材料等。按照海关规定的《包装种类代码表》选择填报进出口货物的所有包装材料,包括运输包装和其他包装。

运输包装按照海关规定的《包装种类代码表》,填报运输包装对应的 2 位包装种类代码。例如:使用再生木托作为运输包装的,在本栏填报中文"再生木托"或代码"92"。若还有其他包装,如货物的各类包装、植物性铺垫材料等,则在"其他包装"栏目的"包装材料种类"中,按照海关规定的《包装种类代码表》填报 2 位包装种类代码,在"包装件数"栏目中填报对应件数数字。例如,其他包装中含有纸制或纤维板制盒(箱)包装的,在本栏填报中文"纸制或纤维板制盒(箱)"或代码"22"。

24. 件数

填报进出口货物运输包装的件数(按运输包装计)。特殊情况填报要求如下。
(1)舱单件数为集装箱的,填报集装箱个数。
(2)舱单件数为托盘的,填报托盘数。
该栏目不得填报为零,裸装货物填报为"1"。

25. 毛重(千克)

填报进出口货物及其包装材料的重量之和,计量单位为千克,不足 1 千克的填报为"1"。

26. 净重(千克)

填报进出口货物的毛重减去外包装材料后的重量,即货物本身的实际重量,计量单位为千克,不足 1 千克的填报为"1"。例如,进口一批珠宝,净重为 250 克,应填报 1。

27. 成交方式

根据进出口货物实际成交价格条款,按海关规定的《成交方式代码表》选择填报相应的成交方式代码。无实际进出境的货物,进口填报 CIF,出口填报 FOB。

28. 运费

填报进口货物运抵我国境内输入地点起卸前的运输费用,出口货物运至我国境内输出地点装载后的运输费用。

运费可按运费单价、总价或运费率3种方式之一填报,注明运费标记(运费标记"1"表示运费率,"2"表示每吨货物的运费单价,"3"表示运费总价),并按海关规定的《货币代码表》选择填报相应的币种代码。

免税品经营单位经营出口退税国产商品的,免予填报。

29. 保费

填报进口货物运抵我国境内输入地点起卸前的保险费用,出口货物运至我国境内输出地点装载后的保险费用。

保费可按保险费总价或保险费率两种方式之一填报,注明保险费标记(保险费标记"1"表示保险费率,"3"表示保险费总价),并按海关规定的《货币代码表》选择填报相应的币种代码。

免税品经营单位经营出口退税国产商品的,免予填报。

30. 杂费

填报成交价格以外的、按照《中华人民共和国进出口关税条例》相关规定应计入完税价格或应从完税价格中扣除的费用。可按杂费总价或杂费率两种方式之一填报,注明杂费标记(杂费标记"1"表示杂费率,"3"表示杂费总价),并按海关规定的《货币代码表》选择填报相应的币种代码。

应计入完税价格的杂费填报为正值或正率,应从完税价格中扣除的杂费填报为负值或负率。

免税品经营单位经营出口退税国产商品的,免予填报。

31. 随附单证及编号

根据海关规定的《监管证件代码表》和《随附单据代码表》选择填报除本规范第十六条规定的许可证件以外的其他进出口许可证件或监管证件、随附单据代码及编号。

本栏目分为随附单证代码和随附单证编号两栏,其中代码栏按海关规定的《监管证件代码表》和《随附单据代码表》选择填报相应证件代码;随附单证编号栏填报证件编号。

加工贸易内销征税报关单(使用金关二期加贸管理系统的除外),随附单证代码栏填报"c",随附单证编号栏填报海关审核通过的内销征税联系单号。

注:2021年4月26日,海关总署发布2021年第34号公告,自2021年5月10日起,调整优惠贸易协定项下进出口货物报关单原产地栏目的填制和申报要求。进出口货物收发货人或者其代理人在办理优惠贸易协定项下货物海关申报手续时,应当如实填报《报关单》商品项"优惠贸易协定享惠"类栏目,同时在商品项对应的"原产国(地区)"栏填报依据《中华人民共和国进出口货物原产地条例》和海关总署令第122号确定的货物原产地。

32. 标记唛码及备注

标记唛码及备注的填报要求如下。

(1) 标记唛码中除图形以外的文字、数字,无标记唛码的填报 N/M。

(2) 受外商投资企业委托代理其进口投资设备、物品的进出口企业名称。

(3) 与本报关单有关联关系的,同时在业务管理规范方面又要求填报的备案号,填报在电子数据报关单中"关联备案"栏。

保税间流转货物、加工贸易结转货物及凭《征免税证明》转内销货物,其对应的备案号填报在"关联备案"栏。

减免税货物结转进口(转入),"关联备案"栏填报本次减免税货物结转所申请的《中华人民共和国海关进口减免税货物结转联系函》的编号。

减免税货物结转出口(转出),"关联备案"栏填报与其相对应的进口(转入)报关单"备案号"栏中《征免税证明》的编号。

(4) 与本报关单有关联关系的,同时在业务管理规范方面又要求填报的报关单号,填报在电子数据报关单中"关联报关单"栏。

保税间流转、加工贸易结转类的报关单,应先办理进口报关,并将进口报关单号填入出口报关单的"关联报关单"栏。

办理进口货物直接退运手续的,除另有规定外,应先填制出口报关单,再填制进口报关单,并将出口报关单号填报在进口报关单的"关联报关单"栏。

减免税货物结转出口(转出),应先办理进口报关,并将进口(转入)报关单号填入出口(转出)报关单的"关联报关单"栏。

(5) 办理进口货物直接退运手续的,填报"<ZT"+"海关审核联系单号或者《海关责令进口货物直接退运通知书》编号"+">"。办理固体废物直接退运手续的,填报"固体废物,直接退运表 XX 号/责令直接退运通知书 XX 号"。

(6) 保税监管场所进出货物,在"保税/监管场所"栏填报本保税监管场所编码(保税物流中心(B 型)填报本中心的国内地区代码),其中涉及货物在保税监管场所间流转的,在本栏填报对方保税监管场所代码。

(7) 涉及加工贸易货物销毁处置的,填报海关加工贸易货物销毁处置申报表编号。

(8) 当监管方式为"暂时进出货物"(代码 2600)和"展览品"(代码 2700)时,填报要求如下。

① 根据《中华人民共和国海关暂时进出境货物管理办法》(海关总署令第 233 号,以下简称《管理办法》)第三条第一款所列项目,填报暂时进出境货物类别,如暂进六,暂出九。

② 根据《管理办法》第十条规定,填报复运出境或者复运进境日期,期限应在货物进出境之日起 6 个月内,如 20210815 前复运进境,20211020 前复运出境。

③ 根据《管理办法》第七条,向海关申请对有关货物是否属于暂时进出境货物进行审核确认的,填报《中华人民共和国 XX 海关暂时进出境货物审核确认书》编号。例如:<ZS 海关审核确认书编号>,其中英文为大写字母;无此项目的,无须填报。

上述内容依次填报,项目间用"/"分隔,前后均不加空格。

④ 收发货人或其代理人申报货物复运进境或者复运出境的:货物办理过延期的,根据《管理办法》填报《货物暂时进/出境延期办理单》的海关回执编号。例如:＜ZS 海关回执编号＞,其中英文为大写字母;无此项目的,无须填报。

(9) 跨境电子商务进出口货物,填报"跨境电子商务"。

(10) 加工贸易副产品内销,填报"加工贸易副产品内销"。

(11) 服务外包货物进口,填报"国际服务外包进口货物"。

(12) 公式定价进口货物填报公式定价备案号,格式为:"公式定价"＋备案编号＋"@"。对于同一报关单下有多项商品的,如某项或某几项商品为公式定价备案的,则备注栏内填报为:"公式定价"＋备案编号＋"#"＋商品序号＋"@"。

(13) 进出口与《预裁定决定书》列明情形相同的货物时,按照《预裁定决定书》填报,格式为:"预裁定＋《预裁定决定书》编号"(例如:某份预裁定决定书编号为 R-2-0100-2018-0001,则填报为"预裁定 R-2-0100-2018-0001")。

(14) 含归类行政裁定报关单,填报归类行政裁定编号,格式为:"c"＋4 位数字编号,如 c0001。

(15) 已经在进入特殊监管区时完成检验的货物,在出区入境申报时,填报"预检验"字样,同时在"关联报检单"栏填报实施预检验的报关单号。

(16) 进口直接退运的货物,填报"直接退运"字样。

(17) 企业提供 ATA 单证册的货物,填报"ATA 单证册"字样。

(18) 不含动物源性低风险生物制品,填报"不含动物源性"字样。

(19) 货物自境外进入境内特殊监管区或者保税仓库的,填报"保税入库"或者"境外入区"字样。

(20) 海关特殊监管区域与境内区外之间采用分送集报方式进出的货物,填报"分送集报"字样。

(21) 军事装备出入境的,填报"军品"或"军事装备"字样。

(22) 申报 HS 为 3821000000、3002300000 的,属于下列情况的,填报要求为:属于培养基的,填报"培养基"字样;属于化学试剂的,填报"化学试剂"字样;不含动物源性成分的,填报"不含动物源性"字样。

(23) 属于修理物品的,填报"修理物品"字样。

(24) 属于下列情况的,填报"压力容器""成套设备""食品添加剂""成品退换""旧机电产品"等字样。

(25) 申报 HS 为 2903890020(入境六溴环十二烷),用途为"其他(99)"的,填报具体用途。

(26) 集装箱体信息填报集装箱号(在集装箱箱体上标示的全球唯一编号)、集装箱规格、集装箱商品项号关系(单个集装箱对应的商品项号,半角逗号分隔)、集装箱货重(集装箱箱体自重＋装载货物重量,千克)。

(27) 申报 HS 为 3006300000、3504009000、3507909010、3507909090、3822001000、3822009000,不属于"特殊物品"的,填报"非特殊物品"字样。"特殊物品"定义见《出入境

特殊物品卫生检疫管理规定》(国家质量监督检验检疫总局令第 160 号公布,根据国家质量监督检验检疫总局令第 184 号,海关总署令第 238 号、第 240 号、第 243 号修改)。

(28) 进出口列入目录的进出口商品及法律、行政法规规定须经出入境检验检疫机构检验的其他进出口商品实施检验的,填报"应检商品"字样。

(29) 申报时其他必须说明的事项。

33. 项号

纸质报关单分两行填报。第一行填报报关单中的商品顺序编号;第二行填报备案序号,专用于加工贸易及保税、减免税等已备案、审批的货物,填报该项货物在《加工贸易手册》或《征免税证明》等备案、审批单证中的顺序编号。有关优惠贸易协定项下报关单填制要求按照海关总署相关规定执行。其中第二行特殊情况填报要求如下。

(1) 深加工结转货物,分别按照《加工贸易手册》中的进口料件项号和出口成品项号填报。

(2) 料件结转货物(包括料件、制成品和未完成品折料),出口报关单按照转出《加工贸易手册》中进口料件的项号填报;进口报关单按照转进《加工贸易手册》中进口料件的项号填报。

(3) 料件复出货物(包括料件、边角料),出口报关单按照《加工贸易手册》中进口料件的项号填报;如边角料对应一个以上料件项号时,填报主要料件项号。料件退换货物(包括料件,不包括未完成品),进出口报关单按照《加工贸易手册》中进口料件的项号填报。

(4) 成品退换货物,退运进境报关单和复运出境报关单按照《加工贸易手册》原出口成品的项号填报。

(5) 加工贸易料件转内销货物(以及按料件办理进口手续的转内销制成品、残次品、未完成品)填制进口报关单,填报《加工贸易手册》进口料件的项号;加工贸易边角料、副产品内销,填报《加工贸易手册》中对应的进口料件项号。如边角料或副产品对应一个以上料件项号时,填报主要料件项号。

(6) 加工贸易成品凭《征免税证明》转为减免税货物进口的,应先办理进口报关手续。进口报关单填报《征免税证明》中的项号,出口报关单填报《加工贸易手册》原出口成品项号,进、出口报关单货物数量应一致。

(7) 加工贸易货物销毁,填报《加工贸易手册》中相应的进口料件项号。

(8) 加工贸易副产品退运出口、结转出口,填报《加工贸易手册》中新增成品的出口项号。

(9) 经海关批准实行加工贸易联网监管的企业,按海关联网监管要求,企业需申报报关清单的,应在向海关申报进出口(包括形式进出口)报关单前,向海关申报"清单"。一份报关清单对应一份报关单,报关单上的商品由报关清单归并而得。加工贸易电子账册报关单中项号、品名、规格等栏目的填制规范比照《加工贸易手册》。

34. 商品编号

填报由 10 位数字组成的商品编号。前 8 位为《中华人民共和国进出口税则》和《中华人民共和国海关统计商品目录》确定的编码;第9、10位为监管附加编号。

35. 商品名称及规格型号

单一窗口项目数据类型为字符型,最多支持录入255位。纸质报关单分两行填报。第一行填报进出口货物规范的中文商品名称,第二行填报规格型号。具体填报要求如下。

(1)商品名称及规格型号应据实填报,并与进出口货物收发货人或受委托的报关企业所提交的合同、发票等相关单证相符。

(2)商品名称应当规范,规格型号应当足够详细,以能满足海关归类、审价及许可证件管理要求为准,可参照《中华人民共和国海关进出口商品规范申报目录》中对商品名称、规格型号的要求进行填报。

(3)已备案的加工贸易及保税货物,填报的内容必须与备案登记中同项号下货物的商品名称一致。

(4)对需要海关签发《货物进口证明书》的车辆,商品名称栏填报"车辆品牌+排气量(注明cc)+车型(如越野车、小轿车等)"。进口汽车底盘不填报排气量。车辆品牌按照《进口机动车辆制造厂名称和车辆品牌中英文对照表》中"签注名称"一栏的要求填报。规格型号栏可填报"汽油型"等。

(5)由同一运输工具同时运抵同一口岸并且属于同一收货人、使用同一提单的多种进口货物,按照商品归类规则应当归入同一商品编号的,应当将有关商品一并归入该商品编号。商品名称填报一并归类后的商品名称;规格型号填报一并归类后商品的规格型号。

(6)加工贸易边角料和副产品内销,边角料复出口,填报其报验状态的名称和规格型号。

(7)进口货物收货人以一般贸易方式申报进口属于《需要详细列名申报的汽车零部件清单》(海关总署2006年第64号公告)范围内的汽车生产件的,按以下要求填报。

① 商品名称填报进口汽车零部件的详细中文商品名称和品牌,中文商品名称与品牌之间用"/"相隔,必要时加注英文商业名称;进口的成套散件或者毛坯件应在品牌后加注"成套散件""毛坯"等字样,并与品牌之间用"/"相隔。

② 规格型号填报汽车零部件的完整编号。在零部件编号前应当加注"S"字样,并与零部件编号之间用"/"相隔,零部件编号之后应当依次加注该零部件适用的汽车品牌和车型。汽车零部件属于可以适用于多种汽车车型的通用零部件的,零部件编号后应当加注"TY"字样,并用"/"与零部件编号相隔。与进口汽车零部件规格型号相关的其他需要申报的要素,或者海关规定的其他需要申报的要素,如"功率""排气量"等,应当在车型或"TY"之后填报,并用"/"与之相隔。汽车零部件报验状态是成套散件的,应当在"标记唛码及备注"栏内填报该成套散件装配后的最终完整品的零部件编号。

(8)进口货物收货人以一般贸易方式申报进口属于《需要详细列名申报的汽车零部件清单》(海关总署2006年第64号公告)范围内的汽车维修件的,填报规格型号时,应当在零部件编号前加注"W",并与零部件编号之间用"/"相隔;进口维修件的品牌与该零部件适用的整车厂牌不一致的,应当在零部件编号前加注"WF",并与零部件编号之间用"/"相隔。其余申报要求同上条执行。

（9）品牌类型。品牌类型为必填项目。可选择"无品牌"（代码0）、"境内自主品牌"（代码1）、"境内收购品牌"（代码2）、"境外品牌（贴牌生产）"（代码3）、"境外品牌（其他）"（代码4）如实填报。其中："境内自主品牌"是指由境内企业自主开发、拥有自主知识产权的品牌；"境内收购品牌"是指境内企业收购的原境外品牌；"境外品牌（贴牌生产）"是指境内企业代工贴牌生产中使用的境外品牌；"境外品牌（其他）"是指除代工贴牌生产以外使用的境外品牌。上述品牌类型中，除"境外品牌（贴牌生产）"仅用于出口外，其他类型均可用于进口和出口。

（10）出口享惠情况。出口享惠情况为出口报关单必填项目。可选择"出口货物在最终目的国（地区）不享受优惠关税""出口货物在最终目的国（地区）享受优惠关税""出口货物不能确定在最终目的国（地区）享受优惠关税"如实填报。进口货物报关单不填报该申报项。

（11）申报进口已获3C认证的机动车辆时，填报以下信息。

① 提运单日期。填报该项货物的提运单签发日期。

② 质量保质期。填报机动车的质量保证期。

③ 发动机号或电机号。填报机动车的发动机号或电机号，应与机动车上打刻的发动机号或电机号相符。纯电动汽车、插电式混合动力汽车、燃料电池汽车为电机号，其他机动车为发动机号。

④ 车辆识别代码（VIN）。填报机动车车辆识别代码，须符合国家强制性标准《道路车辆 车辆识别代码（VIN）》（GB 16735）的要求。该项目一般与机动车的底盘（车架号）相同。

⑤ 发票所列数量。填报对应发票中所列进口机动车的数量。

⑥ 品名（中文名称）。填报机动车中文品名，按《进口机动车辆制造厂名称和车辆品牌中英文对照表》（原质检总局2004年52号公告）的要求填报。

⑦ 品名（英文名称）。填报机动车英文品名，按《进口机动车辆制造厂名称和车辆品牌中英文对照表》（原质检总局2004年52号公告）的要求填报。

⑧ 型号（英文）。填报机动车型号，与机动车产品标牌上整车型号一栏相符。

（12）进口货物收货人申报进口属于实施反倾销反补贴措施货物的，填报"原厂商中文名称""原厂商英文名称""反倾销税率""反补贴税率""是否符合价格承诺"等计税必要信息。

格式要求为："|<><><><><>""|""<"">"均为英文半角符号。第一个"|"为在规格型号栏目中已填报的最后一个申报要素后，系统自动生成或人工录入的分隔符（若相关商品税号无规范申报填报要求，则需要手工录入"|"），"|"后面5个"<>"内容依次为"原厂商中文名称""原厂商英文名称（如无原厂商英文名称，可填报以原厂商所在国或地区文字标注的名称，具体可参照商务部实施贸易救济措施相关公告中对有关原厂商的外文名称写法）""反倾销税率""反补贴税率""是否符合价格承诺"。其中，"反倾销税率"和"反补贴税率"填写实际值。例如，税率为30％，填写"0.3"。"是否符合价格承诺"填写"1"或者"0"，"1"代表"是"，"0"代表"否"。填报时，5个"<>"不可缺项，如第3、4、5项"<>"中无申报事项，相应的"<>"中内容可以为空，但"<>"需要保留。

36. 数量及单位

本栏目纸质报关单分三行填报。

（1）第一行按进出口货物的法定第一计量单位填报数量及单位,法定计量单位以《中华人民共和国海关统计商品目录》中的计量单位为准。

（2）凡列明有法定第二计量单位的,在第二行按照法定第二计量单位填报数量及单位。无法确定第二计量单位的,第二行为空。

（3）成交计量单位及数量填报在第三行。

（4）法定计量单位为"千克"的数量填报,特殊情况下填报要求如下。

① 装入可重复使用的包装容器的货物,按货物扣除包装容器后的质量填报,如罐装同位素、罐装氧气及类似品等。

② 使用不可分割包装材料和包装容器的货物,按货物的净重填报（即包括内层直接包装的净重质量）,如采用供零售包装的罐头、药品及类似品等。

③ 按照商业惯例以公量重计价的商品,按公量重填报,如未脱脂羊毛、羊毛条等。

④ 采用以毛重作为净重计价的货物,可按毛重填报,如粮食、饲料等大宗散装货物。

⑤ 采用零售包装的酒类、饮料、化妆品,按照液体/乳状/膏状/粉状部分的质量填报。

（5）成套设备、减免税货物如需分批进口,货物实际进口时,按照实际报验状态确定数量。

（6）具有完整品或制成品基本特征的不完整品、未制成品,根据《商品名称及编码协调制度》归类规则按完整品归类的,按照构成完整品的实际数量填报。

（7）已备案的加工贸易及保税货物,成交计量单位必须与《加工贸易手册》中同项号下货物的计量单位一致,加工贸易边角料和副产品内销、边角料复出口,填报其报验状态的计量单位。

（8）优惠贸易协定项下进出口商品的成交计量单位必须与原产地证书上对应商品的计量单位一致。

（9）法定计量单位为立方米的气体货物,折算成标准状况（即摄氏零度及1个标准大气压）下的体积进行填报。

37. 单价

填报同一项号下进出口货物实际成交的商品单位价格。无实际成交价格的,填报单位货值。

38. 总价

填报同一项号下进出口货物实际成交的商品总价格。无实际成交价格的,填报货值。

39. 币制

按海关规定的《货币代码表》选择相应的货币名称及代码填报,如《货币代码表》中无实际成交币种,需将实际成交货币按申报日外汇折算率折算成《货币代码表》列明的货币填报。

40. 原产国（地区）

原产国（地区）依据《中华人民共和国进出口货物原产地条例》《中华人民共和国海关关于执行〈非优惠原产地规则中实质性改变标准〉的规定》以及海关总署关于各项优惠贸易协定原产地管理规章规定的原产地确定标准填报。同一批进出口货物的原产地不同的，分别填报原产国（地区）。进出口货物原产国（地区）无法确定的，填报"国别不详"。

按海关规定的《国别（地区）代码表》选择填报相应的国家（地区）名称及代码。某进口货物的原产国为"美国"，可在本栏下拉菜单中选择"USA-美国"或录入"USA"，栏目自动生成"USA-美国"。

41. 最终目的国（地区）

最终目的国（地区）填报已知的进出口货物的最终实际消费、使用或进一步加工制造国家（地区）。不经过第三国（地区）转运的直接运输货物，以运抵国（地区）为最终目的国（地区）；经过第三国（地区）转运的货物，以最后运往国（地区）为最终目的国（地区）。同一批进出口货物的最终目的国（地区）不同的，分别填报最终目的国（地区）。进出口货物不能确定最终目的国（地区）时，以尽可能预知的最后运往国（地区）为最终目的国（地区）。

按海关规定的《国别（地区）代码表》选择填报相应的国家（地区）名称及代码。

42. 境内目的地/境内货源地

境内目的地填报已知的进口货物在国内的消费、使用地或最终运抵地，其中最终运抵地为最终使用单位所在的地区。最终使用单位难以确定的，填报货物进口时预知的最终收货单位所在地。

境内货源地填报出口货物在国内的产地或原始发货地。出口货物产地难以确定的，填报最早发运该出口货物的单位所在地。

海关特殊监管区域、保税物流中心（B型）与境外之间的进出境货物，境内目的地/境内货源地填报本海关特殊监管区域、保税物流中心（B型）所对应的国内地区。

按海关规定的《国内地区代码表》选择填报相应的国内地区名称及代码。境内目的地还需根据《中华人民共和国行政区划代码表》选择填报其对应的县级行政区名称及代码。无下属区县级行政区的，可选择填报地市级行政区。

43. 征免

按照海关核发的《征免税证明》或有关政策规定，对报关单所列每项商品选择海关规定的《征减免税方式代码表》中相应的征减免税方式填报。

加工贸易货物报关单根据《加工贸易手册》中备案的征免规定填报；《加工贸易手册》中备案的征免规定为"保金"或"保函"的，填报"全免"。

44. 特殊关系确认

根据《中华人民共和国海关审定进出口货物完税价格办法》（以下简称《审价办法》）第

十六条,填报确认进出口行为中买卖双方是否存在特殊关系,有下列情形之一的,应当认为买卖双方存在特殊关系,应填报"是",反之则填报"否":(1)买卖双方为同一家族成员的。(2)买卖双方互为商业上的高级职员或者董事的。(3)一方直接或者间接地受另一方控制的。(4)买卖双方都直接或者间接地受第三方控制的。(5)买卖双方共同直接或者间接地控制第三方的。(6)一方直接或者间接地拥有、控制或者持有对方 5% 以上(含 5%)公开发行的有表决权的股票或者股份的。(7)一方是另一方的雇员、高级职员或者董事的。(8)买卖双方是同一合伙的成员的。

买卖双方在经营上相互有联系,一方是另一方的独家代理、独家经销或者独家受让人,如果符合前款的规定,也应当视为存在特殊关系。

出口货物免予填报,加工贸易及保税监管货物(内销保税货物除外)免予填报。

45. 价格影响确认

根据《审价办法》第十七条,填报确认纳税义务人是否可以证明特殊关系未对进口货物的成交价格产生影响,纳税义务人能证明其成交价格与同时或者大约同时发生的下列任何一款价格相近的,应视为特殊关系未对成交价格产生影响,填报"否",反之则填报"是":(1)向境内无特殊关系的买方出售的相同或者类似进口货物的成交价格。(2)按照《审价办法》第二十三条的规定所确定的相同或者类似进口货物的完税价格。(3)按照《审价办法》第二十五条的规定所确定的相同或者类似进口货物的完税价格。

出口货物免予填报,加工贸易及保税监管货物(内销保税货物除外)免予填报。

46. 支付特许权使用费确认

根据《审价办法》第十一条和第十三条,填报确认买方是否存在向卖方或者有关方直接或者间接支付与进口货物有关的特许权使用费,且未包括在进口货物的实付、应付价格中。

买方存在需向卖方或者有关方直接或者间接支付特许权使用费,且未包含在进口货物实付、应付价格中,并且符合《审价办法》第十三条的,在"支付特许权使用费确认"栏目填报"是"。

买方存在需向卖方或者有关方直接或者间接支付特许权使用费,且未包含在进口货物实付、应付价格中,但纳税义务人无法确认是否符合《审价办法》第十三条的,填报"是"。

买方存在需向卖方或者有关方直接或者间接支付特许权使用费且未包含在实付、应付价格中,纳税义务人根据《审价办法》第十三条,可以确认需支付的特许权使用费与进口货物无关的,填报"否"。

买方不存在向卖方或者有关方直接或者间接支付特许权使用费的,或者特许权使用费已经包含在进口货物实付、应付价格中的,填报"否"。

出口货物免予填报,加工贸易及保税监管货物(内销保税货物除外)免予填报。

47. 自报自缴

进出口企业、单位采用"自主申报、自行缴税"(自报自缴)模式向海关申报时,填报

"是";反之则填报"否"。

48. 申报单位

自理报关的,填报进出口企业的名称及编码;委托代理报关的,填报报关企业名称及编码。编码填报 18 位法人和其他组织统一社会信用代码。报关人员填报在海关备案的姓名、编码、电话,并加盖申报单位印章。

49. 海关批注及签章

供海关作业时签注。

7.4 报关单关联申报项目的"单一窗口"录入

1. 报关单类型

1) 报关单类型
① 有纸报关在下拉菜单中选择"0-有纸报关"。
② 有纸带清单报关在下拉菜单中选择"L-纸带清单报关"。
③ 无纸带清单报关选择"D-无纸带清单报"。
④ W-无纸报关。
⑤ 通关无纸化选择"M-通关无纸化"。

2) 类型说明
① 有纸报关指没有与海关签订通关无纸化企业报关填报用,报关单不传输随附单据。
② 有纸带清单报关指没有与海关签订通关无纸化企业报关带有清单的集中申报报关单用,报关单不传输随附单据。
③ 无纸带清单报关指没有与海关签订通关无纸化企业报关带有清单的集中申报报关单用,报关单上传输随附单据(后改为"M-通关无纸化")。
④ 无纸报关指有纸报关后,10 天后交随附单据的企业报关单。
⑤ 通关无纸化指与海关签订通关无纸化企业报关填报用,报关单上传输随附单据。

2. 货物属性代码

该项目数据类型为字符型,最多支持录入 20 位。根据进出口货物的 HS 编码和货物的实际情况,按照海关规定的《货物属性代码表》,在本栏下拉菜单中勾选货物属性的对应代码。有多种属性的要同时选择。

(1) 入境强制性产品认证产品:必须在入境民用商品认证(11 目录内、12 目录外、13 无须办理 3C 认证)中勾选对应项。

(2) 食品、化妆品是否预包装、是否首次进口,必须在食品及化妆品(14 预包装、15 非预包装、18 首次进口)中勾选对应项。

（3）凡符合原质检总局第62号令规定含转基因成分须申报的，必须在转基因（16转基因产品、17非转基因产品）中勾选对应项。

（4）"成套设备""旧机电"产品，必须在货物属性（18首次进出口、19正常、20废品、21旧品、22成套设备）中勾选对应项。

（5）特殊物品、化学试剂，必须在特殊物品（25-28ABCD级特殊物品、29V/W非特殊物品）中勾选对应项。

（6）木材（含原木）板材是否带皮，必须在是否带皮木材（23带皮木材/板材、24不带皮木材/板材）中勾选对应项。

3. 用途代码

该申报项目为有条件必填项，数据类型为4位字符型。根据进境货物的使用范围或目的，按照海关规定的《货物用途代码表》在本栏下拉菜单中填报。例如，进口货物为核苷酸类食品添加剂（HS2934999001）：用于工业时，应在本栏选择"工业用途"；用于食品添加剂时，应在本栏选择"食品添加剂"。

4. 所需单证

该申报项目为选填项目。该项目数据类型字符型，最多支持录入500位。进出口企业申请出具检验检疫单证时，应根据相关要求，在"所需单证"项下的"检验检疫签证申报要素"中，勾选申请出具的检验检疫单证类型。申请多个的可多选。

5. 检验检疫货物规格

该申报项目为选填项。数据类型为字符型，最多支持录入2000位。在"检验检疫货物规格"项下，填报"成分/原料/组分""产品有效期""产品保质期""境外生产企业""货物规格""货物型号""货物品牌""生产日期"和"生产批次"等栏目。注意：①品牌以合同或装箱单为准，需要录入中英文品牌的，录入方式为"中文品牌/英文品牌"。②境外生产企业名称默认为境外发货人。③特殊物品、化妆品、其他检疫物等所含的关注成分或者其他检疫物的具体成分、食品农产品的原料等，在"成分/原料/组分"栏填报。

6. 产品许可/审批/备案号码

该申报项目为有条件必填项，数据类型字符型，最多支持录入40位。进出口货物取得了许可、审批或备案等资质时，应在"产品资质"项下的"产品许可/审批/备案号码"中填报对应的许可、审批或备案证件编号。同一商品有多个许可、审批或备案证件号码时，须全部录入。

7. 产品许可/审批/备案核销货物序号

该申报项目为有条件必填项，数据类型为两位字符型。进出口货物取得了许可、审批或备案等资质时，应在"产品资质"项下的"产品许可/审批/备案核销货物序号"中填报被核销文件中对应货物的序号。特殊物品审批单支持导入。

8. 产品许可/审批/备案核销数量

该申报项目为有条件必填项,数据类型为字符型,最多支持录入 20 位。进出口货物取得了许可、审批或备案等资质时,应在"产品资质"项下的"产品许可/审批/备案核销数量"中,填报被核销文件中对应货物的本次实际进出口数(重)量。特殊物品审批单支持导入。

9. 产品许可/审批/备案类别代码

该申报项目为有条件必填项,数据类型为 5 位字符型。进出口货物取得了许可、审批或备案等资质时,应在"产品资质"项下的"产品许可/审批/备案类别代码"中填报对应的许可、审批或备案证件类别。同一商品涉及多个许可、审批或备案证件类别的,须全部录入相应的证件类别。

10. 产品许可/审批/备案名称

该申报项目为有条件必填项,数据类型为字符型,最多支持录入 100 位。进出口货物取得了许可、审批或备案等资质时,应在"产品资质"项下的"产品许可/审批/备案名称"中填报对应的许可、审批或备案证件名称。同一商品有多个许可、审批或备案证件名称时,须全部录入。

11. 集装箱拼箱标识

该申报项目为选填项,数据类型为 1 位字符型。进出口货物装运集装箱为拼箱时,在本栏下拉菜单中选择"是"或"否"。

12. 集装箱商品项号关系

该项目数据类型为字符型,最多支持录入 255 位。当使用集装箱装载货物时,需填报集装箱体信息,包括集装箱号、集装箱规格、集装箱商品项号关系、集装箱货重。其中,集装箱商品项号关系信息填报单个集装箱对应的商品项号,半角逗号分隔。例如,"APJU4116601"箱号的集装箱中装载了项号为 1、3 和 5 的商品时,应在"商品项号关系"录入"1,3,5"。

13. 集装箱货重

该项目数据类型为数字型,最多支持录入 19 位,19 位中小数点后最多录入 5 位。当使用集装箱装载货物时,需填报集装箱体信息,包括集装箱号、集装箱规格、集装箱商品项号关系、集装箱货重。

其中,集装箱货重录入集装箱箱体自重(千克)＋装载货物重量(千克)。例如:集装箱重量和箱内装载的 300 箱商品重量合计为 32 222 千克时,在本栏录入"32 222 千克"。本栏目计量单位为"千克",其他计量单位需转换为"千克"后填报。

14. 关联号码及理由

该申报项目为有条件必填项,数据类型为两位数字。进出口货物报关单有关联报关单时,在本栏中填报相关关联报关单号码,并在下拉菜单中选择关联报关单的关联理由。

15. 检验检疫签证申报要素

该申报项目为有条件必填项,数据类型为字符型,最多支持录入 4000 位。填报"所需单证"项下"检验检疫签证申报要素"时,在确认境内收发货人名称(外文)、境外收发货人名称(中文)、境外收发货人地址、卸毕日期和商品英文名称后,根据现行相关规定和实际需要,勾选申请单证类型,确认申请单证正本数和申请单证副本数后保存数据。注意:系统会根据报关单已填制的信息,自动返填境内收发货人名称(外文)、境外收发货人名称(中文)、境外收发货人地址、卸毕日期和商品英文名称等字段信息。

16. VIN 信息

该申报项目为有条件必填项,数据类型为字符型。申报进口已获 3C 认证的机动车辆时,填报机动车车辆识别代码,包括:VIN 序号、车辆识别代码(VIN)、单价、底盘(车架号)、发动机号或电机号、发票所列数量、品名(英文名称)、品名(中文名称)、提运单日期、型号(英文)、质量保质期等 11 项内容。

注意:①车辆识别代码(VIN)一般与机动车的底盘(车架号)相同。②支持 VIN 码信息导入。

17. 关联报关单

该申报项目为选填项,数据类型为 18 位字符型。与本报关单有关联关系的,同时在业务管理规范方面又要求填报的报关单号,填报在电子数据报关单中"关联报关单"栏。

注意:保税间流转、加工贸易结转类的报关单,应先办理进口报关,并将进口报关单号填入出口报关单的"关联报关单"栏。办理进口货物直接退运手续的,除另有规定外,应先填制出口报关单,再填制进口报关单,并将出口报关单号填报在进口报关单的"关联报关单"栏。减免税货物结转出口(转出),应先办理进口报关,并将进口(转入)报关单号填入出口(转出)报关单的"关联报关单"栏。

18. 关联备案

该申报项目为选填项,数据类型为 12 位字符型。与本报关单有关联关系的,同时在业务管理规范方面又要求填报的备案号,填报在电子数据报关单中"关联备案"栏。

注意:保税间流转货物、加工贸易结转货物及凭《征免税证明》转内销货物,其对应的备案号填报在"关联备案"栏。减免税货物结转进口(转入),"关联备案"栏填报本次减免税货物结转所申请的《中华人民共和国海关进口减免税货物结转联系函》的编号。减免税货物结转出口(转出),"关联备案"栏填报与其相对应的进口(转入)报关单"备案号"栏中《征免税证明》的编号。向香港或者澳门特别行政区出口用于生产香港 CEPA 或者澳门

CEPA 项下货物的原材料时,香港或澳门生产厂商在香港工贸署或澳门经济局登记备案的有关备案号填报在"关联备案"栏。

19. 备案序号

该申报项目为选填项,数据类型为数字型,最多支持录入 19 位。"项号"第二行填报"备案序号",专用于加工贸易、减免税等已备案、审批的货物,填报和打印该项货物在《加工贸易手册》或《征免税证明》等备案、审批单证中的顺序编号。

备案序号应注意以下内容。

(1) 深加工结转货物,分别按照《加工贸易手册》中的进口料件项号和出口成品项号填报。

(2) 料件结转货物(包括料件、制成品和未完成品折料),出口报关单按照转出《加工贸易手册》中进口料件的项号填报;进口报关单按照转进《加工贸易手册》中进口料件的项号填报。

(3) 料件复出货物(包括料件、边角料),出口报关单按照《加工贸易手册》中进口料件的项号填报;如边角料对应一个以上料件项号时,填报主要料件项号。料件退换货物(包括料件,不包括未完成品),进出口报关单按照《加工贸易手册》中进口料件的项号填报。

(4) 成品退换货物,退运进境报关单和复运出境报关单按照《加工贸易手册》原出口成品的项号填报。

(5) 加工贸易料件转内销货物(以及按料件办理进口手续的转内销制成品、残次品、未完成品)填制进口报关单,填报《加工贸易手册》进口料件的项号;加工贸易边角料、副产品内销,填报《加工贸易手册》中对应的进口料件项号。如边角料或副产品对应一个以上料件项号时,填报主要料件项号。

(6) 加工贸易成品凭《征免税证明》转为减免税货物进口的,应先办理进口报关手续。进口报关单填报《征免税证明》中的项号,出口报关单填报《加工贸易手册》原出口成品项号,进、出口报关单货物数量应一致。

(7) 加工贸易货物销毁,填报《加工贸易手册》中相应的进口料件项号。

(8) 加工贸易副产品退运出口、结转出口,填报《加工贸易手册》中新增成品的出口项号。

(9) 经海关批准实行加工贸易联网监管的企业,按海关联网监管要求,企业需申报报关清单的,应在向海关申报进出口(包括形式进出口)报关单前,向海关申报"清单"。一份报关清单对应一份报关单,报关单上的商品由报关清单归并而得。加工贸易电子账册报关单中项号、品名、规格等栏目的填制规范比照《加工贸易手册》。

20. 自主报税

该申报项目为选填项,数据类型为 1 位字符型。进出口企业、单位采用"自主申报、自行缴税"(自报自缴)模式向海关申报时,勾选本栏目;反之则不勾选。

21. 担保验放

该申报项目为选填项,数据类型为 1 位字符型。进出口企业、单位采用"担保验放"模式向海关申请通关放行,勾选本栏目;反之则不勾选。

注意:担保验放指与海关总署签署《使用担保验放通关程序责任担保书》的双 A 类企业,所进出口货物的报关单电子数据经海关接受申报后,经确定商品归类、海关估价和提供有效报关单证的基础上,在缴清税费或者办结其他海关手续前,企业可以凭《进(出)口货物担保验放清单》向海关先行办理货物验放手续(国家对进出口货物有限制性规定,应当提供许可证而不能提供的除外)的便利通关措施。

22. 税单无纸化

该申报项目为选填项,数据类型为 1 位字符型。进出口企业、单位采用"税单无纸化"模式向海关申报时,勾选本栏目;反之则不勾选。

23. 保税监管场所

该申报项目为选填项,数据类型为字符型,最长支持录入 10 位。保税监管场所进出货物,在"保税监管场所"栏目填报本保税监管场所编码(保税物流中心(B 型)填报本中心的国内地区代码),其中涉及货物在保税监管场所间流转的,在本栏目填报对方保税监管场所代码。

24. 货场代码

该申报项目为选填项,该项目数据类型为 4 位字符型。按照进出口货物海关实际监管点,根据海关规定的《海关货场代码表》准确填报本栏目。黄埔海关专用。

货场代码应注意以下内容。

(1)一般进出口货物报关单,按照进出口货物海关实际监管点场所如实填写。

(2)通关一体化报关单,如企业在某直属海关(黄埔海关)申报、在外关区(非黄埔海关)实际监管验放的报关单,填报"5298"。

(3)加工贸易形式报关单,参照原报关单填写。

(4)除上述类型报关单,填写"5299"。

25. 货号

该申报项目为选填项,数据类型为字符型,最长支持录入 30 位。申报加工贸易货物进出口报关单时,根据《加工贸易手册》中备案的料件、成品货号填报本栏目。

26. 加工成品单耗版本号

该申报项目为选填项,数据类型为 8 位字符型。申报加工贸易货物出口报关单时,系统自动返填与《加工贸易手册》中备案成品单耗一致的版本号。

27. 集装箱号

该申报项目为选填项。数据类型为 11 位字符型。使用集装箱装载进出口商品的,根据集装箱体上标示的全球唯一编号填报集装箱号。一份报关单有多个集装箱的,则在本栏分别录入集装箱号。

28. 集装箱规格

该申报项目为选填项,数据类型为 4 位字符型。使用集装箱装载进出口商品的,在填报集装箱号后,在本栏按照《集装箱规格代码表》选择填报集装箱规格。例如,装载商品的集装箱规格为"普通 2 * 标准箱(L)",在本栏下拉菜单选择"11-普通 2 * 标准箱(L)"。

29. 检验检疫编码(原 CIQ 编码)

该申报项目为必填项,数据类型为 13 位字符型。13 位数字组成的商品编号中,前 8 位为《中华人民共和国进出口税则》和《中华人民共和国海关统计商品目录》确定的编码;第 9、10 位为监管附加编号,第 11-13 位为检验检疫附加编号。

例如:申报进口商品"活龙虾",需先在"商品编号"栏录入"0306329000"10 位数编号,再在"检验检疫编码"栏下拉菜单的"101 活虾""102 鲜活或冷的带壳或去壳的龙虾(养殖)""103 鲜活或冷的带壳或去壳的龙虾(野生的)"中,选择"101 活虾"检验检疫附加编号。

30. 特殊业务标识

该申报项目为选填项,数据类型为 10 位字符型。属于国际赛事、特殊进出口军工物资、国际援助物资、国际会议、直通放行、外交礼遇、转关等特殊业务,根据实际情况勾选。

31. 检验检疫受理机关

该项目数据类型为 10 位字符型。填报提交报关单和随附单据的检验检疫机关。参考《检验检疫机构代码表》。

32. 企业资质类别

该项目数据类型为 5 位字符型。按进出口货物种类及相关要求,须在本栏选择填报货物的生产商/进出口商/代理商必须取得的资质类别。多个资质的须全部填写,包括以下内容。

(1)进口食品、食品原料类填写:进口食品境外出口商代理商备案、进口食品进口商备案。

(2)进口水产品填写:进口食品境外出口商代理商备案、进口食品进口商备案、进口水产品储存冷库备案。

(3)进口肉类填写:进口肉类储存冷库备案、进口食品境外出口商代理商备案、进口食品进口商备案、进口肉类收货人备案。

（4）进口化妆品填写：进口化妆品收货人备案。

（5）进口水果填写：进境水果境外果园/包装厂注册登记。

（6）进口非食用动物产品填写：进境非食用动物产品生产、加工、存放企业注册登记。

（7）饲料及饲料添加剂：饲料进口企业备案、进口饲料和饲料添加剂生产企业注册登记。

（8）可用作原料的固体废物：进口可用作原料的固体废物国内收货人注册登记、国外供货商注册登记号及名称，两者须对应准确。

（9）其他：进境植物繁殖材料隔离检疫圃申请、进出境动物指定隔离场使用申请、进境栽培介质使用单位注册、进境动物遗传物质进口代理及使用单位备案、进境动物及动物产品国外生产单位注册、进境粮食加工储存单位注册、境外医疗器械捐赠机构登记、进出境集装箱场站登记、进口棉花境外供货商登记注册、对出口食品包装生产企业和进口食品包装的进口商实行备案。

如不属于以上情况，则无须勾选。

33. 领证机关

该项目数据类型为 10 位字符型，填报领取证单的检验检疫机关。

34. 口岸检验检疫机关

该项目数据类型为 10 位字符型，填报对入境货物实施检验检疫的检验检疫机关。

35. 目的地检验检疫机关

该项目数据类型为 10 位字符型。需要在目的地检验检疫机关实施检验检疫的，在本栏填写对应的检验检疫机关。不需目的地机构实施检验检疫的无需填写。

36. "优惠贸易协定享惠"类栏目

1）关于"优惠贸易协定代码"栏目
填报优惠贸易协定对应的代码。各优惠贸易协定代码如下：
"01"为"亚太贸易协定"；
"02"为"中国—东盟自贸协定"；
"03"为"内地与香港紧密经贸关系安排"（香港 CEPA）；
"04"为"内地与澳门紧密经贸关系安排"（澳门 CEPA）；
"06"为"中国台湾农产品零关税措施"；
"07"为"中国—巴基斯坦自贸协定"；
"08"为"中国—智利自贸协定"；
"10"为"中国—新西兰自贸协定"；
"11"为"中国—新加坡自贸协定"；
"12"为"中国—秘鲁自贸协定"；
"13"为"最不发达国家特别优惠关税待遇"；

"14"为"海峡两岸经济合作框架协议(ECFA)";

"15"为"中国—哥斯达黎加自贸协定";

"16"为"中国—冰岛自贸协定";

"17"为"中国—瑞士自贸协定";

"18"为"中国—澳大利亚自贸协定";

"19"为"中国—韩国自贸协定";

"20"为"中国—格鲁吉亚自贸协定";

"21"为"中国—毛里求斯自贸协定"。

2)关于"原产地证明类型"栏目

选择原产地证书或者原产地声明。免提交原产地证明的小金额进口货物(以下简称"小金额货物")该栏默认为空。

3)关于"原产地证明编号"栏目

填报原产地证书编号或者原产地声明序列号。小金额货物该栏填写"XJE00000"。

一份报关单对应一份原产地证明,一份原产地证明应当对应同一批次货物。享受和不享受协定税率或者特惠税率(以下统称"优惠税率")的同一批次进口货物,可以在同一张报关单中申报。"同一批次"进口货物指由同一运输工具同时运抵同一口岸,并且属于同一收货人,使用同一提单的进口货物。对于客观原因(集装箱货物因海河联运需大船换小船、因海陆联运需分车运输,陆路运输集装箱货物需大车换小车,以及其他多式联运情况下同一批次货物在中转地需要分拆由多个小型运输工具进行中转运输的情况等)导致有关进口货物在运抵中国关境(运抵口岸)前必须分批运输的情况,不影响同一批次的认定。同一批次出口货物比照上述规定进行审核认定。

4)关于"优惠贸易协定项下原产地"栏目

填报根据相关优惠贸易协定原产地管理办法确定的货物原产地。

5)关于"原产地证明商品项号"栏目

填报报关单商品项对应的原产地证明商品项号。小金额货物在该栏填报本报关单中该商品的项号。

6)填报示例

(1)凭编号为DFE1345的原产地证书进口中国—东盟自贸协定项下(原产于泰国)的货物,报关单商品项对应原产地证书的第1项,则"优惠贸易协定"类栏目的填报如下。

优惠贸易协定代码	02
原产地证明类型	原产地证书
原产地证明编号	DFE1345
优惠贸易协定项下原产地	泰国
原产地证明商品项号	1

(2)中国—韩国自贸协定项下小金额货物,报关单商品项第5项的"优惠贸易协定"类栏目的填报如下。

优惠贸易协定代码	19
原产地证明类型	
原产地证明编号	XJE00000
优惠贸易协定项下原产地	韩国
原产地证明商品项号	5

本 章 小 结

　　规范填制报关单,依法向海关如实申报,是进出口货物收发货人或其代理人的基本义务,是海关开展监管、征税、统计、知识产权保护、稽查等工作的基本条件。一份含有错误信息的报关单,会被海关退单追究法律责任,被海关强制扣留进出口的货物等严重后果,不仅影响货物的进出口通关效率,甚至货物在进出境、办理退税等方面也会出现障碍,对企业非常不利。报关单填制和申报工作需细致严谨,须确定 H.S 码是否正确,单据间数量、金额是否相同,申报要素是否齐全,货物是否属于法检货物,货物属于何种监管条件等,先填制草单,审核无误后再申报。报关单填制内容须符合《中华人民共和国海关法》《中华人民共和国海关进出口货物报关单填制规范》《中华人民共和国海关进出口商品规范申报目录》等法律法规的规定,做到单货一致、单证一致,满足海关归类、审价、贸易管制、监管的要求。

课 后 练 习

一、单选题

1.海关对贸易性渠道进口的车辆在办结验放手续后签发(　　)。
  　A.进口付汇证明联　　　　　　　　B.货物进口证明书
  　C.车辆进口许可证　　　　　　　　D.车辆进口放行单

2.天津静海区某公司(主管:静海海关 0218)从天津新港(主管:新港海关 0202)进口一精密仪器。用于安装在其河北省石家庄市的工厂内(主管:廊加工区 0409)。因该设备查验需在无静电环境中进行,若企业想采用提前报关方式办理转关手续,需经(　　)批准后,方可办理。
  　A.静海海关 0218　　　　　　　　B.新港海关 0202
  　C.廊加工区 0409　　　　　　　　D.以上海关都可以

3.装载货物进境的船舶于 2022 年 8 月 1 日申报进境,次日向海关申报货物进口,根据描述,该批货物报关单的进口日期为(　　)。
  　A.2022 年 8 月 1 日　　　　　　B.2022 年 8 月 2 日
  　C.2022 年 8 月 6 日　　　　　　D.2022 年 8 月 7 日

4.某公司从国外进口一批货物,货物用汽车从比利时运往德国汉堡,再从汉堡港通过船舶运往广州,在广州黄埔海关申报进境,报关单上该批货物运输方式应填报为（　　　　）。

    A. 公路运输　　　　　B. 汽车运输　　　　　C. 船舶运输　　　　　D. 水路运输

5. 广西 ABC 工厂(民营企业)生产一批货物,委托广西 BCD 外贸公司出口到德国,广西 BCD 外贸公司委托广西 EFG 公司办理出口报关手续,报关单上的境内发货人应为（　　　　）。

    A. 广西 ABC 工厂　　　　　　　　　　B. 广西 BCD 外贸公司

    C. 广西 EFG 公司　　　　　　　　　　D. 以上三者都不对

二、多选题

1. 根据报关单填制规范,一般情况下同一批进出口货物应填制一份进出口报关单,但如报关单以下栏目内容不同的应分单填报:（　　　　）。

    A. 备案号不同　　　　　　　　　　　B. 贸易方式(监管方式)不同

    C. 运输工具名称不同　　　　　　　　D. 征免性质不同

2. 报关单位在向海关申请暂时进境备案手续时,需递交的报关随附单证有（　　　　）。

    A. 发票　　　　　　　　　　　　　　B. 装箱单

    C. 暂时进境的情况说明　　　　　　　D. 货物暂时进出境货物清单

3. 以下对备案号说法正确的是（　　　　）。

    A. 以字母 C 开头的备案号:表示进口的料件出口加工产品使用的进料加工《加工贸易手册》编号

    B. 以字母 D 开头的备案号:表示使用《加工贸易不作价设备登记手册》进口的外商免费提供的用于加工贸易的不作价设备

    C. 以字母 B 开头的备案号:表示进口的料件和出口加工产品使用的来料加工《加工贸易手册》编号

    D. 备案号是报关单必填项目,不能留空

4. 中国 A 公司向新加坡 B 公司购买一批钢材,双方签定贸易合同,货物直接从韩国釜山发货经中国香港中转回佛港新港码头。以下说法正确的是（　　　　）。

    A. 贸易国(地区):应填报新加坡,而不是韩国

    B. 贸易国(地区):应填报韩国,而不是新加坡

    C. 经停港:填釜山

    D. 启运国(地区):填韩国

5. 以下对报关单毛重、净重说法正确的是（　　　　）。

    A. 装入可重复使用的包装容器的货物,净重应按货物扣除包装容器后的重量填报

    B. 按照商业惯例以公量重计价的商品,应按公量重填报,如未脱脂羊毛、羊毛条等

    C. 采用以毛重作为净重计价的货物,可按毛重填报,如粮食、饲料等大宗散装货物

    D. 毛重(千克)栏目填报进出口货物及其包装材料的重量之和,计量单位为千克,不足 1 千克的填报为"1"

三、思考题

广州 ABC 公司位于广州市,海关代码为 4401241234,申报的货物是 B12345678901,

属于手册的第 4 项商品,该商品的法定计量单位为千克。请问该批货物属于什么类型的海关监管货物?在监管方式栏目应填写什么内容?

解析:该批货物属于保税货物其中一种类型,来料加工货物。监管方式栏目应填写来料加工。

四、实训任务

公司进口纯棉花布 20 000 米,其中 12 000 米用于加工产品后再出口,并事先在海关备案取得手册 B123456788911,而另外的 8000 米用于加工产品在国内销售。

任务一:请问该案例货物需要采用几份进口报关单填报?原因是什么?

任务二:该案例货物的监管方式、征免性质、征免应如何填报?

学习成果达成与测评

学号		姓名		项目序号		项目名称	进出口货物商品归类	学时	6	学分	0.2
职业技能等级	中级			职业能力					子任务数		63 个
序号	评价内容		评价标准								分数
1	报关单填制一般要求		能够简单的描述进出口货物报关单填制一般要求								
2	进口货物报关单填制规范		能理解进出口货物报关单填制规范								
3	单一窗口报关单录入		能根据报关单填制规范录入报关单								
考核评价	项目整体分数(每项评价内容分值为 1 分)										
	指导教师评语										

备注	奖励： 1. 按照完成质量给予 1～10 分奖励,额外加分不超过 5 分。 2. 每超额完成 1 个任务,额外加分 3 分。 3. 巩固提升任务完成优秀,额外加分 2 分。 惩罚： 1. 完成任务超过规定时间扣 2 分。 2. 完成任务有缺项每项扣 2 分。 3. 任务实施报告编写歪曲事实,个人杜撰或有抄袭内容不予评分。

学习成果实施报告书

题目					
班级		姓名		学号	

任务实施报告
请简要记述本工作任务学习过程中完成的各项任务,描述任务规划及实施过程,遇到的重难点及解决过程,总结商品归类技巧和注意事项等,字数要求不低于 800 字。

考核评价(按 10 分制)		
教师评语:	态度分数	
	工作量分数	

考评规则
工作量考核标准: 1. 任务完成及时。 2. 操作规范。 3. 实施报告书内容真实可靠,条理清晰,文笔流畅,逻辑性强。 4. 没有完成工作量,扣 1 分,故意抄袭实施报告扣 5 分。

课后练习答案

第1章

一、单选题

1. A   2. D   3. C   4. C   5. B

二、多选题

1. BCD   2. ABC   3. ABC   4. ACD   5. ABCD

三、判断题

1. 正确
2. 错误
3. 错误
4. 错误
5. 错误

四、思考题

案例中的方某某故意违反海关法规,逃避海关监管,与他人通谋走私食蟹猴入境,其行为触犯了《中华人民共和国刑法》规定,构成走私珍贵动物罪,应当依法追究其刑事责任。

食蟹猴,主要生存于泰国、老挝、越南等东南亚各国,其基因与人类高度近似,具有较高的药用实验价值,是《濒危野生动植物种国际贸易公约》(CITES)附录Ⅱ中的野生动物,属于我国刑法规定的"珍贵动物"。走私野生动物不但对自然环境会造成严重破坏,还会破坏生物多样性和生态平衡,为了推进生态文明建设,海关坚持高压严打,加大了对珍贵、濒危野生动植物及其制品走私犯罪的打击力度。

五、实训任务

略

第2章

一、单选题

1. C   2. A   3. C   4. B   5. B

二、多选题

1. ABCD   2. CD   3. ABCD   4. ABCD   5. ABCD

三、判断题

1. 正确

2. 错误

3. 正确

4. 错误

5. 正确

四、思考题

该公司进口的是坚果,坚果属于食品。食品进口商在进口食品环节负有依法报检、中文标签合规审查等法律义务,未依法履行上述义务的,可能构成违法,会受到海关的惩处。根据《中华人民共和国进出口食品安全管理办法》第十七条规定:进口食品在取得检验检疫合格证明前,应当存放在海关指定或者认可的场所,未经海关许可,任何单位和个人不得动用。上述违法行为的出现,主要是企业对相关的进出口法律法规和检验检疫程序规定不了解,片面地认为检验检疫只是对产品开箱验货,对进口食品须经检验检疫合格并取得检验检疫合格证明后方可销售、使用的规定没有引起足够重视。食品进口商应加大对《中华人民共和国食品安全法》《中华人民共和国进出口食品安全管理办法》等法律法规的学习,及时了解进口食品检验检疫的相关政策和规定,自觉守法,积极配合海关完成检验检疫工作流程,切勿以生产经营急需等为由擅自销售、使用,避免因违法造成不必要的处罚损失。

五、实训任务

略

第3章

一、单选题

1. A 2. D 3. C 4. D 5. A

二、多选题

1. ABC 2. ABC 3. ACD 4. ABC 5. ABCD

三、判断题

1. 正确

2. 错误

3. 错误

4. 错误

5. 正确

四、思考题

在进出口环节,出口商对于列入目录的进出口商品及法律、行政法规规定须经出入境检验检疫机构检验的其他进出口商品,负有如实报检的法律义务。案例中的企业匮乏法律知识,出于自身利益的考虑,无视法律制度的权威,主观存在侥幸心理,故意不申报,企图蒙混过关,凸显了其法律意识的淡漠和诚信意识的缺乏。对于通过伪瞒报、夹藏、夹带等方式逃避法定检验,或出口掺杂掺假、以假充真、以次充好或者以不合格产品冒充合格的违法、失信企业,海关不仅给予行政处罚,符合刑事立案标准的,将移送司法机关追究刑事责任。出口企业应当主动学习相关的海关检验检疫法律法规,加强内部管理,做到知法、懂法、守法,将海关法律法规作为规范自身的行为准则。否则,既影响正常生产经营,又要遭受法律制裁。

五、实训任务

略

第4章

一、单选题

1. B　2. A　3. A　4. A　5. C

二、判断题

1. 正确
2. 错误
3. 正确
4. 正确
5. 错误

三、商品归类题

1. 8517.6294　2. 3904.4000　3. 2208.9020　4. 9603.2100　5. 6210

四、综合案例题

1. A
2. D
3. AB

五、实训任务

略

第5章

一、单选题

1. A 2. A 3. C 4. D 5. D

二、多选题

1. AD 2. ACD 3. AD 4. AB 5. AB

三、判断题

1. 错误
2. 正确
3. 正确
4. 正确
5. 错误

四、综合案例题

1. D 2. BCD 3. C

五、实训任务

略

第6章

一、单选题

1. A 2. B 3. C 4. C 5. D

二、多选题

1. ABCD 2. ACD 3. ACD 4. ABCD 5. BC

三、判断题

1. 正确
2. 错误
3. 错误
4. 错误
5. 正确

四、综合案例题

1. A 2. BC 3. A

五、实训任务

略

第7章

一、单选题

1. B 2. C 3. A 4. D 5. C

二、多选题

1. ABCD 2. ABCD 3. ABC 4. AD 5. ABCD

三、思考题

该批货物属于保税货物中的一种类型:来料加工货物。监管方式栏目应填写来料加工。

四、实训任务

略

参 考 文 献

[1] 中国报关协会.关务基本技能：2021 年版[M].北京：中国海关出版社,2021.

[2] 中国海关报关专业教材编写组.2021 中国海关报关专业教材[M].北京：中国海关出版社,2021.

[3] 孙丽萍.进出口报关实务[M].北京：中国商务出版社,2016.

[4] 钟飞燕.报关实务与操作[M].北京：人民邮电出版社,2017.

[5] 熊正平,黄君麟.报关与报检实务[M].3 版.北京：人民邮电出版社,2020.

[6] 季琼,秦雯.报关与报检实务[M].4 版.北京：高等教育出版社,2020.

[7] 韩斌,陈璇,张世兵.报检实务[M].北京：高等教育出版社,2018.

[8] 张援越,邢丽.报关与报检实务[M].3 版.北京：机械工业出版社,2021.

[9] 左显兰.报检实务[M].北京：机械工业出版社,2018.